부는 소유가 아니라 영향력이다

하나님 자녀인데
왜 가난한가요?

데이브 신 지음

하나님 자녀인데 왜 가난한가요?

부는 소유가 아니라 영향력이다

데이브 신 지음

서울대와 와튼스쿨 박사로 삼성과 미국 IBM 임원을 거친
저자가 말하는 성경적 부의 재정원리

토브북스

신 박사님의 저서를 보며, 막스 베버의『프로테스탄트 윤리와 자본주의 정신』이 생각납니다. 베버는 중세 카톨릭은 상인과 기업가를 하나님 나라보다 이윤 추구를 중시함으로써 자신들의 영혼을 위태롭게 하며, 형제애를 명하는 기독교 윤리를 어기고 사람들을 착취하는 자들로 보았다고 합니다.

이와는 달리, 16세기 칼빈주의자들은 상인과 사업가는 구원받은 성도답게 현장을 바꾸어야 한다고 가르쳤다고 합니다. 칼빈주의 영향을 받은 17세기의 청교도들도 노동을 신성하게 여기며, 부의 창출로 복음을 전하고 구제하도록 했다고 합니다.

부의 축적이 개인의 탐욕이 아니라, 복음 전파와 구제를 위한 것이었습니다. 열심히 일해서 나의 탐욕을 채우는 것이 아니라, 사회 속에 하나님의 뜻을 이루는 것이었습니다. 칼빈주의자들과 칼빈주의의 영향을 받은 청교도들은 "하나님께 더 큰 영광을 돌리기 위하여!"(in maiorem Dei gloriam!)라는 슬로건 하에 사업의 현장에서 일했기 때문에 근대 자본주의가 건강하게 발전할 수 있었다고 합니다. 청교도 목회자였던 리차드 백스터는 "부의 획득이 직업 소명 안에서의 노동의 열매일 때는 하나님의 복"이라고 말했습니다. 신 박사님의 저서는 성경적 재정관을 가르치는 아주 소중한 책입니다. 모든 성도가 꼭 읽기를 강력히 추천합니다.

박성규 총장 ㅣ 총신대학교

이론과 현장을 동시에 경험하도록 시야를 열어주는 소중한 책자 본 서의 저자 신장로님은 신앙적으로 검증된 신실한 믿음의 사람입니다. 담임목사님께서 얼마나 신뢰하는지를 모두가 알고 있습니다. 동시에 신 장로님은 튼실한 학문적 배경을 가지고 있습니다. 한국에서 그리고 해 외에서 가진 장로님의 경력은 가히 놀랍습니다. 거기에 장로님이 보여 주시는 현장성은 모두의 감탄을 자아내기에 충분합니다.

메마른 이론이 아니라 삶의 현장에서 녹아든 실천적인 강력한 힘을 보여줍니다. 마치 설교자의 메시지에는 로고스(Logos), 파토스(Pathos), 에 토스(Ethos)가 녹아 청중으로 하여금 인식의 변화와 삶의 변화를 가져오 는 것처럼, 본서 또한 탁월한 안목과 가슴 뜨거운 현장 그리고 무엇보다 도 목회자와 성도로서 붙잡아야 할 기본을 제시함이 은혜가 됩니다. 현 대인들이 가장 흥미 있어 하지만 의외로 정리되지 않은 재정관에 대한 명쾌한 해설은 분명 많은 독자들에게 도전을 줄 것입니다. 소중한 책자 를 발간해 주신 토브북스의 박상민 목사님께 감사의 마음을 드립니다.

오정호 목사 | 새로남교회

제자훈련목회자네트워크(CAI-NET) 이사장

대한예수교장로회 제108회기 총회장

데이브 신 장로님은 오랜 시간 교회와 직장에서 삶의 깊은 통찰과 실천적 지혜를 나누어 오신 분입니다.

서울대학교 법대를 졸업하시고, 동 대학에서 경제학 석·박사 학위를 받고, 미국 와튼스쿨에서 경영학 박사를 취득한 지성인입니다. 삼성경제연구소와 미국 IBM에서 임원으로 다년간 근무하며 쌓은 경험은 지혜로 가득합니다.

무엇보다 장로님이 가진 가장 귀한 지혜와 지식은 다름 아닌 성경적 재정관과 크리스천 삶의 원리에 기초한 '돈'에 대한 혜안입니다. 크리스천으로서 가장 부딪히고 고민해야 할 부분이 성경에서 '돈'을 어떻게 다루고, 사용해야 하는지 아는 것이며, 또 가장 많은 시간을 보내는 '직장'에서 하나님이 나를 향한 계획과 비전에 어떻게 반응하며 살아야 하는지 선명하게 설명하고 있습니다.

장로님은 단순히 부자가 되어야 한다고 하지 않고, 직장에서도 성공하는 법을 가르치지 않습니다. 크리스천으로서 돈과 직장을 어떤 관점에서 바라보고 이해해야 하는지에 대한 명확한 기준을 제시합니다. 그리고 그 기준은 성경적 진리 위에 견고히 서 있으며, 물질만을 추구하는 현대인들에게 진정한 만족과 의미 있는 삶을 제시해 줍니다.

특히, 이 책은 돈과 직장에 대해 많은 궁금증과 고민을 가진 이들에게 실질적인 도움을 줄 것입니다. 장로님의 깊이 있는 통찰력은 복잡한 경제 구조와 개인의 재정적 결정들을 하나님 나라의 가치로 다시 발견하도록 도움을 주기에 충분합니다.

이 영역에 있어서 동탄동산교회 공동체에서 여러 번에 걸쳐 진행된 직장사역 세미나 때 재정과 직장(직업)에 대해 다루면서 이미 성도들에게 실제적인 도움을 주고 있으며, 앞으로도 다양한 크리스천들의 뜻에 부응하여 공감대를 넓혀 가고 있습니다. 그 실제적인 내용이 이 책에 고스란히 녹아 있습니다.

이 책을 읽는 독자들 모두가 소유를 넘어 하나님 나라 자원을 흘러보내고, 돈에 대한 인식이 새롭게 열리시기를 바랍니다.

박동성 목사 | 동탄동산교회

재물을 주시지 않고, 재물 얻을 능력을 주신다

크리스천 중에 "주일도 잘 지키고 신앙생활도 열심히 하는데, 왜 이렇게 가난할까요?"라는 질문을 자주 받게 된다. 이 질문에 대한 만족한 답은 아닐지라도, 독자들에게 작은 도움이 된다면 더 바랄 게 없다.

어려움 없이 부자로 한결같이 산 것을 축복이라 할 수 없는 이유는 인간은 고난을 통해 주의 말씀을 깨닫고, 은혜를 경험하며, 감사를 배우기 때문이다.

하나님은 자기 백성들이 재물의 복을 받기 위해 먼저 어떤 과정이 필요한지 말씀하신다.

> "네 조상들도 알지 못하던 만나를 광야에서 네게 먹이셨나니 이는
> 다 너를 낮추시며 너를 시험하사 마침내 네게 복을 주려 하심이었
> 느니라"(신 8:16).

첫째, 하나님의 기준에 부합해야만 복을 받을 수 있다.

광야 40년도, 나를 낮추시는 것도, 시험하시는 것도 축복의 과정이다. 우리의 필요에 따라 재물이 채워지는 것이 아니라, 하나님의 기준에 합당해야만 재물의 축복을 받을 수 있다. 하나님은 먼저 이스라엘 백성

이 광야에서 40년간 훈련한 이유를 말씀하신다.

농사도 지을 수 없는 척박한 땅에 200만 인구가 40년간 생존할 수 있었다는 자체가 기적이다. 사실 모세도 하나님의 지시대로 이스라엘 백성들을 인도했을 뿐 아무 대책이 없었다. 그러나 하나님은 일용할 양식인 만나와 메추라기를 새벽마다 하늘에서 공급해 주셨다.

광야에서는 만나와 메추라기가 모든 사람에게 충분했기 때문에 잉여재산을 모아 두지 않아도 되었다. 그러나 광야를 지나 가나안으로 들어가면 가난한 자와 고아 그리고 과부를 돌아보아야 할 대상이 생길 것이다. 하나님은 이제 잉여재산이 필요하기 때문에 재물의 복을 주시겠다고 말씀하신다.

'낮추시는 목적'은 복을 주시기 위한 것으로, 준비되지 않은 채 복을 받으면 그 복은 도리어 화가 된다. 그 이유는 그 복을 바로 '내 능력'으로 이루었다고 할 것이기 때문이다.

> "그러나 네가 마음에 이르기를 내 능력과 내 손의 힘으로 내가 이
> 재물을 얻었다 말할 것이라"(신 8:17).

'시험(Test)의 이유'는 시련을 통해 하나님이 누구신지 알게 하고, 준비하기 위함이다. 광야는 이스라엘 백성에게 생명과 직결된 일용할 양식의 주인이 누구인지, 생명의 근원이 어디에서 나오는지 가르친다. 광야는 최적의 훈련학교다. 훈련 없이 받은 재물은 교만을 불러오고, 우리를 망하게 한다.

둘째, 하나님은 재물을 주시지 않고, 재물 얻을 능력을 주신다.

우리는 돈을 달라고 기도한다. 물론 그 의미는 돈을 벌 수 있는 능력을 달라는 뜻도 포함되어 있다. 그러나 하나님께서 우리를 축복하시는 방법이 우리가 생각하는 방법과 다르다는 것을 알아야 한다.

> "네 하나님 여호와를 기억하라 그가 재물 얻을 능력을 주셨음이라"(신 8:18).

재물을 얻을 능력에는 지혜와 지식 그리고 관리할 수 있는 능력까지 하나님의 경영에 포함된다는 뜻이다. 단지 재물을 얻는 것에만 치중하거나, 언제 어떻게 사용되어도 괜찮다는 태도는 위험하다. 하나님의 것은 하나님의 원리대로 사용되어야만 축복이 된다.

셋째, 하나님은 언약을 이루기 위해 재물을 주신다.

하나님이 재물의 복을 주시는 데는 '목적'이 반드시 있다. 이는 백성들을 풍요롭고 잘살게 하기 위함만이 아니라, 말씀하신 '언약', 즉 아브라함, 모세, 다윗에게 약속하셨던 언약을 지키시기 위함이다. 유대인은 나라를 잃고 뿔뿔이 흩어져 전 세계 0.2%에 불과한 디아스포라 민족이지만, 재물을 얻을 능력을 주시겠다는 언약의 말씀처럼, 세계 대부호 100명 중 22명, 미국 내 1.71%의 인구에서 역대 FRB(미국연방준비제도) 의장 50%가 탄생했다.

하나님이 약속한 재물 얻을 능력과 부유함을 선물로 주신 결과이다. 고난까지도 언약으로 알고 통과한 믿음의 사람들을 축복하시고, 거부로 만들어 주셨다. 아브라함, 욥, 이삭, 야곱, 요셉 등이 그랬다.

> "이같이 하심은 네 조상들에게 맹세하신 언약을 오늘과 같이 이루
> 려 하심이니라"(신 8:18).

크리스천들이 성경적 재정을 이해하고, 적용하는 능력이 부족하여 하나님이 약속하신 재정의 축복에서 멀어진다면 억울하지 않을까? 하나님의 약속을 신뢰하지 못하고, 자기 생각대로 경영하는 사람이 많다. 부자는 고사하고 빚지지 않고 사는 것을 소망하는 크리스천들에게 무엇을 더 바라겠는가?.

어느 한 날도 돈 걱정 없이 살아 본 적 없는 사람에게 '돈에서 자유' 하라고 한들 설득력이 있겠는가? 삶의 이유가 돈에 집중될 때 원하든, 원치 않든 돈을 사랑하게 되고, 돈이 우상이 될 수밖에 없다. 따라서 '돈에 집착할 수밖에 없는 상황'을 만들지 않는 사람이 가장 지혜로운 사람이다.

조상들에게 맹세하신 언약에 따라 하나님이 내게 재물을 얻을 능력을 주셨는데, 가난하게 산다면 누구의 문제일까? 돈에 가치를 매기고, 이를 교환 수단으로 통용되는 단순한 화폐로만 여기면 안 된다.

돈은 그 이상의 의미가 있다. 여러분이 돈을 다스릴 수도 있고, 돈의 지배를 받을 수도 있다. 돈의 지배에서 벗어나는 방법은 돈을 다스리는 것뿐이다. 위험한 물건이니 잘 다루어야 한다는 생각만으로는 부족하다.

이렇게 중요한 돈을 좋아하지만, 잘 알지도 못하고 제대로 배워 본 적도 없이 돈의 지배를 받고 산다면 너무 억울하지 않을까?

호세아는 "내 백성이 지식이 없으므로 망하는 도다"(호 4:6)라고 탄식한다. 우리는 당연히 성경이 재물에 대해 어떻게 말씀하는지 배워야 한다. 지식이 없어 받을 복을 놓치면 어리석은 사람으로 남을 것이다.

성경에서 재물에 대한 말씀은 2,350구절이 사용되었을 만큼, 중요하다는 뜻이 담겨 있다. 예수님도 비유 38개 중 16개가 재물에 관한 이야기다. 1600년 동안 쓰인 성경은 하나님이 어떤 것을 중요하게 다루는지, 어떤 것이 생명을 살리는지, 인간은 어떤 것에 걸려 넘어지는지, 유익하면서도 위험한 돈에 많은 부분을 할애하고 있는 이유이다.

말씀에는 '말씀의 법칙'이 있듯이, 크리스천에게는 '부의 법칙'이 있다. 성경에서 말하는 재정의 원리를 잘 알아야만 맘몬의 지배에서 벗어나 돈을 다스릴 수 있다. 세상의 모든 것이 다 하나님의 것이고, 우리는 그의 자녀인데 당연히 돈을 다스리는 것이 마땅하다는 인식이 필요하다.

"하나님은 그의 자녀들이 가난하게 사는 것을 왜 두고 보시는가?" 이에 대한 후배의 질문에 나는 "크리스천들이 가난하게 사는 것을 당연하게 여기기 때문이다"라고 답했다. 하나님은 그 누구에게도 가난하게 살라고 한 적이 없으며, 오히려 부요가 하나님의 선물이라고 하셨다.

> "어떤 사람에게든지 하나님이 재물과 부요를 주사 능히 누리게 하시며 분복을 받아 수고함으로 즐거워하게 하신 것은 하나님의 선물이라"(전 5:19).

어떤 사람이든지 '재물과 부요가 하나님으로부터 오는 선물'이라는 것을 안다면, 하나님의 경영 원리로 돌아가야 한다. 우리는 은연중에 하나님과 재물을 동시에 갈망하고 있는데도, 그렇지 않은 것처럼 행동하고 있다. 성경은 '부의 축복'이 하나님의 주권으로부터 시작되지만, '부의 부작용'은 부에 대한 우리의 집착과 탐욕에서 시작된다는 사실을 지적한다.

우리가 부에 대하여 바르고 균형 있는 시각을 가지는 것이 매우 중요한 이유이다. 하나님의 자녀인 우리가 가난한 이웃에게 흘러 보내는 것만큼 나에게 다시 채워 주신다는 말씀을 믿는다면 순종하지 않는 게 더 이상하다.

> "가난한 자를 불쌍히 여기는 것은 여호와께 꾸어 드리는 것이니 그의 선행을 그에게 갚아 주시리라"(잠 19:17).
> "너는 네 떡을 물 위에 던져라 여러 날 후에 도로 찾으리라"(전 11:1).

열심히 사는 것으로는 부족하다. 성경적 재정 원리를 바르게 이해하고 적용할 때 부를 이동시킬 수 있다. 우리는 하나님이 일하시는 것보다 자신이 일하는 게 훨씬 효율적이고 안정적이라 여기며, 그것이 자신의 소유를 지키는 최선이라 생각한다.

부는 소유가 아니라 영향력이다. 주님이 원하시는 크리스천의 모습은 재물을 다루는 능력과 재물을 대하는 태도에서 찾아야 할 것이다.

데이브 신

/ 목차 /

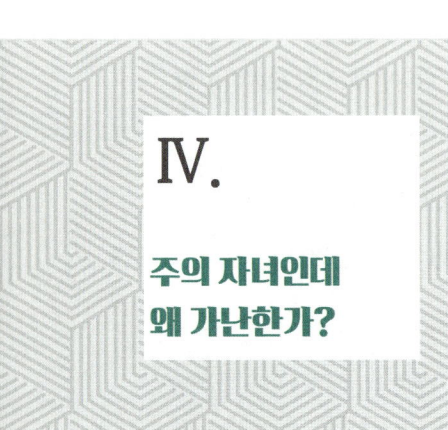

I.

크리스천의
성경적 재정관

하나님의 자녀인데 왜 가난한가요?

부는 소유가 아니라 영향력이다

나는 중학교 다니는 조카에게 물었다.

"넌 무엇이 좋아?"

"돈이죠. 돈을 많이 벌 거예요."

"왜, 돈이 좋아?"

"제가 사고 싶은 것을 사고, 하고 싶은 것도 할 수 있잖아요."

"어떻게 하면 돈을 많이 벌 수 있을까?"

"의사나 사업가가 되면 돈을 많이 벌 수 있지 않을까요? 제 꿈은 원래 과학자이지만 주위에서 의사가 좋다고 해요."

"그래, 꿈을 가지고 도전하여 성취하길 삼촌이 응원하고 기도할게."

"엄마 아빠는 삼촌처럼 공부하면 어디든 갈 수 있다고 해요."

"돈을 버는 거는 좋은 대학에 간다고 해서 보장되는 것은 아니란다."

"좋은 대학이 나쁠 게 없으면 좋은 거잖아요."

서로 죽고 못 사는 연인 사이이지만, 사랑하는 법을 모른다면 오래 도록 좋은 관계를 유지하기가 쉽지 않다. 좋아한다는 감정만으로 사랑이 완성되는 것이 아니다. 서로를 알고, 이해하며 인내하는 헌신이 요구된다. 먼저 돈을 좋아하면, 좋아하는 것만큼 돈에 대해 알아야 한다. 돈의 흐름과 속성을 알면 돈이 보이고, 보이는 것만큼 금융의 메커니즘을 이용할 수 있다.

투자는 한 번 잃었다고 해서 계속 잃는다는 법도 없고, 수익을 한 번 냈다고 해서 계속 수익을 낼 수 있는 것도 아니다. 일정한 공식이 존재하지 않는 게 투자의 세계다. 따라서 상황에 따라 흐름을 읽고 분석하여 포트폴리오를 만드는 게 중요하다.

투자할 때는 기본과 원칙 그리고 순서가 있다. 투자할 때 남을 따라서 하거나, 빌린 돈이나 급히 쓸 돈으로 단기 차익을 바라고 투자한 돈은 돌아오지 않을 확률이 높다. 짧은 기간에 잠시 머무르는 돈, 즉 빌린 돈, 등록금, 결혼자금, 전세자금 등으로 기간 이익을 얻으려고 투자하다 낭패를 보는 사람들이 더러 있다. 생활에 조금이라도 도움을 얻고자 하는 소박한 꿈은 좋지만, 욕심이 사태를 악화시키는 경우다. 욕심에다 무지를 더하면 불난 집에 기름을 갖다 붓는 것과 같다.

내가 살고 있는 화성시는 인구 100만 명 시대를 열어 가는 급성장한 젊은 도시이다. 평균 나이 38세로 전국에서 가장 젊고 활기찬 도시라 할 수 있다.

현재 섬기는 동탄동산교회(박동성 담임목사)도 젊은 성도들이 대부분으로 직장 따라 정착한 사람들이다. 우리나라뿐만 아니라 세계 어디서나 젊은이들이 가장 고민하는 이슈는 돈과 직장에 대한 끝없는 고뇌다.

젊은이들의 고뇌를 교회가 담아내지 못하면 교회는 종교에 불과하다는 목사님의 목회 철학에 따라 4년 전 '직장사역위원회'가 출범했다. 전 교인 대상으로 '크리스천의 재정 운용'과 '크리스천의 직장(직업)관' 중심으로 매년 2회에 걸쳐 세미나를 진행하고 있다.

외형상으로는 재정과 직장(직업)을 업무상 분리할 수 있지만, 실제로는 분리할 수 없는 딜레마를 가지고 있다. 어느 신문사 설문 조사에서 지금보다 연봉을 많이 주는 곳이 있으면 직장을 옮기겠다는 사람이 68%나 될 정도로 돈이 직장 선택의 주요 원인이 된다는 것을 알 수 있다.

동료가 승진하여 연봉이 오르고 친구가 돈을 많이 벌어 성공한 것을 부러워하고만 있으면 안 된다. 강렬한 열망과 도전을 받아야 하는 이유는 하나님은 나에게 재물 얻을 능력뿐만 아니라, 재물을 누릴 수 있는 선물을 주셨기 때문이다. 돈에 열망을 가지는 것이 잘못되었거나 이상한 일은 절대 아니다.

우리는 돈에 집착하고 사랑하면, 성경적 재정의 원리에서 벗어나기 때문에 문제가 생기는 것이다. 돈에서 자유 할 수 있는 가장 좋은 방법은 '돈에 집착할 수밖에 없는 상황'을 만들지 않는 것이다. 크리스천이면서 돈에서 자유하기 위해 노력하지 않는 사람은 무능하거나 부자에 대한 열망이 없는 사람이라고 할 수 있다.

크리스천들은 교회에서 잘 드러내지는 않지만, 젊은이들은 주식이나 펀드, 채권, 부동산 투자를 안 하는 사람이 없을 정도다. **교회 내에서도 투자에 대해 공론화할 수 있는 장을 마련하고, 음지에서 양지로 방향을 설정해 주는 프로그램이 필요할 때이다.**

투자가 대세인 오늘날 교회가 외면한다고 될 수 있는 일이 아니라면, 보다 적극적으로 성경적 재정 원리를 배우고, 나누며, 가르쳐야 한다. 하나님의 재정 원리가 어떻게 작동되고 있는지 성경적 재물관을 아는 것이 중요하다.

우리가 기억해야 할 사실은 하나님의 언약 백성이라고 할 때 하나님의 약속의 말씀일뿐만 아니라 기업을 이어받을 자로 재정도 포함되어 있다는 것이다. '기업'에는 '재산과 소유'의 의미와 더불어 '유산'이라는 의미도 있다.

그리고 과거 이야기를 기억하고 보존하여 그 정신을 이어 가는 것도 포함된다. 하나님이 축복의 분깃으로 12지파에게 땅을 나누어 주셨듯이, 우리가 살아가는 데 꼭 필요한 자원이 재정이기 때문이다.

하나님이 주신 시간과 재물 그리고 재능으로 부요하게 살아야 하는 것은 당연하다. 돈이 없는 삶을 청빈하게 사는 삶으로 포장하면 안 된다. 하나님은 재물을 잘 다스리는 신실한 청지기에게는 많이 맡기길 원하신다. 따라서 신실한 청지기가 된다면, 하나님은 우리가 부자 되는 것을 원하시고 기뻐하신다.

내가 도울 이웃이 있는데, 돈이 있어도 좋고 없어도 좋은 상황이 아니다. 내 아버지가 나를 사용하려 하실 때 어떻게 얼마를 채우시든 재정에서 자유 할 수 있어야 베풀 수 있다.

> "하나님이 능히 모든 은혜를 너희에게 넘치게 하시나니 이는 너희로 모든 일에 항상 모든 것이 넉넉하여 모든 착한 일을 넘치게 하게 하려 하심이라"(고후 9:8).

믿음으로 결단하고 시작하려고 할 때 돈이 있어야 가능한 일이 생각보다 많다. 모든 일에 항상 '넉넉하게', '넘치게' 하시는 분은 하나님이시다. 문제는 항상 우리에게 있다. 무엇으로 어떻게 시작할 것인가에 대한 물음에 대답할 수 있어야만 그 일을 완성할 수 있다. 하나님 나라는 '더 많이 누리는' 나라가 아니라 '함께 나누는' 나라다.

독자 중 한 사람은 "박사님, 돈 걱정하지 않고 살아 보는 것이 소원입니다. 어떻게 하면 될까요?"라고 묻는다. 나도 모른다. 독자가 어떤 환경, 능력, 소득, 목표를 가지고 있는지 그리고 얼마가 있어야만 돈 걱정을 안 할 수 있는지 모른다. 오랜 상담 끝에 대답할 수 있는 말은 "왜, 돈이 없는지 걱정만 하지 말고, 생각해 보면 답을 알 수 있다"고 했다. 실제로 답을 몰라서 못하는 경우는 거의 없다. 나는 왜 게으른지, 시작은 했지만 왜 끝은 없는지, 지금 할 일을 왜 다음으로 미루는지, 목표에 왜 도전하지 않는지, 일을 시작하기도 전에 왜 출구를 먼저 찾는지 생각해 보면 답이 있다고 했다. 어느 한 날이라도 돈 걱정하지 않고 살아 보는 것이 소원인 사람에게 할 수 있는 말은 원인을 밖에서 찾지 말고, 자신에게서 찾아보라고 한다.

일전에 교회에서 직장사역위원회 주관 정기 강연을 마치고 참가자들의 소감을 나누는 시간에 '현재 번아웃(Burnout) 상태'라고 고백한 지체들이 있었다. 무리하게 투자한 돈은 돌아오지 않고, 시작한 사업이 재정난을 겪고, 퇴사하고 직장을 찾지 못해 가정 경제가 어려워진 사람들이다. 이와 같은 재정의 어려움은 가족 관계를 비롯한 사회 전반 갈등의 주원인으로 작용된다. 가정이 깨어지고, 관계가 틀어져 공동체 생활도 제대로 할 수 없어 교회를 떠나는 경우가 있다. 가정은 사람을 만드는 공장이고, 교회는 그리스도인을 만드는 공장이라고 한다.

그러므로 가정이 깨어지고 관계가 틀어져 교회를 떠난다는 것은 '쉼과 회복을 충전하는 공간'과 '하나님의 말씀과 임재의 능력이 나타나는 공간'이 사라지게 된다는 의미다. 따라서 우리는 결코, 잃어버려서는 안 되는 이유는 새로운 에너지를 충전하고 사회로 나가는 관문이 가정이고, 성령의 능력으로 세상에서 승리의 삶을 살도록 예배자로 세우는 현장이 교회이기 때문이다.

인류의 평화를 위하여, 민주화를 위해 분연히 일어서는 것은 어렵지 않다. 왜냐하면, 내가 책임을 지지 않아도 되기 때문이다. 따라서 책임이 따르는 가정을 세우고, 교회의 덕을 세우는 일은 쉽지 않다. 가정과 교회는 한 공동체의 책임으로 연결되어 있기에 그 중심에 돈이 자리하고 있다. 꿈꾸는 일에는 돈이 필요 없지만, 그 꿈을 실현하기 위해서는 돈이 필요하다.

이곳 크리스천들은 모두 아파트에 살고, 빈부 격차 크게 없이 그런대로 잘살고 있겠다고 생각했는데, 겉으로 보이는 게 전부가 아니었다. 모든 에너지가 방전되고 정신적 탈진이 될 때까지 도움이 되지 못한 것 같아 마음이 무거웠다.

신앙 공동체란 무엇인가? 나의 필요를 먼저 채우는 곳이 아니라, 이웃의 필요를 돌아보고 반응하는 공동체이다. 예수님의 사랑이 그 안에 없으면 교회 공동체도 세상 친목회 모임과 다를 게 없다.

오늘날 교회가 세상에 선한 영향력을 미치지 못하는 것은 세상 사람들이 볼 때 교인은 '일요일에 교회를 나가는 사람' 정도로만 알고 있다. 교회 문패만 달렸다고 크리스천의 가정이 아니다. 교회를 다닐 뿐, 자기들과 다르지 않은 이웃이란 것을 너무나 잘 알고 있기에 기대하거나 도움을 청하지도 않는다. 우리는 이웃에게, 이웃은 우리에게 관심이 없는 사람으로 유령처럼 교회에 왔다 갔다 할 뿐, 그들은 예수가 누군가에 대해 전혀 궁금한 것도 없고, 우리도 그들에게 그리스도를 소개하려고 하지도 않는다. 오늘날 크리스천들이 많은 것을 놓치고 있다는 뜻이다. 이웃에 대한 관심이 곧 사랑이다.

이웃을 사랑하라는 말은 '증명하라(Attest)'는 말이다. 증명하라는 말은 '행동으로 표현하여 인정을 받아라'라는 뜻이다. 인정받지 못하면, 인정받을 때까지 계속하라는 의미도 있다. 설득의 힘은 논리가 아니라 진심이 통할 때다. 하나님 사랑과 이웃 사랑은 같은 뜻이다. 복음을 전하는 것도 '한 생명에 대한 사랑'이 이웃으로 확장되는 것을 말한다.

동탄동산교회는 새롭게 성전을 건축한 지역에서 지역 주민들과 소통의 장을 마련하기 위해 개방하고, 다양한 문화 콘텐츠를 계발하여 더불어 만들어 가는 크리스천 문화를 알리고 있다. 교회의 문턱을 낮추어 오고 가는 사람들이 편안하게 들려 차 한잔하면서, 교회 문화를 거부감 없이 받아들일 수 있도록 강연과 공연 그리고 전시회에 초대하여 공감대를 형성하는 일부터 시작하고 있다.

교회가 할 수 있는 일은 제한적이기는 하지만, 그럼에도 할 수 있는 데까지 지역 주민들의 니즈(needs)를 다양하게 들을 수 있는 채널을 만들고, 함께 할 수 있는 것을 찾아 공감대를 넓혀 가야 할 이유가 있다. 이웃 사랑이란 우리가 할 수 있는 일에 아이디어를 모으고 최선을 다하는 것이다.

현대인에게 어울리는 말이 '군중 속에 고독'이라는 말이다. 알고 보면 모든 인간은 각자의 짐을 짊어져야 하는 외로운 존재다. 직장생활이 힘들어도 어디 내놓고 이야기할 사람이 없는 게 사실이다. 직장 문화를 이해하지 못하는 가족에게도 꺼내기가 어려운 부분이 있다.

아내에게 직장생활이 힘들다고 하면 "다른 사람은 잘 다니는데, 당신만 힘들다고 하느냐"는 소리를 듣기 일쑤다. 돈 이야기와 직장 이야기를 잘못 꺼내어 가족 간에 감정의 골이 깊어지는 경우가 있다. 힘들어서 안 다니겠다는 말은 아니다. 함께 공감하며 들어줄 사람이 필요하다는 뜻이다. 의지하고 싶은 멘토가 필요하고, 함께 나누고 기도해 줄 공동체가 그리울 때가 있다.

우리 강연 프로그램 중에 한 강의가 끝나면 조별 소감 나눔(Sharing)의 시간이 있는데, 끝없이 이어지는 '소통의 목마름'을 보고, 진작 이런 장(場)을 자주 마련하지 못한 것이 못내 아쉽고 미안한 마음이 들었다.

먼저 "우리는 왜 가족이 걱정할 정도로 가난하게 살고 있는가?" 이에 대한 원인과 이유를 알아야 한다. 돈의 결핍에서 벗어나기 위해서 나름대로 노력하고 있지만, 생각만큼 되지 않는다. 투자하지 않으면 잃지는 않겠지만, 그렇다고 가만히 있으면 물가상승률 3.6%만큼은 매년 금융자산이 줄어드는 셈이다.

사람들은 "당장 쓸 돈도 없는데 저축(투자)할 돈이 어디 있어요"라고 한다. 쓸 돈을 쓰지 않고, 아껴서 하는 게 저축(투자)이다. 쓸 돈 다 쓰면서 할 것 다 하며 사는 사람은 저축이나 투자할 필요가 없다.

돈이 없기 때문에 미래를 위해 저축하고 투자하는 것이다. 경제 지식이 있어도 수익을 내기가 어려운데, 공부하지 않고 시험을 잘 치르기를 원하는 사람과 같다. 만약 여러분이 투자에 자주 실패했다면 비성경적인 방식이 얼마나 많은지 복기해 보는 것이 먼저다.

크리스천들은 돈에 시험 들지 않기 위해서는 먼저 '경험을 통한 실전법'을 배우며, 적은 돈으로 나누어 투자해 보면서 자신의 포트폴리오를 만들어 가야 한다.

다음은 '잃지 않는 법'을 배워야 한다. 적은 돈을 투자하여 자신의 최적의 컨디션을 조절하여 금융 메커니즘을 배우면 된다. 가진 금액을 나누어 재투자하고, 금액을 조금씩 늘려가면 큰돈을 투자하지 않고도 경험을 쌓을 수 있다.

투자는 기본에서 시작하는 게 무엇보다 중요하다. 투자는 원칙과 상식에서 시작한다는 말이고, 펀더멘탈이 강한 사람이 성공한다는 말이다. 공부하고, 노력하고, 경험한 것만큼 결과가 나오는 것을 당연하게 여긴다면, 우리는 그렇게 억울할 것이 없을 것이다. 만약 지금 기대 수익에 미치지 못해도 자산은 그 어디에 쌓이고, 나의 실력이 검증될 날이 가까이 있다는 말이다.

투자에 실패하는 10가지 유형이 나에게 적용되지는 않는지 점검해 보자.

투자에 실패하는 10가지 유형

1. 여윳돈으로 하는가? ······················· ☐
2. 대출받거나 빌려서 투자하지 않는가? ············· ☐
3. 과도한 욕심은 없는가? ····················· ☐
4. 투자가 아니라 투기의 성격은 없는가? ············ ☐
5. 남을 따라 투자하지 않는가? ················· ☐
6. 급한 돈으로 투자하지 않는가? ················ ☐
7. 회사 업무에 지장을 주면서 투자하고 있지 않는가? ····· ☐
8. 노력하기보다는 운을 믿고 투자하지 않는가? ········· ☐
9. 장기로 투자하지 않고 단기로 수익을 내려고 하지 않는가? ····· ☐
10. 한 번에 모든 것을 만회할 수 있다고 생각하지 않는가? ········· ☐

크리스천뿐만 아니라 세상 투자자들이 실패한 사례들이다. 만약 위의 방법대로 했는데도 잘 되었다고 하면, 앞으로 더 많은 수업료를 내야 한다는 뜻이다. 위의 방법들은 성경적 재정 원리와는 거리가 있다. 아니, 대척점에 서 있다.

손실을 본다는 전제로 스몰 스텝(Small Step)으로 투자하면서 공부하고, 경험을 늘려가는 것이 가장 안전한 투자다. 투자할 때 이기기 힘든 게임을 지지 않기 위해서는 이때 내가 해야 할 것이 무엇인가 생각해야 한다.

모든 일에는 순서가 있고 기회가 있다. 이스라엘 백성이 출애굽을 하여 가나안에 들어가기 위해 광야를 거쳐야 했고, 출애굽을 막으려는 바로의 군사들을 멸하기 위해 홍해의 이적이 필요했던 것처럼 말이다.

이와 같이 투자에도 기본이 있고, 원칙이 있으며, 순서가 있다. 지식

없이 힘에 겨운 투자로 가정에 위기를 겪으며, 직장에 적응하지 못하고 교회를 떠나는 크리스천들이 없기를 바라며 이 글을 쓴다.

투기는 자기 얼굴을 사진에 담는 모습과 같다. 자신의 얼굴이 '실물보다 잘 나온 것'을 찾으려고 수십 번씩 찍으면서 그중에 하나를 건지려는 것과 같다. 투기는 자신이 감당하기 버거운 돈을 계속 투자하면서 기대 이상의 수익을 낼 수 있다는 요행을 바라는 것이다.

그런데 투기하는 사람은 자신이 하고 있는 것이 투기라는 사실을 모른다. 정상적인 투자를 하고 있다고 생각한다. 요행은 당신의 편이 아님에도 억울하고 운이 없다고 생각해서 떠나지 못하고, 결국 모든 재산을 날리게 되는 병이다.

주식으로 수억을 날리고, 집을 날리고, 직장에서 권고사직을 당하고, 가정이 해체되고, 교회를 떠나는 사람들을 만나면서 해 줄 수 있는 말은 "투기 심리는 누구에게나 있다. 그러나 투기를 다스릴 수 있는 욕심을 제어할 수 있는 제동장치는 성경의 재정 원리로 돌아가는 것밖에 없다"고 조언한다.

교회가 돈 이야기하는 것이 영적이 아니라 하고, 어렵다고 하여 침묵하면 '육적인 양식은 필요가 없으니 영적 양식만 먹어라'고 하는 것과 같다. 돈 자체는 영적이거나 육적인 것이 아니다. 단지 돈을 관리하는 청지기가 어떻게 돈을 다루느냐에 따라 영적인 것이 되고, 육적인 것이 될 뿐이다.

주님은 모든 소유를 우리에게 맡기시고 충성되고 착한 종이 되라고 하신다. 예수님은 "너희가 하나님과 재물을 겸하여 섬길 수 없느니라"(눅 16:13)고 하신다. 성경에 그 어떤 것도 하나님과 동등하게 취급받은 것은 없다. 재물이 유일하다. 여기서 재물은 단순히 돈이 아니라 우리를 부리고 종으로 만드는 맘몬(Mammon. 갈대아 지역의 우상으로 돈과 재물의 풍요를 주는 신)이다.

우리 일상에서 거의 모든 문제가 돈에서 시작하여 우리의 일상을 흔들며 삶을 부유하게도 하고, 피폐하게도 한다. 재물을 세상의 관점에서 보면 돈이면 모든 것이 가능하고, 우상이 될 만한 조건을 갖추고 있는 것처럼 보이지만 거짓이요, 허상이다. '소유의 가치'가 아닌 '존재의 가치'로서 잘 사는 법을 배워야 한다.

투자에 '실패하면서 배우는 것'과 '실패하지 않기 위해 배우는 것'은 다르다. 살이 찌니까 다이어트를 해야 하는 것과 다이어트를 하니 살이 안 찌는 것은 근본적으로 다르다. 다이어트를 하는 것은 같은데 전후(前後)의 차이다. 수업료를 내면서 배우는 것을 안 내고도 배울 수 있다면 당연히 그렇게 해야 한다. 간접 경험을 통하여 배우는 사람이 가장 지혜로운 사람이다. 일어설 수 없을 정도로 수업료를 많이 내는 사람이 가장 우둔한 사람이다.

크리스천 중에 가난이 경건에 유익하다고 생각하는 이들이 있다. **'청빈하게 사는 것'을 경건에 유익이 있다고 하지, '가난하게 사는 것'을 경건에 유익이 있다고 하지 않는다.** 청빈은 가진 것을 절제하고 아껴 사용하는 것을 말하고, 가난하게 사는 것은 원래 가진 게 없기 때문에 자연히 아껴 사용할 수밖에 없는 것을 말한다.

하나님께서는 그의 사랑하는 백성에게 풍요를 약속하셨다. 우리는 영적인 축복에만 한정시키고, 자신은 물질의 축복에서 언제나 벗어나 있다고 생각한다. 하나님이 약속하신 첫 번째 풍요는 "아브람에게 가축과 은과 금이 풍부하였더라"(창 13:2)이다.

아브라함에게 엄청난 물질의 축복을 주시는 것을 알 수 있다. 믿음의 조상인 아브라함을 축복하신 그 축복이 그대로 신약으로 연결된다. 갈라디아서 3장 14절에 "이는 예수그리스도 안에서 아브라함의 복이 이방인에게 미치게 하고" 믿음의 유산은 영적인 것과 물질적인 것이 다 포함된다. 그렇다고 모두가 다 부자가 되고 재벌이 될 수 있다는 말은 아니다.

신약에서 **물질적 풍요는 하나님의 계획하심에 의해 필요한 이들에게 채워지고, 이는 선한 청지기로서 이웃에게 긍휼을 베푸는 재물의 축복도 포함되어 있다. 하나님은 우리가 가진 물질이 자신에게 머무는 데에만 만족하는 것이 아니라, 필요한 곳에 나를 통하여 흘러 보내는 통로 역할을 하길 원하신다.** 세상의 모든 것이 다 하나님의 것인데, 하나님의 원리대로 살지 않으면, 그 유업을 받을 상속자가 될 수 없다.

부자가 최고의 축복이고 가치라는 인식이 젊으면 젊을수록 강하게 나타난다. 아이들에게 "어떤 사람이 되고 싶니?"라고 물으면 "돈 많이 버는 사람이 되고 싶다"고 거침없이 말한다.

아이들은 어릴 때부터 엄마 아빠가 할 수 없는 것을 돈은 할 수 있다는 것을 안다. 다음 세대로 가면 갈수록 돈이 차지하는 비중이 점점 커진다는 것은 맘몬이 세력을 넓혀 가고 있다는 뜻이다. 우리는 믿음에 따라 돈이 필요하고, 필요하지 않고의 문제로 접근하는 것이 아니라, 없어서는 안 되는 교환 수단임을 인정해야 한다.

우리는 '재물의 주인이 하나님이라는 것을 인정하는가?'부터 시작해야 한다. 그리고 돈을 좋아하는 것만큼 배우고 노력하여 경험을 쌓아야만 내 것이 된다. 크리스천들이 관념상으로는 주권자가 하나님이라고 인정하지만, 내 호주머니에 있는 돈은 내가 힘들게 번 내 돈이라고 생각하여 내 임의로 다루며, 돈의 진정한 주인이 누군지 알려고 하지도 않는다.

하나님의 말씀이 없어서 그런가? 아니다. 바리새인과 서기관들은 누구보다 말씀에 가까이 있었지만, 하나님으로부터 가장 멀리 떨어져 살았다. 이 시대의 크리스천들도 말씀의 홍수 속에서 살고 있지만, 사람들은 하나님의 말씀이 이 시대적 상황과 정서에 맞지 않는다고 한다. 정말 그럴까? 말씀이 내게 맞지 않은 것이 아니라, 내가 말씀을 멀리하기 때문이다. 지금도 하나님의 말씀은 시간과 지역과 인종을 초월하여 들을 수 있다. 이 시대가 하나님의 말씀이 없고 지식이 없어서 방황하고 죄를 짓는가? 아니다.

사람을 살리는 말이 아니라, 자신에게 듣기 좋은 말만 듣고, 보고 싶은 것만 보기 때문이다.

" 돈은 영적인가? 육적인가? "

여러 해 전에 청년회 간사로 섬기고 있을 때 성경적 재물관(Biblical view of Money)에 대해 나눌 기회가 있어 청년들과 여러 방향으로 대화를 한 적이 있다. 그중에 이런 설문이 있었다.

첫 번째 설문, "만약 직장에서 주일에도 일하는 조건으로 주일마다 50만 원의 보너스를 더 준다고 하면 어떻게 하겠는가?"

질문 1. 예배를 드리기 위해 50만 원을 포기하겠다.

질문 2. 예배를 포기하고 50만 원을 벌기 위해 일하겠다.

질문 3. 돈을 벌 수 있을 때 많이 벌고, 그다음 예배에 충실히 하겠다.

무기명 설문에 수백 명의 청년들이 참여했다. 여러분들이라면 어떤 선택을 하겠는가? 놀랍고 안타깝게도 92%의 청년들이 질문 2와 3을 선택했다. 만약 설문지에 50만 원이 아니라 주일마다 10만 원을 포기하라고 했으면, 예배를 선택한 사람이 훨씬 많지 않았을까 생각을 해 보기도 했다.

주일 성수를 단순히 돈으로 경중을 저울질하는 것은 무리가 있지만, 우리의 현주소를 보여 주는 바로미터(barometer)라는 사실을 부인할 수 없다. 돈이 욕망의 도구로서 가장 직접적이고 현실적인 문제에 부응하는 수단임에 분명하다.

그러나 재물을 자신의 것으로 착각하면, 마치 선물에 취해 선물을 주신 분을 잊어버리는 것과 같다. 선물 자체보다 누구에게 이 선물을 받았는가가 훨씬 중요하다. 이 질문은 비단 청년뿐만 아니라, 오랫동안 신앙생활을 해 온 직분자들도 물질에서 자유롭지 않다는 것을 알 것이다.

우리가 예배를 포기하든, 50만 원을 포기하든 세상살이가 팍팍한 현실에서는 이렇게 하든, 저렇게 하든, 후회의 찌꺼기가 남을 만한 구조에 살고 있는 것은 분명하다. 내가 가진 모든 것은 '하나님께로부터 온 것이다' 즉 '내 것이라고 여기는 모든 것이 하나님의 것'이라는 믿음과 나그네 인생인 나에게 잠시 맡겨 둔 것에 불과하다는 청지기 의식을 가지는 데부터 시작해야 한다.

내가 청년 때 이 질문지를 받았다면 망설임 없이 예배라고 자신 있게 선택할 수 있겠는가 생각해 보면 자신이 없다. 돈을 포기하지 않으면서 예배도 드리는 방법을 먼저 생각하는 간사한 자신을 발견하게 될 것이다.

그러나 성경은 "한 사람이 두 주인을 섬기지 못할 것이니 혹 이를 미워하고 저를 사랑하거나 혹 이를 중히 여기고 저를 경히 여김이라 너희가 하나님과 재물을 겸하여 섬기지 못하느니라"(마 6:24)라고 한다.

모든 종교는 신과 재물을 겸하여 섬긴다. 이방 종교는 풍요의 신으로 재물을 얻는 게 최고의 복으로 여긴다. 맘몬은 인간이 돈을 사랑하고 집착한다는 것을 알고 교묘하게 주인을 바꾸려는 사탄의 계략이며, 돈이 주는 가짜 행복으로 우리의 마음을 훔쳐 하나님의 자리를 대신하려는 사탄의 속임수다.

 두 번째 설문, "만약 오늘 내 통장에 1억 원이 들어오면 무엇을 하겠는가?"

1위는 "여행을 가겠다."
2위는 "차를 사겠다."
3위는 "주식에 투자하겠다."
4위는 "집을 구하는 데 쓰겠다."
5위는 "직장을 그만두겠다."

그 어디에도 불우한 이웃을 돕겠다든가, 일정한 금액을 자선(선교)단체에 기부하겠다든가 하는 내용은 거의 찾아보기 힘들었다. 이런 내용은 있었다. '자신이 원하는 것을 하고 나서 일부 금액으로 이웃을 돕겠다'는 것이다.

내가 원하는 것을 다 하려면 10억이 있어도 항상 모자라게 되어 있기 때문에 절대로 남을 도울 수 없다. 이 말은 '남을 돕지 않겠다'는 말과 같다.

청년들이 하고 싶은 것들이 많을 때이기는 하지만, 돈이면 무엇이든지 가능할 것 같고, 행복할 것 같지만 그렇지 않다. 우리는 성경적 재정 원리에서 무엇이 빠졌는지 알아야 한다.

> **"선을 행하고 선한 사업을 많이 하고 나누어 주기를 좋아하며 너그
> 러운 자가 되게 하라 이것이 장래에 자기를 위하여 좋은 터를 쌓아
> 참된 생명을 취하는 것이니라"**(딤전 6:18~19).

이렇게 남을 도우면 곧 자기를 돕는 것으로 좋은 밭에 뿌린 씨앗과
같이 30배, 60배, 100배의 열매를 맺는다는 말이다. 직장에서, 일터에
서 호구지책으로 일하는 것은 품꾼에 불과하다. 품꾼은 적게 일하면서
빨리 끝내고, 임금은 많이 받기를 원한다. 자신의 직업을 일(Job)로만 인
식하는 사람은 직업을 단순히 물질적 보상을 얻기 위한 노동이며 수단
이라고 여긴다.

반면에 직업을 소명(Calling)으로 여기는 사람은 일을 인생의 가장 중요
한 부분 중 하나이며, 자신의 일을 삶과 분리할 수 없을 정도로 물질적
보상만을 위해 일하는 것이 아니라, 이웃과 함께 더불어 더 나은 세상을
만드는 데 기여한다는 믿음으로 일한다.

우리는 직장에서 탁월한 능력을 발휘하는 직원인 동시에 크리스천으
로 미션을 수행하는 소명자다. 일터가 곧 선교지다.

지금 시대에 직장에서 '소명의식(Sense of calling)'을 말하는 것이 시대착
오적이라고 생각할 수도 있다. 실제로 직장에서 소명의식보다 개인의
워라밸(work-life balance)이 더 중요하다는 설문 조사가 있다. 직장생활을 통
해 자아실현을 이룰 수 있다는 응답은 전체의 39.5%에 불과했다.

나의 일 중에는 '워크홀릭(Workholic, 일중독)'이라 불릴 정도로 고도로 집

중하고 노력을 해야만 완성되는 일이 분명히 있다. 그 문턱을 넘지 못하면 사명자로서도 성공자로서도 멀어진다. 선명한 비전이 없으면, 워라밸(Work and Life Balance)이 삶의 수단이 아닌 목적이 된다. 분명한 것은 워라밸을 즐기면서 성공한 사람을 아직 찾지 못했다는 것이다.

세 번째 설문, "직장 선택 기준은 무엇인가?"

질문 1. 연봉이 많은 회사
질문 2. 워라밸이 보장되는 회사
질문 3. 좋아하는 일을 할 수 있는 회사
질문 4. 배우고 성장할 수 있는 회사
질문 5. 복리후생이 잘 되어 있는 회사

이 중에 '연봉이 많은 기업'을 선택한 청년들이 가장 많고, 다른 질문들이 엇비슷하게 나온 것을 보면, 시대가 바뀌고 세월이 흐를수록 돈의 영향력과 지배력이 점점 강화되는 모습을 볼 수 있다.

내가 청년 때에 교회에서 이런 설문 조사를 했다면, 아마 다른 결과가 나왔을 것이다. '연봉보다 성장'이라고 답했을 것이다. 지금 시대에는 돈이 자신의 몸값이고, 삶의 이유와 가치라고 생각하기 때문에 세부 항목에서는 '급여와 워라밸'를 꼽았다.

한 설문 조사에서 자신의 가치관인 소명의식보다 더 중요한 건 급여 수준이라고 응답한 사람이 80.8%로 나타났다. 연봉을 더 주는 직장이 있다면 지금 하던 일을 그만두고 이직할 것이라고 응답한 사람도 66.7%가 되었다.

사람들은 "좋은 회사가 어떤 회사인가요?"하고 묻는다. 좋은 회사란 지극히 주관적이다. 내가 좋은 회사라고 하여도 다른 사람에게는 아닐 수도 있다. 나의 관점에서 좋은 회사는 '자신이 잘하는 것으로 능력을 인정받고 성장하는 회사'다. 그리고 재무제표가 안정적이며 성장과 수익성의 그래프가 우상향하는 기업이 좋은 회사다. 내가 투자하려고 하는 회사가 재무적으로 안정적인지, 성장성이 있는지, 수익성은 어떠한지 확인할 수 있다. 재무제표 자료는 전자공시 시스템에서 사업보고서를 보면 알 수 있다.

첫째, 안전성 부분에서 부채비율로 건전성을, 이자보상비율로 채무 상환 능력을 볼 수 있다. 부채비율은 업종 평균보다 낮으면 좋다. 이자보상배율 1.5 이상이면 우수하다고 평가한다.

둘째, 성장성 부분에서는 통상 매출액이나 영업이익성장률을 본다. 가장 최근 연도와 그 전 연도를 비교해서 100% 이상이어야 하고 높을수록 좋은 지표다.

셋째, 수익성 부분에서는 영업이익률이 기본이다.

ROE(Return On Equity, 자기자본이익률)와 ROA(Return On Asset, 총자산순이익률)도 알아야 할 지표다. 투자자들이 투자한 자금으로 얼마나 이익을 만들어 내는지가 가장 중요하기 때문에 기업에 투자하기 전에 꼭 살펴보아야 하는 지표다. 워런 버핏이 중요하게 보는 지표 중 하나인 것으로 유명하다.

직장에 다니면서 박탈감을 가장 심하게 느낄 때가 연봉이 비교될 때라고 응답한 사람이 88%에 이른다. 그만큼 소득 양극화가 심하다는 얘

기다. 2022년 통합소득 상위 0.1%의 1인당 소득은 연평균 17억9천640만 원이었다. 통합소득은 사업소득, 금융소득, 임대소득 등의 종합소득과 근로소득을 합친 전체 소득이다. 반면에 일반 직장인 1인당 연평균 총급여액은 4,213만 원에 불과했다.

사람이 있어야 할 자리에 인공지능(AI), 로봇, 양자컴퓨터, 챗GPT 등이 자리를 차지하고 있어 일자리가 점점 줄어들고 있다. 돈을 탐내고 미혹된 자들이 돈을 쫓은 결과 문명도 함께 발전했음을 부인할 수는 없다.

아담 스미스(Adam Smith)는 "우리가 빵을 먹을 수 있는 이유는 빵을 만드는 주인의 자비심이 아니라 돈을 벌고 싶은 이기심 때문이다"라고 했다.

> "돈을 사랑함이 일만 악의 뿌리가 되나니 이것을 탐내는 자들은 미혹을 받아 믿음에서 떠나 많은 근심으로 자기를 찔렀도다"
>
> (딤전 6:10).

크리스천들이 이 구절만 생각하고 돈이 악의 근원이라 여기고 터부시하는 경향이 있다. 이 말씀은 돈이 악이라는 말이 아니며, 재물이 많다고 죄가 된다는 말도 아니다. 단지 돈을 하나님보다 더 사랑하고, 욕망을 위해 사용하면 여러 가지 유혹에 노출되어 있어 죄의 근원이 될 수 있다는 말이다.

오늘날 돈이 필요하고 중요하기는 하지만 행복의 절대적 기준이 될 수 없을 뿐만 아니라, 돈이 목적이 되면 돈에 지배를 받고 끌려다니게 된다.

그런데 돈이 세속적이라며 무시하는 태도는 잘못된 것이다. 성경은

"너희가 만일 불의한 재물에도 충성하지 아니하면 누가 참된 것으로 너희에게 맡기겠느냐"(눅 16:11)라고 한다.

성경은 믿음을 214번, 구원에 대해서는 218번, 가난한 자를 긍휼히 여기는 축복을 1,500번 기록한 반면, 재물에 대해서는 2,350번을 기록하고 있다. 재물은 양날의 검이기 때문에 지혜롭게 다스리는 법을 거듭 강조하고 있다. 돈은 분명 축복이다. 축복은 누릴 수 있는 사람이 언제나 정해져 있다. 모든 사람이 누릴 수 있다면 그것은 축복이 아니다. **축복은 갚을 수 있는 사람에게 주는 것이 아니라, 갚을 수 없는 사람에게 나누어 주는 하나님의 은혜다.** 이로써 성경도 재물을 중요하게 여기고 있음을 알 수 있다. 성경은 돈을 소유의 개념으로 자신을 위해 쌓아 두지 말고, 나눔의 개념으로 돈을 잘 쓰는 법을 가르치고 있다.

마가복음 5장에 보면 예수님이 이방 지역인 거라사에서 더러운 귀신 들린 사람을 만나게 된다. 쇠사슬로도 제어할 수 없는 광인(狂人)이었지만, 예수님의 권세에 굴복하여 군대 귀신이 묶임에서 떠나고, 이전의 모습으로 온전히 회복된다는 내용이다.

그런데 기뻐해야 할 이웃들은 귀신의 사슬에서 해방돼 옛날 이웃으로 돌아온 것에는 관심이 없고, 예수님이 속히 떠나시기를 원한다. 마을 사람들은 돼지 떼의 몰살로 인한 경제적 손실만을 생각하고, 이웃의 새 삶에 대해 진정으로 환영하고 기뻐하지 못한다. 그들에게는 이웃의 생명보다 재물이 더 중요하기 때문이다. 물론 대부분의 사람들은 돈이 삶을 옥죄이고, 기약 없는 궁핍함으로 빠져들게 한다면 기뻐하고, 감사하기가 쉽지 않을 것이다. 그럼에도 불구하고 생명을 살리는 일보다 재물이 우선순위가 될 수는 없다. 더욱이 구원의 감격과 은혜를 결코 대신할 수 없다. 만약 돈이 생명을 대신할 수 있다고 믿는다면 돈이 우상이 되는 것이다.

> "너희 소유를 팔아 구제하여 낡아지지 아니하는 주머니를 만들라 곧 하늘에 둔바 다함이 없는 보물이니 거기는 도적도 가까이 하는 일이 없고 좀도 먹는 일이 없느니라 너희 보물 있는 곳에는 너희 마음도 있으리라"(눅 12:33~34).

인간은 돈이 없어서 죄를 지을 수도 있지만, 돈이 많고 풍족하면 거기에 쉽게 매몰되고 편안함에 익숙해져서 자신도 모르게 죄에 빠지기도 한다. 돈이 많으면 자신이 원하는 욕구를 쉽게 채울 수 있는 것들이 늘어나기 때문에 쉽게 유혹에 넘어간다. 돈으로 할 수 있는 것에 익숙해지면, 모든 것을 돈으로 해결하려고 하는 습성이 더 많은 돈의 욕망을 불러일으키게 된다.

> "너희가 나를 찾는 것은 표적을 본 까닭이 아니요 떡을 먹고 배부른 까닭이로다"(요 6:26).

오병이어의 기적 후에 예수님을 왕으로 삼으려 하던 무리는 예수님을 찾아 다음 날 바다 건너편 가버나움까지 따라왔다. 예수님을 찾고 따르는 열정과 노력은 칭찬해 줄만 하지만, 그들의 동기는 자신들의 목적을 이루는 데 있었다.

따라서 우리는 '힘써 하나님을 알아야'(호 6:3)할 이유가 있다. 하나님의 말씀을 제대로 알지 못하면 종교 지도자들처럼 자기 잇속을 차리는 외식주의자들이 된다.

마가복음 7:11에 '고르반'이라는 말이 있다. 바리새인과 서기관들은 하나님께 드리는 것과 부모님께 드리는 것 가운데 무엇이 더 의로운가를 결정하게 하여 하나님께 드리는 게 의롭기 때문에 부모에게는 드릴 필요가 없다고 가르친다.

그런데 그 속셈에는 바리새인과 서기관들의 배를 채우려는 계략이 있다. 부모님께 드릴 예물을 하나님의 이름으로 성전 헌금함에 예물을 드리면 자신들 것이 되기 때문이다.

그래서 예수님은 "이 백성이 나를 공경하되 마음은 내게서 멀도다 사람의 계명으로 교훈을 삼아 가르치니 나를 헛되이 경배하는도다 하였느니라"(마 15:8~9)고 탄식하셨다. 종교 지도자들은 이사야의 예언대로 입술로만 하나님을 공경하고 마음은 멀리 떠난 사람들이다. 그들은 '하나님께 드린 재산을 사람을 위해 사용할 수 없다'는 전통을 지켜야 한다는 구실로 부모님을 물질적으로 부양하지 않아도 된다고 한다. 사람의 전통을 지키려 하나님의 계명을 저버린 자들이다.

> "네 하나님 여호와께서 네 조상 아브라함과 이삭과 야곱을 향하여
> 네게 주리라 맹세하신 땅으로 너를 들어가게 하시고 네가 건축하
> 지 아니한 크고 아름다운 성읍을 얻게 하시며 네가 채우지 아니한
> 아름다운 물건이 가득한 집을 얻게 하시며 네가 파지 아니한 우물
> 을 차지하게 하시며 네가 심지 아니한 포도원과 감람나무를 차지

하게 하사 네게 배불리 먹게 하실 때에 너는 조심하여 너를 애굽 땅 종 되었던 집에서 인도하여 내신 여호와를 잊지 말고 네 하나님을 경외하며 그를 섬기며 그의 이름으로 맹세할 것이니라"(신 6:10~13).

모세는 이스라엘 백성이 가나안 땅에 들어가 크고 화려한 성과 아름다운 물건들로 가득 채워져 있고 배불리 먹을 수 있을 때 하나님을 잊어선 안 된다고 경고한다. 풍요로울수록 더욱 하나님을 경외하고 이 모든 것이 하나님의 은혜임을 기억하라고 명령하지만, 이스라엘 백성들은 가나안의 풍요로 부패하고 타락하게 되었다.

애굽에서부터 광야 40년을 거쳐 오면서 풍요롭게 살아 본 적이 없었던 이스라엘 백성은 끝없는 욕망이 머무는 곳에서 죄를 짓고, 재물이 우상이 되어 살아가는 현대인의 모습과 닮았다. 이스라엘의 언약의 백성으로 하나님의 계명과 법도로 살기로 맹세했지만, 광야에서 경험하지 못한 편안함과 물질적 풍요가 타락하게 만들고, 이방 신들을 섬기는 결과를 낳았다. 돈 자체는 영적이거나 육적이지 않다. 다만 내가 어떻게 사용하느냐에 따라 달라질 뿐이다.

> ## 돈의 주인이 아니면, 돈의 종이 된다

　우리는 우리가 생각하는 것보다 훨씬 적은 돈으로도 행복할 수 있다. 왜냐하면, 가진 것에 비례하여 만족하거나 행복하지 않기 때문이다.

　세례 요한의 목숨을 요구한 헤롯의 잔칫상에는 기름진 육선이 가득한 진수성찬이 차려졌지만, 세상 권력자들의 잔치는 증오와 살육만이 가득했다. 반면 예수님이 오병이어로 차린 광야의 소박한 식탁은 목자 없는 양 같은 가난한 무리를 보시고 불쌍히 여기시는 사랑과 긍휼의 잔칫상이었다. 전자는 백성들의 고혈로 권력가에 의해 잔칫상이 차려졌지만, 후자는 주님의 자비로 가난한 자들에게 긍휼의 식탁이 차려졌다. 하나님이 광야에서 이스라엘 백성에게 만나를 먹이셨듯이, 예수님도 한적한 광야에서 오병이어로 굶주린 자들을 배불리 먹이시고 남았다. 예수님이 떡을 '가지고' '축사하시며' '떼어 주는' 모습은 최후의 만찬 때 그대로 반복될 것이다.

가난하다고 해서 모두가 돈의 지배를 받는 종이 되는 것은 아니다. 돈에 마음을 빼앗기지 않으면, 돈은 우리를 유혹하며 부리지 못한다.

"가난한 자를 보살피는 자에게 복이 있음이여 재앙의 날에 여호와께서 그를 건지시리로다 여호와께서 그를 지키사 살게 하시리니 그가 이 세상에서 복을 받을 것이라 주여 그를 원수들의 뜻에 맡기지 마소서"(시 41:1~2).

다윗은 가난한 자를 도울 때 여호와께서 내게 복을 주시고, 재앙의 날에도 책임져 주시며 이 세상에서도 복을 받게 해 달라고 간구하였다.

"또 주린 자에게 네 양식을 나누어 주며 유리하는 빈민을 집에 들이며 헐벗은 자를 보면 입히며"(사 58:7).

소유하고 있는 재물이 누구에게 어떻게 사용되어야 하며, 우리를 기다리는 이웃이 있다는 것을 알게 되면, 성경적 재물관이 달라질 수밖에 없다.

"너희 소유를 팔아 구제하여 낡아지지 아니하는 배낭을 만들라 곧 하늘에 둔 바 다함이 없는 보물이니 거기는 도둑도 가까이하는 일이 없고 좀도 먹는 일이 없느니라 너희 보물 있는 곳에는 너희 마음도 있으리라"(눅 12:33~34).

주님이 원하시는 곳에 재물을 사용하면, 우리의 마음이 그곳에 머문다는 말씀이다. 이 말씀이 어렵게 느껴지면, 하나님 나라 관점에서 소유를 이해하면 우리가 할 수 있는 일은 이미 정해져 있다.

마태복음 19:16~22에서 부자 청년이 예수님께 와서 "선생님이여 내가 무슨 선한 일을 하여야 영생을 얻으리이까"라고 묻는다. 예수님이 "계명들을 지키라"고 했을 때 부자 청년은 "이 모든 것을 지켰는데 아직도 무엇이 부족하니이까?" 그러자 예수님은 "네 소유를 팔아 가난한 자들에게 주라 그리하면 하늘에서 보화가 네게 있으리라 그리고 와서 나를 따르라"고 하신다. 부자 청년은 하나님의 계명을 지키면서 영생에 대한 간절함도 있었고 온전하려고 노력했다. 그는 세상에서는 존경받는 부자였고, 성공한 청년이었다.

그런데 지금 부자의 청년이 건너야 할 '재물의 강'이 예수님과의 사이를 가로막고 있다. 주님보다 더 사랑하는 것을 내려놓으라고 하지만, 재물이 많아 포기할 수 없어 슬픈 기색을 띠고 근심하며 갔다.

예수님은 청년이 재물을 많이 가진 것이 죄이기 때문에 가난한 자들에게 모두 나누어 주라고 한 것이 아니다. 또한, 가난한 자가 의롭다거나 칭송하시는 것도 아니다. 다만 '돈을 사랑'하는 것이 예수님을 따르는 데 유일한 걸림돌이 되기 때문이다. 제2 좋은 것이 제1 좋은 것의 원수가 된다.

우리는 몇 가지 질문을 자신에게 해 볼 필요가 있다.

첫째, 지금 나의 삶을 움직이고 이끌어 가는 실제는 무엇인가?

젊은이들 사이에서 세상을 살아가는 데 예수님이 자신을 가치 있는 존재로 만들어 주지도 않는 크리스천의 모습을 보면, 아까운 시간을 낭비하며 다닐만한 교회가 아니라고 여긴다. 왜 청년들이 교회를 외면하고 떠나는가? 세상의 가치관으로 볼 때 실체가 될 수 있는 조건들이 분명하게 있어야 설득력이 있다고 여긴다. 자신을 부유하게 하거나, 일이 잘 풀리거나, 주위의 크리스천들이 성공적인 삶을 살거나, 어느 하나라도 믿는 자에게 분명한 시그널이 있어야 믿을 수 있다고 여긴다. 따라서 크리스천은 남의 말이 맞다는 것을 증명하지 말고 내 말이 맞다는 것을 증명하면 된다. 성경은 "어리석고 지각이 없으며 눈이 있어도 보지 못하며 귀가 있어도 듣지 못하는 백성이여 이를 들을지어다"(렘 5:21)라고 한다.

> "그러므로 내가 그들에게 비유로 말하는 것은 그들이 보아도 보지
> 못하며 들어도 듣지 못하며 깨닫지 못함이니라"(마 13:13).

누구나 볼 수 있는 눈이 있고, 들을 수 있는 귀가 있다. 그런데 눈이 있는데도 보지 못하고, 귀기 있어도 듣지 못한다면 이것은 누구의 책임인가? 주파수가 하나님의 역사를 보고 말씀을 듣는 데 맞추어져 있는 것이 아니라, 세상에 맞춰져 있기에 보고 들을 수가 없게 된 것이다. 현대를 사는 우리는 볼 것도 많고, 들리는 소리도 많아 무엇이 참인지, 무엇이 거짓인지 구별하기 어렵다. 우리는 종종 우리가 보고 싶은 것을 보고, 듣고 싶은 것을 듣는 것을 멈추지 않기 때문이다.

> "천국은 마치 밭에 감추인 보화와 같으니 사람들이 이를 발견한 후
> 숨겨두고 기뻐하며 돌아가서 자기의 소유를 다 팔아 그 밭을 사느
> 니라"(마 13:44).

천국의 복음을 제대로 이해하면 소유를 다 팔 만큼 가치가 있다는 말이다. 밭에 보화가 있다는 것을 '아는 것' 하나만으로 충분한 가치를 증명할 수 있다. 이 가치가 이제는 그 무엇과 바꿀 수 없는 나의 실제적 가치가 되어야만 천국의 소망이 깊어진다.

둘째, 나도 모르게 그것을 위해 발걸음이 향하게 하는 실제는 무엇인가?

사람은 하나님을 사랑하든지, 세상을 사랑하든지 둘 중 하나를 선택하게 된다. 내 속에 천국을 향한 소망이 분명하지 않으면, 세상이 이끄는 데로 사는 것을 가장 잘 사는 것으로 안다. 이 거친 광야를 걸어가는 우리의 참 소망은 천국을 실제로 소유하는 것이기에 참을만하다. 주님이 내 삶에 주인 되실 때 천국 소망은 실제가 된다.

셋째, 나의 삶의 실제는 예수님이고 복음인가?

세상에서 가치 있어 보이는 것들이 많아질수록 나를 향한 주님의 사랑이 절실하게 다가오지 않는다. 영원히 살 것처럼 꿈꾸지만, 삶이 얼마나 덧없이 지나간다는 것을 깨달았을 때 비로소 살아온 인생이 헛되다는 것을 깨닫게 된다. 우리 삶의 실제는 하나님 말씀 때문에 고난을 헤쳐 나가고, 어려운 중에도 기뻐하고 감사하게 된다. 모든 이에게 고난이 유익한 것이 아니다. 고난을 통해 하나님을 가까이하고 붙드는 이들에게만 유익이 된다(시 119:71).

넷째, 명문 대학과 좋은 직장, 높은 연봉이 나를 가치 있게 만드는 실제인가?

하나님은 우리에게 더 나은 선택을 할 수 있는 자유의지를 주셨다. 그리스도인일수록 좋은 대학에 가고, 원하는 직장에 취직할 수 있는 선택의 폭이 넓어 주의 나라를 확장하는 데 유용하게 사용될 수 있다.

그러나 목표를 이루기 위해 최선의 삶을 살 수 있지만, 목표가 삶의 이유와 목적이 되어서는 안 된다. 생명을 살리고 복음의 통로가 되는 데는 분명 연봉을 많이 받아 나눌 수 있는 목적이 되면 최고의 가치가 된다. 하지만 세상에 좋은 것이 복음에 방해가 되거나 하나님보다 우선순위가 되면 우상이 된다. 우리는 할 수 있는 한 돈 버는 일에 최선을 다하고, 지혜와 능력과 재물이 주님이 주시는 것이라고 인정한다면, 신실한 청지기로서 왜 성공해야 하는지 알 수 있다.

그런데 왜, 우리가 성공하고 부자가 못 되는지 생각해 볼 필요가 있다. 그 이유는 주님이 일하시도록 온전히 내어드리며, 그것을 환영하고 기뻐할 만큼 주님을 전적으로 의지하고, 성경적 재정 원리에 의해 경영하고 있는가? 대부분의 크리스천들이 실패하는 이유는 자신의 생각대로 선택하고 결정해서 시작하기 때문이다.

자신의 판단에는 인간적인 욕심이 감추어져 있어 첫 단추부터 잘못 끼워진 상태로 경영하기 때문에 주님이 개입할 자리가 없다. 내가 일하는 것보다 주님이 일하시면 항상 최선의 방법과 최대의 결과를 주시는 분임을 믿어야 한다.

우리는 자신의 능력은 10%만 의지하고, 주님의 능력은 90%를 의지하려고 한다면, 이 90%는 0이다. 즉, 불신자와 똑같다. 온전하신 하나님은 100%일 때만 역사하는 힘이 있다. 우리는 교회를 열심히 다니지만, 온전한 축복을 받을 수 없다. 늘 결핍 속에 살기 때문에 가난한 것을 당연하게 여기는 습관이 문제다.

우리는 성경의 원리대로 축복을 받기 위해 태어난 사람들이다. 만약 내 아버지가 어떤 분인지 몰라 유업을 받지 못한다면, 억울함은 물론이고 사람들이 비웃을 것이다. 하나님의 자녀인데, 이 땅에서 먹고 살기 위해 허덕거리며 사는 모습은 자녀의 모습이 아니다. 그래서 하나님은 우리에게 재물을 얻을 능력을 주시고 이를 흘러 보내라고 하신다. 우리가 부요하면 하나님의 미션을 수행하는 데 부담이 없다.

나는 아프리카의 콩고, 모잠비크, 말리 등 선교여행을 다녀오면서 돈으로 할 수 있는 일이 내가 할 수 있는 일보다 많다는 것을 경험했다. 내가 아니면 안 되는 미션이 있듯이, 돈이 아니면 안 되는 미션이 많다는 것을 알았다. 만약 내가 가난하다면 선교는커녕 도움을 받아야 할지도 모른다.

돈이 우리에게 줄 수 있는 혜택은 무엇일까?

첫째, 돈은 내가 '할 수 없는 일'을 하게 한다.

돈이 할 수 있는 최고의 가치는 굶주린 생명을 살리는 데 있다. 이것만큼 아름답고, 고귀한 일은 이 세상에 없다. 그들은 하루 3달러만 있으면 굶주림과 기아에서 벗어나고 학교에도 다닐 수 있다.

우리에게는 늘 마시는 커피 한 잔 값이다. 우리는 하나님의 것으로 그들보다 50배는 잘 먹고 누리며 살고 있으면서도 당연하게 여길 뿐만 아니라 불만이 많다. 그들은 빵 하나 먹는 것을 그렇게도 행복하게 여긴다.

세상에 당연한 일은 없다. 하나님은 우리가 그들을 도울 수 있도록

이 땅에 두신 것을 단지 축복으로만 정의하기 이전에, 그들을 돌아보고 나누라는 명령이 우리의 미션이 되어야 한다.

우리가 그들이 될 수도 있고, 그들 또한 우리가 될 수도 있지 않았겠는가? 그들의 목마름이 우리의 목마름이 될 수 있다고 생각하면, 그 필요를 알 것이다. 하나님 것을 거저 받았으니 거저 나누는 것은 당연하다.

둘째, 돈은 내가 '갈 수 없는 곳'에 갈 수 있다.

우리는 선교지에 상주할 수 없을 뿐만 아니라 필요한 곳에 다 갈 수도 없다. 사람이 갈 수 없는 곳에 돈은 갈 수 있다. VIP 파티에 초대장이 있어야 들어갈 수 있듯이 돈은 늘 통과할 수 있는 특권을 가지고 있다. 물론 일반인이 직접 돈을 보내는 데는 복잡한 절차가 있을 수 있지만 여러 단체와 경로가 있다.

도움의 손길이 필요한 곳이 우리가 생각하는 것보다 훨씬 많아 봉사자의 숫자로는 부족하다. 내가 대학을 다닐 때만 해도 자원봉사자로 아웃리치(Outreach)를 가기도 했지만, 지금은 할 수 있는 게 많지 않다. 우물을 파고, 학교를 짓는 일들은 우리보다 현지인들이 훨씬 더 잘한다. 그들에게 돈을 주면 된다.

셋째, 돈은 내가 '일할 수 없는 시간'에도 일하게 한다.

'Money never Sleeps'(돈은 잠을 자지 않는다).

우리의 육체 노동은 한계가 있지만, 돈은 어느 곳에서나 쉬지 않고 일할 수 있는 에너지가 있다. 우리는 노동력만이 일이라고 착각한다. 밤

낮없이 일할 수 있는 것은 돈밖에 없다. 돈을 다루는 주인이 신실하면 돈도 주인을 위해 신실하게 일하는 청지기가 된다.

넷째, 돈은 내가 하는 일보다 '많은 일'을 할 수 있다.

나를 위해 돈을 일하게 만들고, 내가 잠자는 시간에도 일하도록 시스템을 만드는 이가 하나님의 축복으로 부자가 될 수 있다. 생명을 살리는 데도 이 말이 적용될 수 있다. 지구 반대편에서 한 사람의 생명을 살리면 또 다른 사람이 한 생명을 책임지는 시스템이다.

복음도 나를 통해 한 사람이 주께 돌아오고, 그 사람을 통해 또 다른 사람이 주께 돌아오도록 하는 효율적인 시스템이다. 혼자서 하는 일은 한계가 있다. 내가 잠자는 시간에도 돈은 우리를 위해 일한다. 돈이 좋은 동역자가 되고, 공동체에 돈이 들어가면 많은 일을 할 수 있다.

재물을 축복으로 알면 자연히 잘 사용하는 방법도 안다. 먼저 돈에 집착할 수밖에 없는 상황을 만들지 말라. 돈이 욕망의 도구에 가장 직접적이고, 현실적인 문제를 해결하는 수단임에는 분명하다. 그러나 모든 문제를 돈의 문제로 해결하려는 발상은 지극히 위험하다.

"겸손히 여호와를 섬기면 재물과 영광의 보응을 받는다"(잠 22:4).

세상에서는 돈을 벌기 위해 갖추어야 할 스펙이 많지만, 하나님의 나라는 간단명료하다. 세상의 원리가 아니라 말씀의 원리대로 사는 것은 누구나 지금부터 할 수 있다. 말씀의 원리는 단 하나 '순종'이면 충분하다. 순종은 말씀대로 사는 것을 말한다.

우리가 힘들게 사는 것은 하나님의 자녀이면서 아버지가 '어떤 분인지', '무엇을 원하시는지', '어떻게 살라고 하시는지' 전혀 관심이 없기 때문이다. 말씀을 들어도 내가 할 수 있는 일이 아니라면서 순종을 거부하거나 미루면서 무늬만 크리스천으로 살아가고 있다. 돈은 경제적 자유를 주지만, 인생을 부유하게 하기 위해서는 순종의 한계를 두면 안 된다는 대원칙이 지켜져야 한다.

돈이 인생의 전부가 아니라고 하지만, 전부인 것처럼 행동하는 사람과 그렇게 행동할 수밖에 없는 사람이 있다. 인생을 살다 보면 그토록 갈망하는 돈이 나의 의지대로 굴러갈 것 같지만, 돈의 주인이신 하나님의 의지대로 이끌어 가신다. 하나님이 주시는 복은 완전하기 때문에 축복이라고 한다

> **"여호와께서 주시는 복은 사람을 부하게 하고 근심을 겸하여 주지 아니하시느니라"**(잠 10:22).

돈이 중요한 일부는 될 수 있어도 전부는 아니라는 것을 깨우쳐 주시고 알게 해 주신다. 왜냐하면, 돈만 보고 쫓아왔던 인생을 뒤돌아보면 겹겹이 쌓인 세월의 굽이마다 상흔이 남기 때문이다.

중요한 것은 '돈을 위해 그렇게 열심히 살았지만, 그 돈이 나에게 머물러 있는가?'이다. 돈이 내게 어떤 가치와 의미가 있는지 생각하지 않고 살아왔기 때문에 여전히 가난하게 살고 있는 것이다.

우리는 시행착오를 거치고 나서야 비로소 내 돈이 하나님의 소유라는 사실을 알게 된다.

우리 삶에 돈이 없어 여러 제약이 생기기 시작하면, 돈은 인생의 한 부분에서 여러 부분으로 확대된다. 돈이 있어서 절약하는 것과 돈이 없어 절약할 수밖에 없는 상황은 너무 다르다. 우리는 돈이 인생에 전부인 것처럼 행동할 수밖에 없는 가난한 환경 극복에 초점을 두지 말고, 가난한 상황을 만들지 않도록 기도하고 노력해야 할 것이다.

"나를 가난하게도 마옵시고 부하게도 마옵시고 오직 필요한 양식으로 나를 먹이시옵소서 혹 내게 배불러서 하나님을 모른다 여호와가 누구냐 할까 하오며 혹 내가 가난하여 도둑질하고 내 하나님의 이름을 욕되게 할까 두려워함이니이다"(잠 30:8~9).

아굴의 기도는 우리의 기도처럼 재물을 구하는 기도가 아니라, 재물로 인해 하나님의 영광을 가리지 않게 해 달라는 기도이다. 예수님은 "오직 너희를 위하여 보물을 하늘에 쌓아 두라"(마 6:20)라고 말씀하셨지만, 사람들은 이 땅에 보물을 쌓아 두고 육신의 정욕, 안목의 정욕, 이생의 자랑과 과소비로 쾌락을 추구하며, 자녀에게 유산을 물려주려고 한다.

예수님은 산상수훈에서 "네 보물이 있는 그곳에는 네 마음도 있느니라"(마 6:21)라고 말씀하셨다. 돈을 사랑하면 맘몬이 하나님을 대신하게 되고, 우리 위에서 왕 노릇을 하게 된다.

감리교 창시자 존 웨슬리(John Wesley)는 돈에 대한 관심이 많았다. 그는 돈을 어떻게 벌고 나누어야 하는지 가르침을 주었다. 그는 돈을 사랑하지 않았고, 돈에 대한 욕심도 없었지만, 사람이 돈을 어떻게 대하고 사용하는가에 따라 그리스도인인지, 아닌지 결정된다고 가르쳤다.

그는 인생의 성공과 실패 그리고 행복과 불행이 돈을 대하는 태도에서 결정된다고 믿었다.

첫째, 할 수 있는 한 많이 벌어라(Gain all you can).

섬김과 봉사에 돈이 빠질 수 없을 뿐만 아니라, 돈이 생명을 살릴 수 있는 선교현장이 많다. 웨슬리가 무엇보다 강조한 것은 하나님이 주신 재능으로 최선을 다하면서 누구보다 정직하고 부지런하게, 그리고 성실함으로 돈을 많이 벌라는 것이다. 자신의 일을 더 잘하기 위해 모든 지혜와 경험을 사용하고 게으르지 말고 전력을 다하라고 가르쳤다.

둘째, 할 수 있는 한 많이 저축하라(Save all you can).

은행에 돈을 쌓아 두는 저축을 말하는 것이 아니다. 육체의 욕구를 채우기 위해 돈을 낭비하지 말고, 과소비를 금하며 오직 선행을 위해 저축하여 이웃을 도우라고 한다.

돈이 쌓여 있는 곳에 마음을 빼앗기기 때문에 하나님으로부터 멀어지게 된다. 웨슬리가 말한 의미는 필요 없는 낭비를 막고 절약하여 이웃을 위해 사용하라는 뜻이다. 가난한 이웃들에게 사용된 돈은 하늘나라 은행에 저축되는 것이다.

셋째, 할 수 있는 한 모든 것을 주라(Give all you can).

기회가 있는 대로 가난한 이웃을 위해 너그러이 주라. 가지고 있는 모든 것의 10분의 1을 주는 선한 유대인이 되라고 말하지 않는다. 모든 소유의 5분의 1을 주는 선한 바리새인이 되라고 말하지 않는다.

당신의 소유 반을 주라고 충고하는 것이 아니다. 4분의 3을 주라는 것도 아니다. 모든 것이 하나님 것이라고 인정한다면 당신의 모든 것을 드려라.

넷째, 돈을 벌려는 사람은 정직하고 올바른 방법으로 벌어야 한다.

돈 버는 것이 목적이 되면 부정한 방법이 동원될 수 있다. 돈이면 무엇이든 할 수 있다거나, 어떤 수단과 방법이 동원되어도 괜찮다는 생각으로 번다면 차라리 안 버는 게 낫다. 돈을 위해 자신이나 다른 사람의 건강을 상하게 하지 말아야 하며, 그 누구에게도 피해를 주지 말아야 한다. 우리 모두에게 재물을 얻을 능력을 주신 이유는 그 언약의 말씀이 지금도 유효하기 때문이다.

현대인들은 무엇보다 기다리는 것을 힘들어한다. 요즘 인내하지 않고 돈을 쉽게 버는 방법을 소개하는 콘텐츠들이 넘쳐나고 있다. 정말 단시간에 돈을 벌 수 있다면, 인내하고 노력하는 사람은 분명 시대에 뒤떨어진 사람이 맞다.

다니던 직장을 30~40대에 퇴사하고, 그들이 말하는 경제적 자립을 조기에 이룬 자발적인 은퇴자, 즉 '파이어족'이 되었다는 사람들이 쉽게 돈 버는 방법을 소개하고 있다. 달콤한 유혹에 현혹되어 파이어족이 꿈인 젊은이들이 직장을 그만두고 불나방처럼 뛰어들고 있다.

돈을 쉽게, 많이, 빨리 벌 수 있다면, 그들이 다하고 말지, 다른 이들에게 구차하게 설명하겠는가? 그들이 여러분들을 사랑해서 진정으로 부자로 만들어 주고 싶어서 그러겠는가? 요사이 젊은이들은 빠른 시간에 만족을 가져다주는 것에 길들어져 방법과 절차를 무시하고 돈을 벌려는 경향이 있다.

청지기로서 절제하고 때를 기다리는 농부의 마음이 필요하다. 하나님의 것을 마음대로 해석하고 자기 잇속을 위해 사용해서 안 된다는 게 청지기 의식이다. 모든 일은 하나님의 때와 시간 그리고 방법이 있다. 맡은 자의 의무는 내 것이 아닌 주인의 것을 관리함에 있다. 그 용도에 맞지 않는 욕구 충족의 낭비성 지출은 청지기로서 책망받을 일이다.

하나님은 인간의 '욕심을 채움으로 행복해지는 것이 아니라, 욕심을 다스림으로 행복'해지도록 설계하셨다.

직장에서 자신의 몸값을 올리기 위해 치열한 경쟁에서 이기려고 애쓰는 노력이 돈을 사랑하는 사람에게만 적용되는 것이 아니라, 우리 크리스천에게도 도전 의식이 필요하다. 성공하면 할수록 할 수 있는 일이 많아지고 선한 영향력을 미치기 때문이다. 이런 계획도 우리의 비전에 반드시 포함시켜야 한다.

나만을 위해 쓸 때는 많은 돈이 필요하지 않지만, 이웃을 위해 쓸 수 있도록 하려면 당연히 더 필요하고, 가진 것만큼 더 베풀고 나눌 수 있기 때문이다. 나만 잘 먹고, 잘살기 위해 돈을 벌고 쓴다면 많은 돈이 필요 없다. 딱 나의 생활 수준만큼만 벌면 된다.

평생 자신의 문제에만 매여 끙끙거리다가 이 땅의 장막을 거두게 된다면, 주님이 원하시고 기뻐하시는 뜻이 무언지 거기에 한 번도 반응하며 살지 못한 어리석은 청지기가 되는 것이다. '청렴하다'는 것이 '돈이 없다'는 것과 다른 것 같이 '돈을 많이 버는 것'과 '돈을 사랑하는 것'은 완전히 다르다. 돈을 사랑해야만 돈을 많이 버는 것은 아니다. 만약 돈을 사랑하는 것만큼 돈을 많이 벌 수 있다면, 이 지구상의 모든 사람이 부자가 되었을 것이다.

반대로 돈이 없는 사람은 돈을 사랑할 수밖에 없다. 급한 문제를 당장 해결할 수 있는 방법이 돈밖에 없기 때문이다. 만약 돈으로 해결할 수 없는 것이 있다면 그것을 붙들 것이다. 만약 돈 버는 것이 달란트이고 사명이면 하나님은 필요한 것을 열어주실 것이다.

"여호와는 가난하게도 하시고 부하게도 하시며 낮추기도 하시고 높이기도 하시는도다"(삼상 2:7).

청렴한 사람을 하나님이 부하게 하셨지만, 그가 가난한 사람처럼 청빈하게 사는 것은 나누기 위해서이다. 반면에 가난한 사람은 누가 말하지 않아도 절제하고 아껴 쓰게 되어 있다. 아이러니하게도 가난한 사람일수록 돈에서 자유로운 것처럼 말한다.

A: "내 인생에서 돈은 그리 중요하지 않아!"

B: "그러면 무엇이 중요한가?"

A: "돈이 없으면 불편할 뿐이지, 불행한 것은 아니야!"

B: "불편이 거듭되면 불행해진다는 사실을 알지 않는가?"

A: "지금까지 돈이 없어 불행하다고 생각해 본 적이 한 번도 없었어. 돈이 없다고 해서 삶의 질이 낮아지고, 있다고 해서 삶의 질이 높아진다고 생각하진 않아!"

B: "그게 문제야, 돈으로 모두 해결하겠다는 것도 문제지만, 돈이 중요하지 않다는 인식이 더 문제야. 돈이 없어 전전긍긍하면서 중요하지 않다고 하면 설득력이 있겠는가? 제로베이스(zero base)에서 시작할 수 있는 것은 아무것도 없어, 지금까지 가난하게 산 것을 당연히 여기는 사고 자체가 문제야!"

A: "최선을 다하며 부지런히 사는 데도 가난하게 사는 것은 억세게 운이 없고, 세상이 불공평해서 그래!"

B: "기울어진 운동장에서 경기하는 것처럼 불공평하지만, 그것까지 극복해야 할 때도 있어. 사람들은 운이라고 생각하거나, 극복할 대상이라고 생각하거나 둘 중 하나야. 그런데 길게 보면 공평하다는 것을 알게 된다네."

단순한 이분법으로 생각해 보자. 돈이 없어서 불행한 사람이 많을까? 아님, 돈이 있어서 불행한 사람이 많을까? 물론 돈이 패망의 선봉이 될 수 있다. 그러나 돈이 많으면 할 수 있는 일이 많을 뿐만 아니라, 선택지가 넓기 때문에 삶의 질을 개선할 수 있다.

그런데 돈이 없으면 마음은 원하지만 할 수 있는 것은 돈에 맞춰 힘겹게 살아내는 것으로 만족하는 수준이다. 혼자서 먹고 사는 건 그런대로 버틸 수 있지만, 남을 섬기고 베풀어야 할 때는 불편을 넘어서 불행해진다. 역설적으로 돈이 삶의 질에 영향을 미치지 않는다고 여기는 사람일수록 돈의 영향력과 지배력 아래 살아가고 있다는 뜻이 된다.

크리스천들이 부의 메커니즘에 무지하여 부자가 되지 못한다면, 이 또한 신실한 청지기가 아닌 것이 분명하다. 돈을 하나님이 선물로 주셨는데, 왜 가난하게 사는지 점검해 볼 필요가 있다.

오늘부터 나를 가난하게 만들었던 항목 옆에다 챌린지라고 쓰고 "지금! 당장 고치고 바꾸자"라고 쓰자. 고치고 바꾸는 단순한 리모델링이 아니다. 이보다 훨씬 어렵고 난해한 오래된 습성을 드러내야 한다.

욕심에 열정을 더하고, 틀린 방향에 최선을 다하면 가장 빨리 망하는 길이다. 처음에는 거룩한 뜻을 가지고 열정으로 시작했지만, 유혹의 마음을 통제하지 못하면서 열정이 욕심으로 어느 순간 바뀌기 시작한다. 하나님이 원하시는 방향이 아니라 자신이 원하는 방향으로 이끌리게 된다.

열심보다 중요한 것은 방향이다. 자신이 원하는 방향을 하나님이 원하시는 방향으로 바꾸어야만 재물의 주인이 될 수 있다. 왜냐하면, 재물은 원래 내 것이 아니기 때문이다.

" 부요는 소유가 아니라 영향력이다 "

"모든 길은 로마로 통한다"는 말이 있다. 로마에서는 어디든지 갈 수 있고, 반대로 어느 곳에서나 로마로 갈 수 있다는 뜻이다. 다시 말해 로마가 중심이라는 의미다. 사람은 가만히 있지 못하는 존재이기 때문에 가든지 오든지 결국 로마를 통해 목적지로 갈 수 있다는 것이다.

이와 같이 동서고금을 막론하고 얽히고설킨 관계의 중심에는 대부분 돈 때문이라는 것을 알 수 있다. 인간관계에서 돈 때문에 틀어지고, 깨어지는 경우를 보게 되는데, 이러한 돈 문제를 극복하지 못하면 목적지에 다다를 수 없다.

우리는 하늘의 백성이지만, 이 땅에 발을 딛고 사는 동안 세상과 무관하게 살아갈 수가 없다. 광야의 길을 걸어가는 고단한 나그네인 크리스천들에게도 필요한 것들이 점점 많아지는 시대를 살고 있다.

오늘날 살아가는 데 있어 가장 적나라하게 자신을 드러내는 것은 돈을 대하는 태도다. 호주머니에 돈이 없으면 소심해지고, 매사에 자신감이 없으며, 때로는 숨고 싶을 정도로 비겁해진다. 보통 사람들이 인간답게 사는 데 가장 극복하기 힘든 것이 돈의 구속이다. 그래서 빚을 내서라도 잘살아 보려는 욕심을 갖게 되고, 무리한 투자를 하게 된다. 빚을 조장하는 사회에서 빚 없는 사람이 이상할 정도로 모두 빚을 지고 사는 것을 당연하게 생각하는 세상이다. 자연히 사람들은 이자를 내는 것을 대수롭지 않게 생각한다. 소득 대비 이자로 나가는 지출을 따져보며, 남의 인생을 살아 주고 있는 것에 통증을 느껴야 정상이다.

월급이 안 오르는 것을 불평하기 전에 힘들게 번 돈이 이자로 공중에 사라지는 것을 안타까워해야 돈을 모을 수 있다. 팍팍한 생활에 도움이 될까 하여 돈을 빌려 주식에 투자한 것은 돌아오지 않고, 빚만 늘어간다면 주님이 여러분의 라이프사이클을 완전히 바꾸라는 신호다.

내 뜻대로 일이 풀리지 않을 때는 하나님의 뜻이 작동하는 시기다. 이방인의 사도로 부름받은 바울의 마지막 모습은 로마의 한 집에 가택연금 상태에 있는 죄수 신분이다. 죄수로서 가택연금 상태가 오히려 복음의 진보를 가져오는 계기가 되었다. 그곳에서 복음이 유럽으로 안전하게 전해지는 길이 되었으며, 로마 선교의 전초기지가 되었다. 복음은 갇히지도, 멈추지도 않음을 보여 준다.

내 뜻대로 일이 잘 풀릴 것이라는 기대로 가진 돈 없이 자동차를 바꾸고, 한 달 동안은 돈 걱정 없이 카드로 원하는 것을 사들일 수 있다. 마치 내일이 없는 듯 할부로 사들이는 사람들을 가장 좋아하는 카드회사는 기분 좋은 소비를 도와주지만, 결국, 우리의 호주머니를 매달 탈

탈 터는 주범이 된다.

카드 할부금이 감당이 안 되어 연체가 쌓이고, 생활비를 카드로 돌려막기를 해야 할 지경까지 간 가정이 더러 있다. 우리가 월급을 받아도 온전한 돈이 아니라, 늘 부족한 데서 시작한다. 카드 할부금과 대출 이자가 먼저 빠지고 나면, 남는 돈으로 여러 구멍을 메우기가 항상 벅차기 마련이다. 집 하나 마련하여 좀 더 잘살아 보려고 한 것뿐인데, 이자까지 올라 결과적으로 빚에 시달리는 신세가 된 것이다. 결혼하면서 빚지고, 전셋집 구하면서 빚지고, 아이를 낳으면서부터 빚지기 시작한 것이 아이들 교육 끝날 때까지 빚지고, 집을 사면서 빚진 것들이 어느새 눈덩이처럼 불어나 해결할 수 없는 수준까지 가게 된 가정들이 많다.

이 세상은 '빚을 권하는 세상'이 되었다. 빚을 갚기 위해 빚을 내는 아이러니한 일이 생긴다. 빚을 지지 않고 사는 것이 로망이 되어 버렸다. 습관적으로 빚을 지는 사람들이 늘어나고 있는 것이 문제다. 지금 카드로 산 물건들이 다음 달 청구서를 내밀 때, 어떻게 감당할 것인지 아무런 준비와 계획 없이 소비하는 사람들이 의외로 많다.

크리스천이 청지기의 삶을 살아감에 있어 재정 운용의 지혜가 '착하고 충성된 종'과 '악하고 게으른 종'으로 구분된다. 빚이 있으면 가장 마음을 뺏기는 곳이 돈일 수밖에 없다. 빚은 하나님의 종에서 사람의 종으로 전락시킨다.

"부자는 가난한 자를 주관하고 빚진 자는 채주의 종이 되느니라"

(잠 22:7).

하나님의 '언약의 상속자' 지위가 '빚의 상속자'로 이전된다. 구약 시대에는 빚진 자가 채권자의 노예가 되었다. 지금도 돈에 종속되어 헤어 나오지 못하면 평생 돈이 왕 노릇하고 사는 원리와 같다. 하나님은 인간의 탐욕과 죄성을 너무나 잘 아시기에 재물에 대해 여러 방향으로 성경에 조명하고 있는 이유도 하나님의 백성들이 돈의 종이 되는 것을 안타깝게 여기시기 때문이다.

인생은 두 가지 유형이 있다. '이자를 내는 사람'과 '이자를 받는 사람'이 있다. 다시 말하면 '다른 사람의 인생을 대신 살아 주는 사람'과 '자신을 위해 사는 사람'이 있다는 말이다.

여기서 '이자를 내는 사람'은 필요한 이웃에게 흘러 보내라고 주신 하나님의 물질을 마음대로 욕심껏 사용해 빚을 지고, 축복의 통로를 막아 버린 악한 종이다. 실제로 우리는 이렇게까지 생각하지 않고, 빚이 있는 것을 당연하게 생각하고 살아간다. 그런데 찬찬히 생각해 보면 액수에 따라 다르기는 하겠지만, 이자를 낼 때 기쁨으로 내는 사람은 아무도 없을 것이다. 그렇다면 기쁨 대신 근심을 불러오는 이자는 항상 기뻐하지 못할 이유를 제공하고, 말씀을 거스르는 불순종이 된다. 물론 이자를 내고 나서도 원하는 일을 할 수 있는 경제적 능력이 된다면 예외이다.

그런데 원하는 일을 하면서 경제적 자유를 누릴 수 있는 사람이라면 빚질 이유도 없을 것이다. "돈은 훌륭한 노예인 동시에 가장 악독한 주인이다"라는 말이 있다. 빚에서 붙는 이자는 경기가 좋든 나쁘든 한결같이 청구서를 내밀고, 밤도 없고, 쉬는 날도 없다. 이자는 졸지도 않고, 잠도 안 자는 악마의 시계다.

예배를 통하여 나를 찾아오신 하나님의 은혜가 너무나 커서 눈물을 펑펑 쏟으며, 온전한 회복을 경험하고 집에 돌아왔는데 카드 연체 독촉 전화를 받거나 밀린 집세 독촉을 받으면 은혜를 다 쏟고, 현실의 세계로 돌아가 돈에 대해 깊은 묵상하게 되는 게 우리의 모습이다.

다시 건너갈 수 없는 홍해 앞에서 절망의 늪으로 빠져들게 하는 돈으로부터의 자유가 갈망의 대상이 된다. 돈은 늘 부족하고, 늘 목말랐으며, 늘 갈망의 대상이다. 그럼에도 크리스천들은 돈에서 자유한 것처럼 돈을 터부시하고, 돈에 대해 솔직하지 못하기에 돈을 잘 벌고, 투자하고, 관리하는 법을 충분히 배우는 데 한계를 드러낸다.

크리스천 중에는 "이렇게 사는 것이 하나님의 뜻이다"라고 하는 사람이 있다. 하나님은 빚지고 가난하게 살라고 하신 적이 없다. 하나님은 어려운 이웃을 돕고, 가난한 자에게 우리의 소유를 나누라고 하신다. 빚을 내서라도 가난한 이웃을 도우라고 하지 않으신다. 가난하여 나누어 줄 것이 없다면, 도리어 도움을 받아야 하는 가난한 이웃은 바로 내가 된다.

성경은 선행이 하늘에 보화로 쌓이고, 그 축복이 우리에게 다시 돌아온다고 한다. 베푼 것만큼, 채워 주시겠다고 하신 약속의 말씀을 믿느냐이다. 가난한 이웃의 필요를 채우는 축복의 통로가 되려면, 가난하게 살아서는 자신의 필요를 채우기도 버겁다.

크리스천들을 대상으로 강의를 하거나 상담을 할 때 성경적 재정 원리를 강조하면 흥미가 없는 듯 보인다. 모든 재정이 하나님의 것이기 때문에 그분의 기준에서 설명하고 행동해야 한다고 하면, 원론적으로는 인정하면서도 각론에서는 설득력이 없어 보인다. 대신 투자의 트랜드와 종목에 대해 관심이 많다.

투자를 상담할 때는 그 종목이 유망했지만, 그때는 맞고 지금은 틀린 경우가 많다. 오늘 맑다고 하여 내일도 해가 뜬다는 보장이 없는 것과 같다. 최소 5년 이상 장기투자를 하면, 지금 -20%가 되어도 걱정할 필요가 전혀 없다고 하면 시큰둥하다.

사람들은 고점을 찍었다고 하면 묻지마 투자를 한다. 그러다가 주가가 떨어지기 시작하면 팔아 버린다. 우리는 반대로 해야 한다. 흔히 '무릎에 사서 어깨에 팔라'는 말이 있는데, 이론은 맞다. 근데 무릎과 어깨를 아무도 모른다. 따라서 주식 투자는 타이밍이 아니라, 타임이다.

유튜브에서 강의하는 강사가 마치 타이밍을 아는 것처럼 말하는 것은 사기다. 주식은 시간에 투자하는 것이다. 강사들도 시간에 투자해야 한다는 것을 알지만, 말할 수 없는 이유는 돈벌이가 안 되기 때문이다.

사람들은 수익을 창출하는 사람보다 손실을 보는 사람이 훨씬 많은 것이 투자 세계의 메커니즘이라 여긴다. 그것은 아니다. 주식 시장에서 정당하게 돈을 벌려고 하는 사람이 그만큼 적기 때문이다. 빚 안 지고 살려고 투자하다가 오히려 빚을 지는 경우가 많다.

첫째, 급한 돈으로 단기로 투자하기 때문이다.

바랄 수 있는 것은 운밖에 없다. 주식의 타이밍을 아는 사람은 세상에 단 한 사람도 없기 때문이다. 워런 버핏(Warren Buffett)을 투자의 귀재라고 하지만 틀린 말이다. 그가 투자한 종목이 수백 개이지만, 부자로 만들어 준 종목은 10개 미만이다. 그는 단지 다른 사람보다 먼저 시작했을 뿐이다. 초등학교 때부터 투자하기 시작하여 "복리의 마법으로 부자가 되었다"고 말한다. 그는 기회 있을 때마다 장기투자와 복리의 마법을 역설한다.

둘째, 자신의 재정 컨디션을 정확히 알고 성급하게 결정하지 말라.

이것을 알고 시작하면 무리하게 투자하지 않는다. 잘못된 정보와 성급한 판단으로 힘에 버겁게 투자하여 재정 상태가 심각한 지경에 이르도록 전부를 투자하면 안 된다. 가정의 위기를 부른다든지, 관계에 큰 상처를 남기는 투자는 지양해야 한다. 가정이 해체되고, 직장을 그만두고, 교회를 떠나는 위기 상황을 만들지 말라.

셋째, 퇴직연금저축펀드, ETF에 장기 투자하면 장점이 많다.

직장을 다니는 사람들은 퇴직연금저축펀드에 가입된 사람이 많다. 안전한 노후를 위해 정부는 세금을, 기업은 납입금을 보전해 주고 있다. ETF는 펀드매니저가 여러 종목을 묶어 투자해 주는 종합 세트다. 개별 주식 투자보다 연금이나 ETF에 투자하면, 큰 리스크 없이 안정적인 수익을 낼 수 있다.

넷째, 남들 따라 하지 말라.

사람들은 남들이 돈을 벌었다고 하면, 자신만 금융 문맹인 것처럼 마음이 조급해 대박을 꿈꾸며, 따라서 투자한다. 그러나 그때는 썰물처럼 빠져나갈 때라 상투를 잡는 것이다.

다섯째, 유튜브에 나오는 차트를 신뢰하지 말고 따라 하지도 말라.

만약 그들이 단기 평균 이동선을 잘 안다면, 유튜브에서 강의하고 있겠는가? 세계에서 으뜸가는 부자가 됐을 텐데, 여러분을 부자로 만들어 주고 싶어서 자기의 것을 포기하면서까지 열강을 하겠는가?

주식 투자보다 유튜브에서 나오는 수입이 낮기 때문에 하고 있는 것이다.

투자 못지않게 '리스크 관리'도 중요하기에 세심하게 체크하고 챙겨야 한다. 기본적인 것을 건너뛰거나 무시하는 경우에 문제가 생긴다. 투자에도 기본과 순서 그리고 원칙이 있다. 사람들은 주식을 자주 사고팔고 해야 수익을 남기는 것으로 생각하는 경우가 많다. 돈은 '빨리', '쉽게', '많이' 벌 수 있는 게 절대 아니다. 주식으로 돈을 벌 수 있는 사람은 주식의 메커니즘을 알고 원칙을 지키는 사람이다. 진정한 부자는 하루 아침에 그렇게 허술하게 되지 않는다. 하나님 나라는 사고파는 나라가 아니라 주고받는 나라다.

주식 투자는 조급한 사람들의 주머니의 돈을 느긋한 사람의 호주머니로 옮기는 게임이다. 인내도 능력이고, 기회를 만드는 것도 능력이다. 서두르면 내 호주머니에 돈이 빨리 들어올 것 같지만, 빨리 나가지 않으면 다행이다. 돈은 지나갈 때가 있고, 머무를 때가 있다.

워런 버핏은 "투자 시장이란 참을성 없는 개미로부터 인내심 강한 투자자에게 부를 이전시켜 주는 시스템을 뜻한다"라고 했다. 대박을 노리며 서두르는 사람들이 투자의 함정에 빠지기 때문에 부자들은 그들 덕분에 더 부자가 된다.

통계를 보더라도 투자한 것을 잊고 지낼 만큼 장기 보유한 사람들의 수익률이 훨씬 높다는 것을 알 수 있다.

그런데 십 년 동안 잊어버리고 있을 정도의 여윳돈으로 느긋하게 투자하는 사람이 많지 않다. 주식 시황을 자주 들여다보면 마음이 분산되어 일에 집중할 수 없는 것이 더 큰 손실임을 알아야 한다. 이것이 단기투자의 병폐다.

1975년 6월 삼성전자 상장 첫날 종가는 1,050원이었다. 증자나 액면분할 등을 고려한 수정가는 56원이다. 상장일 대비 약 1,500배 올랐다. 50년 동안 매년 30배가 올랐던 셈이 된다. 우리 직원들 사이에서 "그때 자사주를 지금까지 가지고 있었더라면, 직장을 안 다녀도 될 텐데 2배 오르니 좋다고 팔았다"고 한탄한다. 나도 그때 일부를 판 사람이지만, 일반적으로 더 올라가는 주식을 내가 판 가격보다 비싸게 사는 것은 생각보다 어려운 일이다.

아마존은 1998~2001년의 IT버블로 2000년에 125,000원짜리가 2022년 4,527,000원이 되며 약 36배가량 올랐다. 애플도 닷컴버블 당시 1주에 1.34달러였던 주가가 22년 뒤 180달러로 약 134배가 뛰었다. 최근 10년 사이에도 30배 정도 올랐다.

투자의 기본은 수익을 내는 데 목표를 두는 것이 아니라, 장기 보유를 목표로 투자하는 것이다. 기다릴 때 대부분 결과치를 얻을 수 있다. 만약 장기투자를 할 수 없는 경우라면 투자금을 잃지 않는 데 중점을 두어야 한다. 결과적으로 잃지 않으면 적은 수익이라도 낼 수 있다.

투자도 기본에서 시작하면 된다. 금리가 보장된 적립식 펀드에 가입하면 물가상승률 이상의 수입을 낼 수 있다. 상식을 넘어 특별하게 해 보려고 하니 전략이 빗나가고 만회할 욕심에 물타기를 한다.

고점에서 떨어지면 평단가를 낮추려고 계속 매수하다가 더 크게 물리게 된다. 손절을 잘하는 것도 실력이다. 단기투자에서는 1차 매도는 매수 후 +10% 올라가면 50%를 먼저 매도하여 원금을 확보한다는 기준을 정해 놓는 것이 좋다. 나머지는 매수했던 가격까지 내려오면 그때 팔든지, 오르면 계속 가져가든지 결정해도 큰 부담이 없다.

투자의 위험 회피는 장기적인 투자와 다각화다. 투자는 원래 인내심을 바탕으로 시장 흐름을 분기별로 관찰하고 분석하여 포트폴리오를 만들고 관리하여야 한다. 주식은 독불장군으로 움직이지 않기 때문에 보유한 주식에 영향을 미치는 것이 어떤 것들이 있는가에 대한 시장 전체의 흐름을 읽는 안목이 필요하다.

첫째, 우량주(Blue-Chip Stocks)가 있다.

투자의 기본은 장기투자를 하는 게 정석이다. 사람들은 이렇게 질문할 것이다. "개별 종목에 투자할 때 우량주를 어떻게 골라내는가요?"

회사의 재무제표를 보면 현금 유동성, 영업 이익, 투자 수익률, 부채 비율, 배당 내역 등을 알 수 있고, 지속적인 수익 창출의 기술력과 인적 자원, 변화와 혁신을 통한 성장 잠재력, 시장 진입의 경쟁력 등 주요 지표를 객관적으로 평가해야 한다.

장기투자는 잊어버리고 있어도 괜찮을 만큼 지속적인 배당금을 안정적으로 제공하는 '우량주'를 추천한다. 그리고 안정적인 우량주는 장기적인 자본 가치를 상승시키고, 미래에 성장 잠재력으로 시간이 지남에 따라 자산을 축적하는 데 기여한다. 장점이 있으면 단점도 있기 마련이다. 우량주는 안정적이지만 급속한 성장이 제한되어 있어 대박을 꿈꾸거나 단기투자로 승부를 보려고 하는 투기꾼들에게는 기피 종목이다.

둘째, 성장주(Growth Stock)가 있다.

성장주에 매력을 느끼는 사람들이 많다. 다만 문제는 성장 잠재력이 목표했던 것만큼 성장하는가이다. 현재 기업의 가치보다 평가가 높은 회사라는 것은 판단 기준에 따라 다를 수 있다. 하지만 미래 성장 잠재력을 평가하는 인력과 기술력, 자본력은 객관적 데이터로 판단하기 어렵다.

성장주는 미래 성장 가능성이 높은 4차 산업혁명의 신성장동력 기업으로 기술혁신을 주도하는 AI, IoT, 빅데이터, 클라우드, 반도체 등 기술주가 많다. 성장주는 더 높은 수익을 얻을 수 있는 잠재력이 있지만, 차트상 지지선이라고 들어갔다가 큰 손실이 날 가능성이 있기에 투자에 유의하여야 한다. 단기간에 고도의 성장을 해도 실제로 그 가치가 시장에 반영되기까지 시간이 걸린다는 단점이 있고, 성장을 저해하는 요소들의 예측할 수 없는 출현이 잠재되어 있기에 등락이 심하다.

셋째, 가치주(Value Stock)가 있다.

저평가된 기업으로 시장의 가치가 제대로 반영되지 않아 내재가치보다 과소평가 되어 낮은 가격에 거래되는 것을 말한다. 평가에 대한 믿음을 바탕으로 가치를 설정한 것이 인정받게 되면, 시세차익을 볼 수 있는 잠재력을 말한다. 가치를 인정받기 위해 장기투자가 유리하다.

워렌 버핏이 가치투자로 부를 이루었다고 해서 한때 주목을 받기도 했지만, 주식 시장에서 가치를 검증해 낸다는 자체가 어렵기 때문에 2010년 이후로는 인덱스 펀드보다 −4% 이상 손해가 나고, S&P 500보다 훨씬 낮은 수익률을 보이고 있다.

무엇보다 시장에서 가치주에 주목하는 이유는 불확실성 때문이다. 기준금리 인상 기조가 지속되고, 소비위축과 경기 선행지수 하락 등 경기침체가 장기화하면서 주식 시장의 변동성이 높아졌다. 경기가 침체하거나 경쟁업체 출현, 지속적인 투자 소홀 등으로 변동성이 클 수밖에 없기에 위험성도 있다.

금융 시장은 약육강식 정글의 법칙이 적용되는 세계다. 아흔아홉 마리 양을 가진 부자가 과부의 한 마리 양을 탐내는 세계가 바로 자본주의이다. 뉴욕 IBM 본사에 있을 때 유대인 기업이라고 알려진 골드만삭스 관계자들과 업무상 자주 만날 기회가 있었다.

그들은 고객의 돈을 가장 잘 운용하는 기업이라고 선전하고 있다. 골드만삭스는 고객의 탐욕을 자극하고 독점적 지위를 이용해 가장 교묘한 방법으로 돈을 버는 기업으로도 잘 알려져 있다. 그들은 이런 대상의 고객을 '멍청이'라는 뜻의 '코끼리'라 부르고, 고객의 탐욕과 불안을 이용해 최대의 이윤을 남기는 것을 '코끼리 사냥'이라고 부른다.

혹자는 "부자가 되고 나서 선한 일을 하면 된다"고 한다. 부자가 된다고 해도, 그 과정에 문제가 있다면 면죄부를 주듯 모든 것이 용납되는 것은 아니다. 엄밀히 보시는 하나님 앞에 부자의 과정도 의롭고 진실해야 설득력이 있다. 부자 한 사람을 만들기 위한 탐욕의 과정에서 가슴에 멍든 수많은 피해자가 양산되는 부자라면 차라리 가난하게 사는 게 낫다.

돈의 욕망에 걸려든 고객이 늘 있기 때문에 투자라고 하지만, 실제로는 사기와 다름이 없다. 일반적 사기가 '남을 속여서 경제적 이득'을 취한다면, 탐욕과 불안을 부추겨 경제적 이득을 취하는 원리와 방식 역시 사기와 같다.

전 골드만삭스 에쿼티 파생상품 사업 책임자 그레그 스미스는 "나는 더 이상 고객을 멍청이로 부르고 싶지 않다"며 『내가 골드만삭스를 떠난 이유』라는 책을 썼다. 뉴욕타임스에 칼럼으로 연재되기도 했다. 금융기업들이 어떻게 돈을 버는지, 그들이 어떻게 고객을 이용하고 농락하여 기만하는지 적나라한 실체를 소개하고 있다.

하나님 관점에서 보면 투자를 잘한 사람도, 못한 사람도 존귀한 주님의 자녀이다. 다만 세상의 관점에서 보면 '똑똑이'와 '멍청이'로 나누어질 뿐이다.

우리가 돈을 효율적으로 관리하고, 경영하는 법을 충분히 배우지 못해서 돈의 지배하에 살아갈 뿐만 아니라, 늘 돈의 갈급함에서 벗어나지 못하고 있다면 얼마나 안타까운 일인가?

크리스천 중에서도 돈을 어떤 방식으로 벌든 잘 벌면 되고, 돈에 대해서만큼은 내 능력과 노력으로 벌었기 때문에 내 마음대로 해도 된다는 생각이 지배적이다. 돈을 가지고 선한 영향력을 미치는 것도 중요하지만, 돈을 버는 과정도 영향력에 포함되어 있다는 사실을 잊으면 안 된다.

우리는 이웃을 돌아보기 위해 검소하고, 규모 있는 절제에 대한 결단이 생각보다 부족한 것이 사실이다. 욕망은 무한하고, 소유는 유한하기에 늘 갈급하게 살고 있다. 소유가 욕망을 충족한 적은 한 번도 없었다. 불행한 사람은 갖지 못한 것에 매달리고, 행복한 사람은 갖고 있는 것에 감사하고 만족한다.

크리스천들은 예수님을 '주님(Lord)'이라 부르며 고백한다. 나의 '주(主)'로 믿고 부른다는 것은 무엇을 의미하는가? 그것은 바로 모든 주권과 소유권이 주님께 있다는 청지기의 인식 전환을 의미한다. 우리가 예배할 때마다 예수 그리스도를 주로 고백하며 나까지도 주님의 것임을 고백한다.

재물과 시간을 포함한 삶의 전 영역에서 그의 통치하심과 소유권을 인정함에서 예배가 시작된다. 교회와 가정 그리고 일터에서 일어나는 숱한 문제들은 근본적으로 소유권에 대한 인식 부재에서 비롯된 경우가 많다. 내 것이 아님에도 내 것으로 주장하는가 하면, 주님 것이라고 고백하면서도 실제로는 내 것처럼 생각하고 사용하는 우리가 아닌가? 부요는 소유가 아니라 영향력이다.

돈을 일하게 하라

'쉰들러 리스트(Schindler's List)'영화가 1994년 처음 나올 때 보고 지금까지 30년이 지났지만, 잊을 수 없는 장면이 가슴에 남아 있다. 2차 세계대전을 배경으로 실화로 제작된, 독일의 냉정한 사업가이자 나치 당원이었던 오스카 쉰들러가 회개하고 변화되어 유대인을 구하는 행적을 사실적 구성을 바탕으로 만든 영화다.

쉰들러는 "돈을 더 많이 벌었다면, 더 많은 사람을 구했을 것이다"라고 절규한다. 그리고 "가지고 있는 것을 하나라도 더 팔았더라면, 몇 사람의 생명을 더 구할 수 있었는데, 그렇지 못해 너무나 통탄스럽다"고 하는 대사에서 돈과 생명의 인과관계를 새롭게 인식하고 해석하는 계기가 되었다.

세상에 그 어떤 것으로도 대체할 수 없는 생명을 돈으로 살릴 수 있다면, 돈이 최고의 가치가 된다는 것을 절실히 느끼게 한 영화였다. 나는 그동안 돈과 생명을 그렇게 연관을 지어 깊이 생각해 본 적이 없었다.

쉰들러가 자책감과 통분의 눈물을 흘리던 장면은 오랜 세월이 흘렀지만, 나의 인생에서 큰 깨달음과 잔잔한 감동을 주기에 충분했다. 천하보다 귀한 생명을 살릴 수 있다면, 우리의 관심과 시선이 어디에 머물러야 하는지 알 것이다.

첫째, 돈을 생명을 살리는 일에 투자하라.

만약 여러분의 돈이 죽어 가는 한 생명을 살릴 수 있는 현장의 생명줄이라면 절대로 놓지 않을 것이다. 무심코 소비하는 돈이 생명을 살리는 일에 쓰인다면 절약하는 게 어렵지 않을 것이다.

다만 내가 소비하는 돈이 누구에게는 절박하게 쓰인다는 것을 모르고 있을 뿐이다. 생명에는 가치를 매길 수 없지만, 돈으로 생명을 구할 수 있다면 돈은 사람이 투자할 수 있는 최고의 선이며, 최고의 가치가 된다.

예수님은 "사람이 만일 온 천하를 얻고도 자기 목숨을 잃으면 무엇이 유익하리요 사람이 무엇을 주고 자기 목숨과 바꾸겠느냐"(막 8:36, 37)고 하신다.

알렉산더 대왕은 32세의 젊은 나이에 세계를 정복하고 대제국을 건설했다. 그러나 사망원인이 개운치 않지만 말라리아 모기에 감염되어 갑자기 죽었다는 게 통설이다. 천하를 얻는 것은 어렵지만, 죽는 것은 돌부리에 걸려 넘어져 오늘 죽을 수도 있기 때문이다.

온 천하를 얻고도 목숨을 잃으면 남는 것이 무엇인지 역사가 우리에게 답을 주고 있다. 천하를 얻는 것이 중요한 것이 아니라, 내 생명이 무엇에 의해 결정되느냐가 더 중요하다는 사실에 우리의 마음이 집중된다.

말씀은 우리에게 가장 중요한 것이 무엇인지, 무엇을 하며 어떻게 살아야 하는지 가르쳐 주고 있다. 예수님은 생명을 구원하는 일이 무엇보다 중요하다는 메시지를 위해 십자가의 길을 선택하셨다.

우리는 하나님 아버지의 자녀로 이 세상의 무대에서 각자 어떤 역할로 살아가야 하는지 각각 다른 미션으로 부름을 받았다. "목숨을 잃으면" 목숨을 살릴 수 있는 기회도 함께 사라진다. 내가 선한 부자로 살면, 영혼을 살리고 돌보는 기회가 그만큼 많아진다. 나의 것을 절제하고 남을 위해 쓰도록 내어주면, 가난한 자들에는 한 줄기 생명의 빛이 되는 것이다.

생명을 살리는 일이 세상을 얻는 것보다 더 소중하고 가치가 있다는 것을 알지만, 실천하기 어려운 이유는 내 앞가림하기도 바쁘기 때문이다. 하나님을 주인으로 받아들일 때, 약속의 말씀에 의해서 모든 필요가 넉넉히 채워지는 하늘나라의 비밀이 미션을 수행하는 자들로 인해 드러난다.

둘째, 우리는 복음에 빚진 자들이다.

빚 진자는 빚을 갚아야만 자유인이 된다. 그런데 평생 갚아도 갚을 수 없는 빚이 있다. 그것은 나를 위해 죽으신 십자가 사랑이다. 나를 위해 죽으신 예수님의 생명이 복음이 되어 이웃을 위해 사용된다면, 그 복음은 다시 생명력을 얻는다.

내가 섬기고 있는 동탄동산교회는 한 가정이 한 국가, 한 선교사를 후원하는 미션을 내가 가든지, 보내든지 모두가 선교사라는 소명으로 후원하고 있다. 장소만 바꿨을 뿐 주님의 부르심에 응답하는 제자의 삶은 동일하다는 목사님의 목회 철학에 따라 국내선교와 병행하여 확장해 가고 있다.

올해도 국내외 선교지에 셀(구역, 순, 목장) 중심으로 현지 여러 교회를 방문하여 필요한 사역을 돕고, 가족비전트립으로 자녀들도 공동체에 함께 한다.

「쉰들러 리스트」 영화를 본 이후 선교여행 아웃리치(Outreach)로 아프리카 대륙 콩고민주공화국, 말리, 모잠비크를 차례로 다녀오면서 '생명을 살리는 것'이 곧 '세상을 구하는 일'이라는 믿음을 갖게 되었다. 처음 대학생 때 별생각 없이 봉사로 간 그곳에서 기아(飢餓)로 아사(餓死)하는 어린 이들이 있다는 사실에 큰 충격을 받았다.

릭워렌은 "부모의 실수로 태어난 아이는 있어도 신(神)의 계획 밖에서 태어난 아이는 없다"고 했다. 지구상에는 75억 명이 먹을 수 있는 충분한 식량이 생산되지만, 인구의 10%가 넘는 사람들이 매일 굶주리고 있다.

이상기온에서 오는 자연재해 엘니뇨 현상과 라니냐 현상 그리고 계속되는 전쟁으로 식량이 부족한 여러 이유가 있겠지만, 무엇보다도 가진 자들이 더 나누어야 한다는 것은 이론의 여지가 없다.

'제로 헝거(Zero Hunger)'를 위해 우리가 해야 할 일은 분명하다. 유엔 산하 식량농업기구(FAO)와 세계보건기구(WHO) 공동성명을 통해 "영양실조로 고통받는 아동이 전 세계 3,000만 명에 달한다. 이 중 800만 명은 상태가 심각하다"고 발표했다.

제로 헝거와 동시에 탄소 제로로 기후의 부담을 줄여서 식량 생산

늘리기 운동을 함께 펼치고 있다. 식량 생산에 치명적인 영향을 미치는 자연재해가 갈수록 빈번하게 발생하고 있는 이상기후를 위해 노력하고 기도해야 한다.

우리가 생활하면서 배출하는 탄소를 줄여 지구에 부담을 줄여 주면, 기후 위기로 인한 피해를 완화할 수 있다는 데는 공감하지만, 절실하게 다가오지 않는 것도 사실이다.

"내 한 사람이 노력한다고 해서 뭐가 달라지겠어?"라고 생각한다. 반대로 기아 상태에 있는 사람은 나 한 사람의 노력으로 여러 생명을 살릴 수 있다. 우리가 아무리 잘살고, 성공한다고 해도 '자기 목숨을 구원하지 못하면 세상의 성공이 무슨 유익이 있겠는가?'라고 예수님은 계속 질문하신다.

의복이 몸보다 귀하냐?
음식이 목숨보다 귀하냐?
소유의 넉넉함이 생명보다 더 귀하냐?

예수님은 "삼가 모든 탐심을 물리치라 사람의 생명이 그 소유의 넉넉한 데 있지 아니하니라"(눅 12:15)고 하셨다. 이 말씀은 굳이 성경 말씀을 인용하지 않더라도 누구나 알 수 있는 상식이다. 목숨과 바꿀 수 있는 그 어떤 것도 이 세상에는 존재하지 않는다는 것을 알면서도 자기중심적 생각은 습관화된 그 모습 그대로다.

예수님이 이렇게까지 말씀하신 이유는 그 당시에도 돈을 목숨처럼 사랑했던 사람이 많았다는 것을 알 수 있다. 자기만족을 위해 부요하게 살아온 인생은 하나님이 부르시는 그날에 가장 가난한 사람으로 하나님 앞에 설 것이다.

셋째, 돈으로 할 수 있는 것이 많다.

부자가 되면 돈으로 '할 수 있는 것'이 많을 뿐만 아니라, 행복의 절반을 살 수도 있다. 실제로 돈이 있어도 생명을 살리는 구원 사역에 돈을 내놓는 사람은 극히 소수다. 아직도 크리스천 중에 돈으로 할 수 있는 것은 세속적인 것이라 여기는 경향이 있다. 그러나 돈이 필요할 때 돈을 내놓는 사람이 가장 지혜로운 부자다.

"자기를 위하여 재물을 쌓아 두고 하나님께 부요하지 못한 자"(눅 12:21)가 가장 어리석은 사람이다. 할 수 없는 일에 매이지 말고, 자신이 할 수 있는 일에 초점을 맞추면 하나님의 역사는 나를 통하여 시작된다.

A: "우리가 기아로 죽어가는 어린 생명을 살릴 방법이 있는가?"
B: "있다."
A: "무엇이 필요한가?"
B: "돈이다."
A: "돈이 아니면 안 되는가?"
B: "직접 식량을 공급하든 현지에서 식량을 구입하든 어쨌든 돈이 아니면 안 된다."
A: "아프리카의 현 실상은 어떤가?"
B: "하루에 2달러 미만으로 살아가는 인구가 4억 7천 명, 아프리카 인구의 80%가 하루 5.5달러 미만의 수입으로 생계를 이어 가고 있다"(2022년 UN 무역개발기구).

계산상으로 돈이 많으면 더 많은 생명을 살릴 수 있기에 부자가 더 많은 생명을 살릴 수 있다. 세상에 그 어떤 것으로도 생명을 대신할 수 없고, 평가할 수 없는 이유는 생명은 하나님의 형상이기 때문이다.

지금 당장 얼어 죽을 지경이라면 수백억 돈다발도 살기 위해 태워야 하지 않겠는가? 만약 목이 타 죽을 지경이라면 한 말의 진주도 생수 한 병과 맞바꿔야 살 수 있지 않겠는가?

오래전 대학생 때 아웃리치를 갔을 때는 몸으로도 봉사했지만, 지금은 빈손으로 가면 현지 선교사님에게 짐만 될 뿐이다. 현지 선교사님의 이야기도 돈이 많으면 더 많은 생명을 살릴 수 있다는 쉰들러의 대사와 똑같다.

자본주의는 황금만능의 왜곡된 병폐를 낳고 있지만, 재화(財貨)를 움직이는 사람의 기본 양식에 따라 선순환 구조를 얼마든지 만들어 갈 수 있다. 돈이 인격이 되고, 능력이 되도록 하는 것은 우리의 몫이다. 이 시대는 돈이 행동 양식을 결정하고, 아무리 많이 배우고 지식이 풍부하더라도 돈이 없으면 능력이 없는 사람으로 취급되는 시대다.

"가난한 자를 불쌍히 여기는 것은 여호와께 꾸어드리는 것이니 그의 선행을 그에게 갚아 주시리라"(잠 19:17).

가난한 자를 돕는 것이, 바로 나를 돕는 것이 된다는 말씀이다. 우리는 '돈이 없어서' 도울 수 없다는 말은 돈이 없어서가 아니라 '말씀을 신뢰'하지 못하기 때문이다. 따라서 잘사는 방법이 그렇게 어렵지 않은 것은 말씀이 늘 가까이 있고 믿고 나아가면 된다. 말씀에 순종하는 크리스천은 '말씀을 아는 것과 행하는 사이의 간극을 좁히는 사람'이다.

맘몬의 세력이 지배하고 조정하지 않도록 마음을 단속하지 않으면, 내 마음을 빼앗고 돈의 종이 되는데 쉽게 길들어진다. 우리는 돈을 맘몬으로 신앙생활에 가장 큰 적을 만들 수도 있고, 한편으로는 가장 유익하게 사용될 수 있는 축복의 도구로 만들 수도 있다.

지금 세상은 갈수록 인간이 할 수 있는 것들이 점점 많아져 어떤 장르도 가능하다고 부추기고 있다. 과학기술의 신뢰, 다양한 가치관, 이념, 문화, 종교 간의 다름을 쿨하게 인정하고 다양한 구성원의 공존을 추구하는 '다원주의(Pluralism)'는 동일한 본성을 지닌 삼위일체 유일신을 부정하는 사조로 흘러가고 있다.

인간이 추구하는 믿음보다 인간 이성 중심의 사고를 강조했던 '포스트모더니즘(Postmodernism)'도 합리적 사고가 중시되면서 역설적으로 기독교는 합리적이지 못한 사람들이 찾고 믿는 유일한 종교가 되었다.

현대의 신자유주의는 무한경쟁이 인간을 이롭게 하는 원동력이란 슬로건 아래 있는 자와 없는 자를 양육강식(弱肉强食)의 정글로 몰아넣고 있다. 우리도 어느새 돈이면 모두 해결된다는 최상의 가치가 돈이라고 믿는 배금주의(Money worship)가 몸에 배어있다. 가장 위험한 것은 세상의 질서와 사상을 당연하게 따르고 있으면서도 아무런 의식을 하지 못한 채 살아가고 있는 우리의 모습이 아닌가 돌아보게 된다.

삶의 가치가 돈에 있다는 것을 믿는다고 해서 돈이 우리를 따르고 필요를 채워 주진 않는다. 그것은 당신의 희망 사항일 뿐이다. 만약 하나님이 당신을 정말 사랑하신다면, 그 증거로 당신을 따르는 돈과 계획을 여지없이 깨뜨릴 것이다.

언제까지? 세상에 존재하는 모든 것이 주님의 소유라는 것을 알고 고백할 때까지 그렇게 하실 것이다. 심지어 나 자신도 내 것이 아님을 알 때까지 하나님은 다듬고 만지실 것이다.

> "네 하나님 여호와를 기억하라 그가 네게 재물 얻을 능력을 주셨음
> 이라 이같이 하심은 네가 조상들에게 맹세하신 언약을 오늘과 같
> 이 이루려하심이니라"(신 8:18).

하나님은 언약 백성인 우리에게 '재물 얻을 능력'을 주셨다. 언약으로 재물을 주시는 분이 하나님이시라는 것을 분명히 말씀하고 있다. 이를 잊어버리면 배금주의자(拜金主義者)가 된다. 성경은 하나님께서 자기 백성에게 주시는 약속 즉, 언약의 말씀이다.

구약(Old Testament, 옛 약속)과 신약(New Testament, 새 약속)으로 연결되어 언약에 신실하심을 보여 주신다. 우리가 세상에서 승리하는 길은 하나님의 언약을 붙들고 사는 것이다. 재물이 내 것이라는 천민자본주의가 돈에 집착하게 하고, 거기에 매이게 되면 언약의 백성에서 멀어진다. 재물이 우상을 만들어 내고, 사람을 복종케 만드는 악한 주인이 된다.

돈의 집착에서 벗어나는 길은 '흘러 보내는 것'이다. 돈이 쌓여 있지 않으면 집착할 대상이 없어지기 때문에 주님은 흘러 보내라고 하신다. 마땅히 내가 누릴 수 있는 혜택을 나보다 더 어려운 이웃을 위해 포기해 보면 가진 소유는 줄어들지만, 재물 얻을 능력을 주신다.

"여호와께서 너를 위하여 하늘의 아름다운 보고를 여시사 네 땅
에 때를 따라 비를 내리시고 네 손으로 하는 모든 일에 복을 주시
리니 네가 많은 민족에게 꾸어줄지라도 너는 꾸지 아니할 것이요"
(신 28:12).

내게 있는 소중한 것을 나보다 더 필요한 사람에게 흘러 보내는 플로
우잉(Flowing)을 할 때 가치를 발휘한다.

"너희가 서로 사랑하면 이로써 모든 사람이 너희가 내 제자인 줄
알리라"(요 13:35).

기독교는 '서로'의 종교다. 서로 사랑하면 무엇이든 할 수 있고 가능
하다는 믿음이 생긴다. 문제는 나를 사랑하는 것처럼 이웃을 사랑하는
것이 말처럼 쉽지 않다는 것을 인정해야 한다. 분명한 한계가 있음에도
명령어로 되어 있는 것은 '서로'가 강조되지 않으면, 나에게 먼저 마음이
쏠리기 때문에 이웃의 필요를 채워갈 수 없다는 말이다.

돈 자체는 그냥 종이 조각에 불과하다. 근데 한국은행에서 보증하
기에 종이 조각도 권위가 있다. 마찬가지로 이웃을 위해 사용하는 돈
은 하나님이 보증하시기에 역사하는 힘이 있고, 돈을 일하게 할 때 생
명이 살아난다.

돈 그 자체는 선도 아니고 악도 아니다. 가난한 사람일수록 돈이 악
하다고 하는 것은 돈이 주인 노릇을 하기 때문이며, 부자일수록 돈을 선
하다고 하는 이유는 돈이 종노릇을 하기 때문이다. 즉 사람에 따라 돈을

대하는 태도가 선이 될 수 있고, 악이 될 수 있다는 말이다. 돈이 행복을 주는지, 돈 때문에 스트레스를 받는지 생각해 보면 알 수 있다.

넷째, 돈을 필요로 하는 것과 의지하는 것은 다르다.

우리는 무엇이든 절실히 필요하면 의지하게 되어 있다. 그러나 좋아하고 필요해도 매이지 않고 간격을 둘 수 있는 것을 자유한다고 말한다. 그 자유는 돈이면 모든 것이 가능하다는 물질만능주의 사고에서 벗어나 돈으로 더 소중한 것을 추구하는 가치를 말한다. 돈이 필요하다는 사실은 누구나 인정한다. 다만 돈이 주는 쾌락을 극대화하면, 돈에 종속되는 노예가 된다.

그러나 돈이 없다고 모두 돈의 노예가 되지는 않는다. 우리는 의식하지 않아도 습관이 우상을 만들어 내고 누구나 '돈', '돈'하며, 오히려 돈 중심에서 벗어나면 무능한 사람으로 인식되는 세상이다.

믿는 우리도 세상 풍조를 따라가는 게 전혀 이상하지 않은 크리스천 문화가 되었다. 물질만능주의를 비판하며, 돈을 좋아하는 것을 세속적이라고 비판하는 사람도 속으로는 돈을 사랑하는 위선자인 경우가 많다.

알라딘의 램프 요정 지니처럼 거의 모든 소원을 들어주는 돈의 위력에 주눅 들지 않기란 쉽지 않다. 실제로 자신도 모르게 돈 중심으로 세상의 가치가 정해지고, 돈이 없는 삶을 생각조차 하기 싫어한다. 궁핍한 삶을 살면서 잘 산다거나 행복하다고 말하는 사람은 없다.

돈에서 자유하지 못하면 돈에 매이게 되고, 결국 돈에 끌려다니는 종이 된다. 돈이 우상이 된다면 돈은 당신을 부리기 시작할 것이다. 어쩌면 크리스천의 기준이 돈을 어떻게 벌고, 모으고, 어디에 사용하는가로 평가하는 바로미터가 될 수 있다. 당신이 지출한 영수증을 모아서 보면, 당신의 생활 패턴뿐만 아니라 취미와 성향까지도 알 수 있다.

돈이 절대적 안정감을 주는 것은 사실이다. 공동체 생활에도 있는 사람과 없는 사람이 구분되는 게 싫어 피하는 사람들이 있다. 가족을 만나고, 친구를 만나는 것이 즐거움이 되어야 하는데, 돈이 없으면 스트레스다. 돈 때문에 기쁨과 감사를 잊어버리고 스트레스로 살아간다면, 돈의 노예가 되어 죄를 짓는 것이다.

주님은 언제나 우리의 필요를 채워 주신다는 약속의 말씀이 우리의 모든 영역에 적용되어야 한다. 우리는 돈이 왜 없는가를 탓하기 전에 먼저 가난을 부른 나의 과거를 돌아볼 수 있어야 한다.

"부지런하여 게으르지 말고 열심을 품고 주를 섬기라"(롬 12:11)는 말씀은 삶의 전 영역에 적용된다. 신앙생활에 열심인 사람은 직장에서도 탁월한 결과를 낸다. 이전의 삶을 돌아보며 생각해 보았으면 한다. 하나님이 약속한 축복을 받지 못하는 이유를 아는 게 중요하다. 맘몬은 하나님 언약의 말씀을 부정한다. 돈이 목적이 되고, 우상이 되는 사람에게는 하나님을 대체하는 돈이 되든지, 하나님을 경시하는 돈이 되든지 둘 중 하나다.

우리는 우상숭배라고 하면 제단에 신상이 있어서 거기에 절하며 재물을 바치는 것으로 안다. 하지만 성경은 하나님보다 '더 사랑'하는 내적 동기 모두를 우상숭배라고 말씀한다. 사탄은 교묘하게 위장하고 속여 하나님보다 물질을 더 사랑하게 만든다.

우리의 삶은 열왕기에 나오는 것처럼 '하나님 보시에'가 기준이 되어야 한다. 우리는 '나보기에 좋은 것' 내가 좋으면 다 좋은 것으로 여긴다. 함께 찍은 사진은 내가 잘 나왔으면 다 잘 나온 것이다. 옆에 있는 사람이 어떻게 나오던 아무런 상관이 없다. 그러고 보면, 내 모습 속에 내가 너무 많다.

하나님이 주시는 기쁨과 감사보다 돈이 주는 만족과 안정감에 열광하는 우리가 아닌가를 생각해 보면, 자신이 하나님을 더 사랑하는지, 돈을 더 사랑하는지 금방 알 수 있다. 돈은 즉각적으로 만족을 주고, 내가 어떤 영향력이 있는 사람인지 선명하게 보여 준다.

그러나 약속의 말씀은 수십 년, 혹은 수백 년이 걸릴 수도 있다. 하나님은 이스라엘 백성을 택하시고, 애굽 땅에서 인도해 내셔서 광야에서 40년간 훈련하시고, 가나안 땅 일곱 족속을 멸하고, 약속의 땅을 기업으로 주시기까지 약 430년이 걸렸다.

긴 기다림에 약속의 말씀은 어느덧 희미해져 가고, 인내는 바닥을 드러내면서 즉각적으로 반응하는 돈에 마음이 빼앗기기 마련이다. 영적 훈련이 부족한 사람은 물질이 풍부해질수록 하나님과 멀어질 확률이 높아진다. 사람은 현재 아쉬운 게 없으면 과거를 금방 잊어버리고, 지금까지 풍족하게 살아온 것처럼 행동한다.

따라서 성경이 재물에 대해 가장 많이 언급하고 있는 이유는 돈을 사용하고, 대하는 태도를 보면 신실한 하나님의 종인지, 맘몬의 종인지 정확히 구분할 수 있기 때문이다. 두 부류의 주인이 있는데, 하나는 '하나님' 또 하나는 '맘몬'이다. 우리가 가진 돈을 어디에 어떻게 사용하느냐에 따라 하나님을 주인으로 섬기느냐 아니면, 돈을 주인으로 섬기느냐에 따라 결정된다.

다섯째, 돈을 선한 것으로 바꾸라.

우리는 교회 내에서 돈이야기를 하면 복음적이지 못하다고 생각하는 경향이 있다. 나도 대학 졸업하고 직장 초년생 때까지는 그렇게 생각하고 교회 형제들과 돈 이야기를 해 본 적이 없었다.

물론 재테크에도 전혀 관심이 없었다. 세상 친구들이 돈 이야기할 때도 부자가 되어야겠다는 생각을 한 번도 한 적이 없었다. 그런데 아프리카에 아웃리치를 다녀오고부터는 현지 어린이들이 떠올라 한동안 많이 힘들었다. '더 많은 돈'을 보내 '더 많은 생명'을 살려야 한다는 마음이 커졌기 때문이었다. 이 선교 활동은 내 삶에 뜻밖의 터닝포인트(Turning point)가 되었다. 그리고 내가 남을 돕는 것이 아니라, 나를 돕는 것이라는 사실을 깨닫게 되었다. 선교를 다녀온 후 나의 까칠한 성격은 완전히 바뀌었고, 입이 짧아 가리는 것이 많았는데 음식 투정도 하지 않게 되었다. 지금은 맛집을 찾아다니지 않아도 충분히 감사하고, 있는 것 그냥 먹어도 아프리카 사람들보다 50배는 잘 먹고 누리며 산다고 생각한다.

우리는 아무 생각 없이 음식을 남기고 버리지 않는가? 전 세계에서 버려지는 음식물은 연간 13억 톤으로 음식물의 3분의 1이나 된다고 한다. 축산업에서만 메탄가스가 발생하는 줄 알지만, 음식물 쓰레기에서 발생하는 가스도 온실가스 총량의 8%를 차지한다고 한다. 이는 연간 4,300만 대의 자동차가 뿜어내는 배기량에 해당한다. 아무 생각 없이 버려지는 음식물이 땅에 매립되고 썩어서 메탄가스 등 온실가스로 배출되고, 이상기후로 인한 자연재해로 전 지구촌이 몸살을 앓고 있는 원인이 된다.

가장 문제는 버려지는 음식물로 지구상에서 기아로 고통받는 사람이 약 8억 명인데, 이들이 먹고도 남는 양이다. 우리가 그들을 위해 당장 할 수 있는 일은 무엇일까? 장거리 이동할 때 걷거나 자전거를 타고 갈 수도 없고, 날이 덥거나 추우면 냉·난방을 안 할 수도 없다. 하지만 음식물은 버려지지 않도록 할 수 있다. 욕심을 부리지 말고 필요한 만큼만 사서 먹고, 버리지 않는다면 생명을 구하고 지구를 살리는 데 기여할 수 있다. 음식물 낭비는 심각한 범죄임을 인식해야 한다. 왜냐하면, 자신이 버리는 음식의 양만큼 누군가는 굶주릴 수 있기 때문이다.

그런데 우리는 어떤가? 온 국민이 잘 먹고, 과식해서 다이어트를 한다고 난리가 아닌가? 냉동실에는 먹지 않은 음식이 몇 년 동안 굴러다니는 경우도 있다. 물론 우리 집도 예외가 아니다. 혹자는 내 돈으로 내가 산 것인데, 웬 참견이냐고 할 수 있을 것이다. 하지만 크리스천은 적어도 한 영혼을 사랑하는 예수님의 마음으로 상황을 조명할 필요가 있다.

Ⅱ.

빛의 자녀인가?
빚의 자녀인가?

하나님의 자녀인데 왜 가난한가요?

부는 소유가 아니라 영향력이다

" 복음의 빚 외에는 아무 빚도 지지 말라 "

빚을 조장하는 사회에 빚 없는 사람이 이상할 정도로 모두 빚지고 사는 것을 당연하게 생각하는 세상이다. 빚 있는 사람들도 빚지는 것을 당연하게 생각하지만, 빚이 있어 기쁘고 감사한 사람은 아무도 없을 것이다.

아이들 학원비라도 벌어 볼까 하여 생활비로 주식 투자한 것은 돌아오지 않고, 다음 달에는 가정 경제가 좀 좋아지겠지 하면서 기대한 것이 물거품이 될 때 할 수 있는 일은 그렇게 많지 않다.

현금이 없어도 한 달 동안은 돈 걱정 없이 카드로 살아갈 수 있다. 마치 내일이 없는 듯 할부로 사는 사람들을 가장 좋아하는 카드회사가 여러분의 친절한 도우미 역할을 하고 있다. 카드 할부금을 감당이 안 될 때까지 쓰는 사람이 있다. '다음 달에는 어찌 되겠지!'하며 막연한 믿음을 가지고 있는 사람이 의외로 많다. 연체가 쌓이고, 생활비를 카드 돌려막기로 해결해야 할 지경까지 간 막연한 가정이 더러 있다.

우리가 월급을 받기 전에 소비계획을 도와주는 카드가 있기 때문에 빚을 많이 진다. 카드회사는 앞에서는 엄청 친절하지만, 뒤에서는 사나운 맹수로 변한다. 앞에서는 "조금 있으면 이만큼 돈이 들어오잖아요? 그러니 미리 당겨쓰면 어때요. 한 번에 내기 부담스러우시면, 할부로 해드릴게요" 하면서 마치 공짜 돈인 것처럼 말한다.

그러나 연체가 되면 신용을 떨어뜨리고, 인정사정없이 경고장을 날리고 연체이자가 눈덩이처럼 불어난다. 우리가 월급을 받아도 온전한 돈이 아니라 늘 부족한 데서 시작해야 한다. 카드 할부금과 대출 이자가 먼저 빠지고 나면, 남는 돈으로 여러 구멍을 메우기가 벅차 내일이 오는 것이 두렵다.

재정 상담 중 "아침에 눈 뜨기가 싫어요. 내일이 안 왔으면 좋겠어요" 라고 하는 사람도 있다. 찬란한 아침을 기대와 설렘으로 맞이해야 하는데, '돈이 무엇인지' 생각하게 된다.

재정은 늘 부족하고, 목마른 갈증은 아무리 노력해도 해소되지 않는다. 좀 더 잘살아 보려고 집 하나 마련한 것뿐인데, 이자까지 올라 결과적으로 빚에 시달리는 신세가 된다. 결혼하면서, 전셋집을 구하면서, 아이를 낳고 교육하면서, 집을 사면서 빚진 것들이 어느새 눈덩이처럼 불어나 해결할 수 없는 수준까지 가게 된다. 이자를 갚기 위해 빚을 내는 아이러니한 일이 생긴다. 크리스천이 빚지지 않고 사는 것이 로망이라면 무엇을 더 바랄 수 있겠는가?

빚지는 것을 대수롭지 않게 생각하는 사람들이 늘어나고 있는 것이 문제다. 지금 카드로 산 물건들이 다음 달 청구서를 내밀 때 어떻게 감당할 것인지 아무 준비와 계획 없이 소비하는 사람들이 의외로 많다.

크리스천이 청지기의 삶을 살아가는 데 재정 운용의 지혜가 '착하고 충성된 종'과 '악하고 게으른 종'을 구분한다. 빚이 있으면 가장 마음이 뺏기는 곳이 당연히 돈이다. 빚은 하나님의 종에서 사람의 종으로 전락시킨다는 것을 크리스천들은 잘 모른다.

> "부자는 가난한 자를 주관하고 빚진 자는 채주의 종이 되느니라"
>
> (잠 22:7).

빚은 하나님 언약의 상속자 지위에서 빚의 상속자로 이전시킨다. 구약 당시에는 빚진 자가 돈을 갚을 수 없으면 채권자의 노예가 되었다. 지금도 빚진 자는 돈에 종속되어 헤어 나오지 못하고 평생 돈이 왕 노릇하고 사는 원리는 같다.

하나님은 인간의 탐욕과 죄성을 너무나 잘 아시기에 재물에 대해 여러 방향으로 성경에 조명하고 있는 이유도 돈의 종이 되는 것을 안타깝게 여기시기 때문이다. 돈의 종이 되는 것은 쉽지만, 그곳에서 빠져나오기는 어렵다.

인생은 두 가지 유형이 있다. 이자를 '내는 사람'과 이자를 '받는 사람'이다. 다시 말하면 다른 사람의 인생을 '대신 살아 주는 사람'과 '자신을 위해 사는 사람'이다.

가난하게 사는 사람들은 하나님이 나에게 필요로 하는 이웃에게 흘러서 보내라고 주신 것을 욕심에 미혹되어 내 마음대로 사용하여 빚을 지고, 축복의 통로를 막아 버린 악한 종이다.

실제로 우리는 이렇게 심각하게 생각하지 않고, 빚이 있는 것을 당연하게 생각하고 살아간다. 그런데 찬찬히 생각해 보면 액수에 따라 다르기는 하겠지만, 이자를 낼 때 기쁨으로 내는 사람은 아무도 없을 것이다. 물론 이자를 내고 나서도 원하는 일을 다 할 수 있는 경제적 능력이 된다면 예외다. 그런데 원하는 일을 다 할 수 있는 사람이라면 빚질 이유도 없다.

"돈은 훌륭한 노예인 동시에 가장 악독한 주인이다"라는 말이 있다. 물론 충분히 감당할 수 있는 이자는 괜찮다. 빚에서 붙는 이자는 경기가 좋든 나쁘든 한결같이 청구서를 내밀고, 밤도 없고, 쉬는 날도 없다. 이자는 졸지도 자지도 않는 악마의 시계다.

하나님이 일하실 때 나를 통해 '그 일'을 해나가시길 원하신다. 평생 빚에서 헤어 나오지 못한다면, 우리가 할 수 있는 일은 고작 채주(채권자)의 삶을 대신 살아 주면서 나의 소중한 인생을 갖다 바치는 것뿐이다.

하나님의 종이 되든, 빚의 종이 되든 둘 중에 어느 것을 위해 살아야 할 것인지에 대한 답은 당신이 가지고 있다. 이렇게 된 결과에 대해서는 원인을 반드시 찾아야 한다.

우리는 관념적으로는 성경으로 돌아가 말씀에 답이 있다는 것을 알면서도 실제적 행동은 그렇게 하지 않는 딜레마를 가지고 있다. 주님이 사용하시기 위한 '그때'를 위해 더 기도하고, 더 준비하고, 더 알아야 한다. 영적인 눈이 열리지 않으면, 주님의 말씀은 언제나 비현실적(非現實的)이고 비합리적(非合理的)인 것처럼 보인다.

오병이어에 대해 부정적인 반응을 보인 제자들이 합리적이고, 주님이 비현실적으로 보인다. 주님은 초현실적 세계에 존재한다는 믿음이 없다는 전제하에서 그 어떤 일도 말씀을 정상으로 돌리기 어렵다. 아무리 세련되고 화려한 성전이라고 할지라도 성령의 임재가 없는 곳은 이미 성전이 아닌 것과 같다. 본질이 떠난 그 자리엔 인간의 사리사욕으로 채워지기 마련이다.

"그런데 뱀은 여호와 하나님이 지으신 들짐승 중에 가장 간교하니라"(창 3:1)는 말씀처럼 뱀은 아담과 하와를 간교하게 꾀어 죄를 짓게 한다. 빚진 사람은 채주(債主)의 지배를 받으면서 속았다고 생각할 수 있다. 우리의 일상에서도 돈이 달콤한 유혹으로 다가올 때 꾀임의 덫에 빠지면, 탈탈 털리고 속아 빚쟁이가 되어 사탄의 지배 아래 놓이게 된다. 그래서 성경은 "피차 사랑의 빚 외에는 아무에게든지 아무 빚도 지지 말라"(롬 13:8)고 한다.

공중 권세 잡은 자가 빚쟁이를 꼼짝하지 못하게 옭아매고 코를 꿰서 원하는 데로 데리고 다닌다는 말로 자기 의사와 상관없는 일을 해야 하고, 사탄의 생각대로 살아야 한다. 맘몬이 노예로 만들어서 영혼을 병들게 하고, 육신을 말려 죽인다. 사탄은 우리가 생각하는 것보다 훨씬 간교하게 다가와 감언이설로 유혹한다. 뱀은 얼마나 간교한가 하면 짐승 같은 형체를 입은 사탄이 되어 사람과 소통하며 꾀었다. 사람의 교만과 뱀의 간사함이 서로 통하면 뱀과 사람이 얼마든지 대화가 된다는 사실이다.

우리가 대수롭지 않게 생각하고 한 것이 올무가 되어 인생에 큰 오점을 남기는 경우가 있다. 사람들이 몰라서 죄를 범하는 경우는 거의 없는 것처럼, 빚에 이자가 붙는 것을 모르는 사람은 없다. 그런데 이 정도의 이자가 붙었을 때 어떻게 감당할 것인지에 대해서는 무계획이 계획이다. 문제를 안일하게 생각하고, 욕심을 도전이라 여기고, 목적과 목표가 바뀌고, 수단과 방법이 세상 사람들과 다를 게 없고, 돈이면 물불을 안 가리는 열정이 결국은 더 깊은 수렁에 빠지게 만든다.

멀쩡한 사람이 빚 때문에 종이 되는 억울한 일을 아무런 생각 없이 한 일이라곤 믿어지지 않을 때 단단히 속았다고 해봐도 이미 늦다. 우리의 삶에서 돈에 대한 지식과 빚에 대한 인식은 영적인 문제와 깊이 연결되어 있기에 바른 신앙으로 나아가기 위한 훈련이 반드시 필요하다.

누구나 가난이 길어지면, 빚을 지지 않을 수 없을 뿐만 아니라, 유혹의 손길을 거부하기가 점점 어려워진다. 따라서 '돈에 집착할 수밖에 없는 상황'을 만들지 말아야 한다. 가난해지지 않는 방법은 누구에게나 다 있다.

그 방법을 모르거나 알면서 시도하지 않는 것은 게으름 때문이다. 그 누구도 돈을 싫어하는 사람이 없는 데도 게으른 것은 미스터리다. 어떤 사람은 좋아하는 돈을 벌기 위해 노력하고 최선을 다하는가 하면, 또 어떤 사람은 돈을 좋아하면서도 공부도, 노력도 하지 않는 사람은 그 누구도 구제할 수 없다. 다만 돈을 쉽게 벌려고 하고, 돈이면 무엇이든 할 수 있다는 생각이 들어올 때가 가장 위험할 때다.

돈을 좋아하는 것만으로는 돈을 자기 것으로 만들 수 없다. 돈은 좋아하는 것만큼 대가를 치러야 한다. 가진 것으로 자족(自足)하지 못해서 더 좋은 집을 원하고, 더 비싼 차를 사고, 더 큰 가전제품으로 집을 채워야만 만족하는 탐심이 빚을 부르고 어렵게 만든다.

> "자족하는 마음이 있으면 경건은 큰 이익이 되느니라 우리가 세상에 아무것도 가지고 온 것이 없으매 또한 아무것도 가지고 가지 못하리니 우리가 먹을 것과 입을 것이 있은즉 족한 줄로 알 것이니라"(딤전 6:6~8).

진정한 행복은 마음에서 시작한다. 자족하는 일체의 비결을 배운 사도 바울은 참으로 행복한 사람이었다. 남들이 도무지 기뻐하고 감사할 수 없는 상황에서도 기뻐하고 감사했다. 감옥에 갇혀서도, 매를 맞으면서도, 동족에게 배신을 당하면서도, 돌팔매질을 당하면서도 기뻐하며 감사했다.

진정한 기쁨과 감사는 기뻐하고 감사할 수 없는 환경에서도 기뻐하고 감사하는 것이다. 기쁠 때 기뻐하고, 감사한 일이 있을 때 감사하는 것은 누구나 할 수 있다. 반대로 기뻐할 일이나 감사한 일이 없음에도 기쁨과 감사를 주실 줄 믿고 미리 기뻐하고 감사하는 것은 아무나 할 수 있는 일이 아니다.

따라서 기독교는 '그럼에도 불구하고'의 신앙이라 할 수 있다. '기뻐하라', '감사하라'는 명령어로 되어 있다. 환경에 따라 해도 되고, 안 해도 되는 것이 아니다. 기뻐할 이유를 찾고, 감사의 범위를 넓히라는 말이다. 내가 생각했던 일들이 잘 안 풀리지만, 내가 살아 있음에 기뻐하고 감사해야 하는 이유는 충분하다.

하나님은 각자에게 재능을 주셨기 때문에 잘할 수 있는 일이 반드시 있다. 재능을 계발하지 못했다면 게으른 것이고, 재능이 있는 데도 가난하게 산다면 생각 없이 살거나 욕심이 과해서 그런 것이다. 빚에 시달리면 돈보다 더 소중한 것이 많다는 것을 곧 잊어버린다. 건강이 될 수도 있고, 가족일 수도 있고, 젊음일 수도 있고, 재능일 수도 있다.

만약 빚을 지지 않을 수 없다면 '빚테크'가 필요한 시대다. 우리나라 전체 가계부채 규모가 1,900조 원이 되다 보니 금리가 스몰스텝으로 0.25%만 올라도 연체율이 증가하여 서민 경제에 큰 영향을 미친다.

빚 없는 사람이 없을 정도로 통계청이 발표한 2023년 가구당 평균 9,186만 원의 빚을 지고 있는 현실에서 빚을 잘 관리하고 중장기적 계획을 세우는 게 생존 기술이다. 국가채무는 무려 1,134조 원으로 1분에 1억 원씩 나랏빚이 쌓이고 있다. 문제는 저소득자일수록 더 높은 이자를 물고, 빌린 돈 중에 65.5%가 비은행 금융기관 대출이라는 점이다. 그리고 이들 중 3곳 이상의 금융기관에 대출이 있는 다중 채무자가 많은 것도 뇌관이다.

어차피 대출을 받았으면 금리가 높은 것부터 갚아 가거나 대환대출로 이자를 낮추는 것이 먼저다. 기준금리 상승으로 빚을 줄이는 것이 최고의 빚테크다.

지금도 3고로 금리, 물가, 환율이 고공행진을 하고, 고물가에 소비가 위축되어 있다. 미국 연방준비제도(Fed)에서는 물가 때문에 금리를 계속 올리다가 2024년 9월 '빅컷'(금리 0.5%포인트 인하)을 단행하며 경기를 부양해보려고 했지만, 실물경제는 생각대로 움직이지 않고 있다.

한국은행은 통화정책의 제1 목표를 물가 안정을 위한 소비자물가 상승률 2% 달성으로 규정하고 있다. 이를 위해 기준금리를 조절하여 통화량을 조절하는 긴축 정책을 펼치고 있다. 지난해 같은 달보다 1.6% 오르는 데 그쳐 2021년 3월 이후 3년 6개월 만에 1%대 상승률을 기록했다. 따라서 한국은행의 통화정책 전환의 부담을 낮춘 것이 긍정적인 요인이 되어 2024년 10월 0.25% 인하로 한미 간 금리 차이가 1.50%포인트에서 1.75%포인트로 다시 벌어졌다.

저성장과 저출산, 고령화에 대비해야 한다. 재무구조 건전성을 나타내는 자기자본비율이 50% 이상이 아니면 투자를 지양해야 한다. 자기자본을 총자산으로 나눠 신용도에 따라 위험가중치를 부여한다.

사람들은 자신의 컨디션은 생각하지 않고, 빚을 내서라도 투자해야만 남들보다 잘살 수 있고, 더 많은 돈을 벌 수 있다고 생각한다. 투자의 수익이 날 것만 생각하지, 손실이 나는 시나리오는 사전에 없다고 여긴다.

결국, 수업료를 많이 내고 나서야 투자의 딜레마를 알게 된다. 재테크를 하려고 하다가 도리어 빚을 지는 아이러니한 경우가 허다한 곳이 바로 투자의 세계다. 빚을 졌으면 빚을 지혜롭게 갚은 것도 능력이다.

빚테크의 5단계를 정리해 보자.

첫째, 대출 규모와 금리 그리고 대출만기 등을 꼼꼼하게 체크하여 한눈에 볼 수 있는 금융 리스트를 만들라. 가난한 사람들은 돈 공부를 하지 않을 뿐만 아니라, 돈을 벌어 본 적이 없어 관리도 서툴다.

우선순위를 어디에 두어야 하는지 몰라 안 물어도 될 이자를 낸다. 특히 디테일하지 못해 심지어 어디에 얼마의 부채가 있고, 이자가 몇 %

인지도 모르고 내고 있다. 돈은 숫자 게임이기 때문에 어림짐작으로 해서는 빚 안 지는 것을 천만다행으로 알아야 한다.

둘째, 이자가 높은 것부터 갚는 전략을 짜고, 이자 낮은 금융기관으로 갈아탄다. 신용이 안 될 수도 있지만, 기준금리보다 낮은 이자로 갈아탈 수 있으면 더 좋다. 금융시스템은 가진 자 중심으로 운용되고, 없는 자를 위해서 작동되는 것은 호주머니를 가볍게 하는 것뿐이다.

셋째, 매달 지출할 수 있는 이자 상한선을 정하여 갚는다. 보너스라든지 성과급을 받을 때는 어떤 부채를 갚는다는 시나리오를 만든다. 이 돈은 그간 긴축의 보상으로 여행을 가거나 물건을 사들이는 데 쓰면 빚테크를 할 수 없다. 빚을 완전히 청산할 때까지 워라밸은 생각하지도 말라.

넷째, 무리하게 빚내서 집을 소유하려고 하지 말라.
집을 살 때 부채도 함께 따라온다는 것을 모른다. 30년 상환하기 전에는 내 집이 아니다. 주택은 30년이 되면 부자들은 떠나고 가난한 사람들만 남는다. 사람들은 할부금을 내는 것은 버리는 돈이 아니고, 월세를 내는 돈은 버리는 돈이라고 생각한다. 집값이 떨어지면, 이중으로 손해를 본다. 집값이 떨어져 손해, 이자를 내서 손해를 본다.
빚을 내서 집을 사면, 몇십 년 동안 빚을 상환하기 위해 할 수 있는 많은 것을 포기하며 빚을 갚아야 한다. 그런데 허리띠를 졸라매며 어렵게 마련한 집을 손쉽게 담보로 돈을 빌릴 수 있다는 이유만으로 가만두지 않고 대출을 받는 사람들이 많다.

투자하고 사업하다가 집까지 날리는 경우가 종종 있다. 담보할 집이 없었으면 당연히 집도 날리지 않고, 빚도 지지 않았을 것이다. 하나님의 축복이 여기서 좌절되고 막힌다. 역설적이지만, 하나님이 재물의 축복을 주지 않는 게 축복이다. 믿는 구석이 없어야 집안이 평안한 경우가 많다. 내 집이 있다고 절대로 좋다고 할 수 없는 이유다.

다섯째, 빚이 없는 것을 넘어 잉여 자산을 만들라.

부요하게 사는 길은 따로 있는 게 아니다. 남에게 빚 독촉을 받거나 통장에서 소리 없이 매달 빠져나가는 이자가 없다면 잉여재산을 모을 수 있다. 쓰고 남은 '이익 잉여금(Economic surplus)'이 아니라 절약하여 만드는 잉여금을 말한다. 빚 없는 세상에 살아보는 소원에 그치지 말고, 잉여재산으로 가난한 사람을 돕고, 선한 일에 사용하기를 열망하면 하나님이 다시 채워 주신다.

우리가 누구를 닮아가고 따라가야 하는지, 무엇을 위해 살아가야 하는지에 대한 정체성을 잃어버리면, 그리스도인이 아니다. 우리는 이웃에게 "예수 믿으세요"라고 전도할 때 "나를 보고 믿으세요"라는 말과 같다는 것을 잊으면 안 된다. 그들은 당연히 예수님을 모르니 우리를 볼 수밖에 없다. 교회 문패를 보고 그리스도인이라고 생각하지 않고, 우리의 언행을 보고 판단할 것이다.

부담스러운가? 우리는 거룩한 부담을 가지고 언행에 덕을 세우는 일에 최선을 다해야 한다는 사실을 늘 기억해야 한다. 만약 여러분이 전도할 때 "저기 김 집사를 보고 예수 믿으세요"라고 한다면 설득력이 있겠는가? 복음은 '나를 통하여 또 다른 사람이 주께 돌아오는 것'이다.

우리는 복음에 빚진 자로서 할 수 있는 일이라곤 평생 채권자가 부유하게 살 수 있도록 돕는 빚의 종으로 살고 있다면, 참으로 황망한 인생이 아니겠는가? 여러분이 채권자를 돕지 않아도 된다. 그들은 우리가 도울 대상이 아니다. 세상의 그 어떤 것으로도 바꿀 수 없는 생명을 살리는 복음이 빚 때문에 막힌다면, 가장 어리석은 삶을 사는 사람임에 틀림이 없다.

돈이 행복을 주는가? 스트레스를 주는가?

살아가는 데 두 종류의 사람이 있다. 돈이 자신을 행복하게 만드는 사람과 돈 때문에 만사가 우울하고 스트레스를 받는 사람이 있다. 여러분은 어디에 속하는가?

돈을 벌기 위해서 가정과 건강, 관계가 차선으로 밀리고 훼손된다면 변화가 필요하다는 신호다. 내 주변에도 전업주부보다 생계형 워킹맘(Working Mom)이 더 많다. 전업주부로 있는 사람은 워킹맘을 부러워하고, 워킹맘은 전업주부를 부러워한다.

전업주부로 있다고 하면 '능력이 없는 것으로 인식'하고, 워킹맘이라고 하면 '얼마나 어려우면 아이를 두고 직장에 다닐까'라고 생각한다. 오늘날 대부분의 가정이 혼자 벌어서는 아이들 다 가는 학원조차 보내기 어려워 맞벌이할 수밖에 없는 구조에 살고 있다. 맞벌이를 하다가 외벌이로 돌아서면 맞벌일 때 재정지출이 맞추어져 상대적 빈곤감을 느낀다고 한다. 그렇다고 해서 변화 없이 계속 이렇게 살기는 넘어야 할 현실이 버겁다. 어떻게 하든 변화가 필요하다는 것은 알지만, 다른 대안이 없다는 데 절망한다.

회사에서 연봉을 안 올려주면, 내가 스스로 올리는 방법밖에 없다. 사람들은 "연봉과 자녀 성적만 안 오른다"고 한탄한다. 우리 입장에서 볼 때 올라야 할 것은 오르지 않고, 오르지 말아야 할 것만 오르고 있다. 2024년 상반기 기준 상용근로자의 연봉 인상률이 작년 동기 대비 2.2% 오른 데 비해 소비자 물가인상률은 3.6% 올랐다.

외식비 통계를 보면 5년 동안 서울 기준 44%가 올랐고, 서민 음식인 짜장면만 보더라도 2018년 평균 가격은 5,000원이었으나 5년 후 2023년 평균 가격은 7,000원으로 약 40%가 올랐다.

집값도 서울 아파트 기준 5년(2018~2023) 동안 48%가 올랐다. 집은 수요와 공급에 따라 탄력적이지만, 물가는 한 번 오르면 내리지 않는다는 법칙이라도 있는 듯 경기가 후퇴해도 물가는 후퇴하지 않는 개선장군과 같다.

화폐의 가치는 계속 떨어지고, 경기 불황에도 물가가 계속 오르는 스태그플레이션이기 때문에 회사원뿐만 아니라 자영업자들도 침체된 경기에 미래가 불안하여 동동거리고 있다. 경기는 내가 어찌할 수 없으므로 회사나 경기만 쳐다보지 말고 재능을 찾아 그 분야에서 탁월해지면, 회사 연봉으로도 잘살 수 있다. 좋은 리더가 되기 위해 최선을 다하고 이기는 습관으로 바꾸면 된다. 여러분도 최고가 될 수 있는 달란트를 주님이 주셨다는 사실을 기억하라. 그러면 행동하게 되고, 꿈이 현실이 된다.

왜 돈이 늘 부족한가를 생각하면 세계에서 자녀 교육비가 소득 대비 가장 많이 지출하고 있는 나라가 바로 우리나라다. 부모들은 자녀에게 교육비로 투자한 것만큼 성적이 오른다는 확고한 믿음을 가지고 있다.

자녀 한 명당 대학 졸업하는 데 약 2억 5천만 원이 든다고 한다. 양육과 사교육비가 미래의 부담으로 다가오는 현실이 저출산 문제와 맞물려 있다. 결국은 돈이다. 부모는 자녀들이 성장하는 모습을 보며 행복을 느낀다. 그러나 자녀의 사교육비는 가정 경제에 가장 큰 부담을 준다. 맞벌이하는 가장 큰 이유로 '아이들 학원비라도 벌기 위해 직장에 다닌다'고 응답한 엄마가 가장 많았다.

통계청의 '초중고 사교육비 조사'에 따르면 학생 1인당 월평균 42만 9천 원으로 나타났다. 통계청의 2023년 사교육비 실태조사에서 총 27조 1,144억 원이 사교육비로 지출되었다.

사교육비는 학령인구 감소에도 불구하고 계속해서 증가하는 추세다. 자녀 교육비에 대한 경제적 부담은 부모들의 노후 준비와도 밀접한 관련이 있기 때문에 미리 철저한 계획을 세우고 대처해야 한다. 자녀 교육이 끝날 시점에 퇴직하는 경우가 대부분이다.

경제협력개발기구(OECD) 국가 중 노후 준비가 가장 안 되어 있는 국가가 우리나라로 조사되었다. 우리는 모두 나이를 먹어 간다. 나이가 줄어드는 사람은 아무도 없다. 고령화 인구가 늘어나고 있는 데는 식생활 개선과 생명공학 기술 발전으로 건강 수명이 늘어나고, 안티에이징(노화 극복)이 활발히 진행되고 있는 결과다. 문제는 저출산과 고령화가 갈수록 심화되는 가운데 베이비부머 세대들이 은퇴하면서 고령화 인구가 급격히 늘어나고 있다.

2023년 남성 평균 수명은 86.3세, 여성은 90.7세로 나타났다. 조사 결과 최초로 90세를 넘었다. 5060 세대는 부모를 부양했지만, 자식에게는 부양받지 못하는 소위 낀 세대다. 사회적 문제로까지 대두되고 있는 현상으로 자녀들이 성인이 된 후에도 취직하지 않고, 부모에게 손을 벌리며 노후를 갉아먹는 캥거루족이 늘어 가고 있다.

독립하지 못하는 자녀가 있으면, 노후 준비는 점점 힘들어지고 정년 없이 닥치는 대로 일해야 한다. OECD 38개 회원국 중 노인빈곤율, 노인 고용률, 노인 자살률이 1위인 나라가 바로 우리나라다.

돈을 벌 수 있을 때 오랫동안 많이 벌어야 모인다. 가랑비 오듯 찔끔 찔끔 벌면 들어오는 것은 보이지 않고, 나가는 청구서만 쌓인다. 국가 경제 사이즈가 커진 것만큼, 더 편리하고 더 좋은 제품에 지갑을 열게 만드는 기업들의 지출 사이즈도 커졌다. 사회의 트렌드를 만드는 부류는 상위 1%의 트렌드세터(Trend Setter: 유행을 선도하는 사람이나 기업을 의미)들이다. 1%를 따라가기 위해 5%가 움직이면, 3년 후에는 서민들까지 흉내를 내기 시작한다. 부자로 보이고 싶은 열망일 수도 있지만, 소외되지 않기 위한 품위 유지비 명목으로 과도한 지출을 하며, 그것을 당연하게 여긴다.

내가 그들이 될 수 없고, 그들 역시 내가 될 수 없다. 나는 나의 삶이 있고, 그들은 그들의 삶이 있다. 그들이 나보다 근심이 없고 화려해 보여도 나름의 고뇌가 있고, 풀리지 않는 숙제가 있기 마련이다. 근심의 경중을 따지면 여러분이 더 행복할 수 있다. 주님은 모든 문제의 해석 능력이 뛰어나실 뿐만 아니라, 문제의 역행자이시기 때문이다.

가난을 달고 살면 돈 문제를 해결하기 위해 평생 거기에 매달려 인생을 허비할 수밖에 없다. 고도의 성장 시대인 70~80년대를 거치면서 빈부 격차도 커지고, 90년대를 맞이하면서부터는 점차 성장 시대가 저물어 가고, 물가상승률이 월급 상승률을 앞지르기 시작했다. 세계 경제는 성장하지만, 소득은 정체되어 '고용 없는 성장'의 터널로 진입한 상태다.

우리나라 국민소득(GDP)이 1인당 2만 달러일 때, 물론 체감 수준에 따라 다를 수 있지만, 4인 가족이 연 1억 1200만 원을 벌거나 소비한다는 말이다. 이 말은 지표상으로 한 가정이 약 1억 1200만 원이 필요한 나라에 살고 있다는 뜻이다. GDP가 높다는 것은 나쁜 것도 아니지만, 그렇다고 반드시 좋은 것도 아니다.

지금은 1인당 국민소득이 3만 달러로 4인 가족 기준으로 연 1억 7천만 원의 시대에 살고 있지만, 많은 사람이 국민소득에 미치지 못하기 때문에 맞벌이는 물론이고 퇴직 이후에도 계속 일해야 하는 현실이다.

사람들은 특정한 사람이 잘사는 것을 내가 잘사는 것으로 착각하고 따라 한다. 그러다 보니 월급을 받아도 내 것이 아니다. 받기가 무섭게 썰물처럼 다 빠져나가는 데 고착화가 되어 있다. 따라서 항상 돈은 부족하고, 돈에 목말라 있다.

시간이 갈수록 가난한 사람은 더 가난해지고, 빈곤층은 더 많아지고 있다. 부자가 계속 부를 축적하는 현상이 심화되는 것을 다 알고 있지만, 계층 이동과 신분 상승이 나와는 상관없는 일이라고 생각하는 사람이 많기 때문이다.

성경에도 "무릇 있는 자는 받아 넉넉하게 되되 없는 자는 그 있는 것도 빼앗기리라"(마 3:12; 25:29)는 말씀이 있다. 빈자는 더욱 가난해지고, 부자는 더욱 부유해진다는 '빈익빈 부익부' 현상을 말한다. 이 승자의 독식을 마태 효과(Matthew effect)라고 부른다.

현재 중산층의 폭이 계속 얇아지고 있다는 통계가 있다. 부의 쏠림 현상이 심화되고 있다는 말이다. 어떻게 해서라도 빈곤층으로 떨어지지 않기 위해 퇴직 후에도 일하지 않으면 안 되는 안전망 없는 사회에 살고 있다.

한 번 채무가 늘어나면, 줄이기가 불어난 체중만큼이나 다이어트하기 어려운 것과 같다. 특정 사람들의 생활 수준이 높아진 것을, 마치 자신의 레벨이 높아진 것처럼 행동하는 사람이 있다. 가장 나쁜 사례가 이자를 갚기 위해 빚을 내는 것이고, 다음으로 나쁜 것은 생활비가 부족하여 빚을 내는 것이다.

이 모두는 없어지는 소비성 지출이 가장 나쁜 이유다. 물가는 가파르게 오르고, 월급은 늘 부족한데 무슨 돈으로 사느냐고 반문할 수 있을 것이다. 비단 여러분뿐만 아니라 모든 사람의 형편은 똑같다. 형편과 환경을 따지면 모두가 가난해야 하고 빚을 지면서 사는 것이 정상이다.

그러나 대부분의 사람들이 불경기를 탓할 때 수익 모델을 가진 사람에게는 위기가 기회가 되어 더 많은 부를 축적하고 있다. 금융 위기와 코로나19 때도 성장하는 기업은 더 성장했다. 단지 위기 때에는 경기를 타고 좋아지는 '넓은 혜택'이 아니라, 특정 아이템과 기술로 성장하는 '좁은 혜택'이다.

그러므로 맞벌이를 해서라도 현상을 유지하려는 가정이 늘어나고 있다. 그러나 맞벌이를 한다고 해서 경제적 자유를 반드시 누릴 수 있는 것은 아니다. 맞벌이 가정은 돈으로 해결하려고 하는 것들이 늘어남에 따라 씀씀이가 커진다. 소비성 지출이 증가하고, 빚을 내는 데도 두려움이 없이 대출을 받는다. '맞벌이의 함정'에 빠져 오히려 더 과도한 빚을 지게 되는 경우를 한국과 미국에서 여러 번 보게 되었다.

매달 신용카드 한도만큼 빚지는 카드를 없애라. 신용카드가 있으면 평생 온전한 급여를 받을 수 없다. 신용카드 대금이 먼저 빠지기 때문에 월급을 받아도 기쁘지 않다. 하나님이 주신 돈인데 기쁘지 않다면 문제가 있다는 말이다. 기쁘지 않은 것은 뭔가 부족하기 때문이다.

늘 부족하여 기쁨도 감사도 없는 돈에서 온전한 십일조를 하고, 감사헌금을 낸다는 것은 거의 불가능하다. 크리스천의 재정 관리의 핵심은 신용카드를 현금카드로 바꾸고 예측 가능한 가계부를 쓰는 것이다. 소득은 50인데, 지출이 50을 넘으면 안 된다. 50부터는 내 돈이 아니다. 소득이 발생하기 전에 미리 당겨쓰는 게 신용카드다. 하나님이 주시지 않았는데 쓰는 것이다. 내 호주머니에 돈이 없는 데도 쓸 수 있다는 것이 카드의 장점이 되기보다는 가정 경제를 어렵게 만드는 단점으로 작용한다. 신용카드에서 자유로운 사람도 근검절약해야 한다. 왜냐하면, 남을 돕는 사람들은 대부분 아끼고 절약한 돈으로 이웃을 구제한다. 따라서 이 돈이 내 것이 아니라 하나님 것이라고 여기면 누구나 할 수 있다. 특별한 청지기란 없다. 모든 청지기는 당연히 그렇게 해야만 한다.

특히 재정 운용에서 가장 나쁜 케이스는 미리 쓰는 것이다. 이는 빚이다. 사람들은 미리 쓰는 것을 빚으로 생각하지 않는다. 조사에 보면 신용카드 쓰는 사람보다 체크카드(현금) 쓰는 사람이 30% 더 저축한다는 보고서가 있다. 사람은 유혹에 넘어지는 약한 존재이기 때문에 재무구조를 파악하고 원칙을 만들어야 한다.

쿠폰을 모으기 위해 마시지 않아도 될 커피를 마시고, 대출 조건이 매달 신용카드 50만 원 이상 결제할 때만 충족되고, 그 조건에 맞추기 위해 억지로 카드를 사용하는 사람이 있다. 거기에다 카드를 만들면 현금 20만 원 상품권을 준다고 하여 덜컥 카드를 만들어 매달 몇 배를 지출하는 사람이 있다.

돈을 절약하는 가장 간단한 방법은 쓰는 것을 어렵게 만들어야 한다. 가난하면 자신의 의사와 상관없이 돈에 따라서 어떤 것을 먹고, 무엇을 살 것인지 결정한다. 잘 먹고, 못 먹고 하는 문제가 아니라 돈은 우리를 갈급하게 만들고, 사탄은 모든 불행이 돈에서 시작되는 줄로 착각하게 만든다. 돈을 벌기 위해 일하고, 돈 중심으로 살고, 돈이 인생의 최고 가치라고 생각하는 사람들은 돈을 많이 벌든, 적게 벌든 돈의 노예다.

지금도 많은 사람들은 건강이 끝을 보이기 전까지는 건강의 소중함을 모르고, 또한 시간이 소진되기 전까지 시간의 소중함을 모른다. 그리고 돈이 바닥을 드러낼 때까지 돈의 소중함을 모르고, 관계가 깨질 때까지 관계의 소중함을 모르고 살아가는 우리다.

퇴직을 앞두고 "이젠 무엇을 하면 좋겠습니까?"라고 묻는 사람들이 있다. 지금까지 사업이나 재테크를 전혀 생각해 보지 않았던 사람이 갑자기 돈을 벌어 보겠다고 뛰어드는 사람들에게 어떻게 설명하고 조언을 해 주어야 할지 난감할 될 때가 있다. 이미 건강과 시간, 일의 노하우를 가진 사람들과 경쟁할 수 있는 자원이 턱없이 부족하기에 경쟁에서 밀릴 수밖에 없다.

지금은 늦었다고 할까요?

늦었을 때가 빠를 때라고 해야 하나요?

도전은 언제나 아름답다고 할까요?

도전도 실패에서 시작하고, 성공도 실패에서 시작한다고 할까요?

지금부터 5년 정도 더 공부하고 경험한 후에 시작하라고 할까요?

사람들은 퇴직하고 나면 '어떻게 살아도 살아가겠지?' 하는 막연한 생각을 하다가 막상 퇴직하고 나면 무엇이라도 해야겠다는 사람이 많다. 뚜렷한 대안이 없기 때문일 수도 있고, 미래에 대한 두려움에서 그럴 수도 있다.

돈을 버는 데는 두 가지 유형이 있다. 일반적 유형으로 노동력을 투입해서 수익을 내는 사람이다. 돈을 아무리 잘 버는 사람이라도 노동력이 들어가지 않으면 수익이 바로 끊어져 절벽이 되는 사람은 노동자다. 노동자는 건강의 변수가 생길 수 있어 퇴직 후를 위해 반드시 파이프라인을 현직에 있을 때 만들어 놓아야 한다. 파이프라인을 만드는 데 관심 가지고 공부하고, 노력하지 않으면 반드시 후회하게 된다.

또 하나의 유형은 돈이 들어오는 시스템을 만들어 수익을 창출하는 사람이 있다. 자본가는 펀드에 투자하여 연 6~8% 배당을 받고, S&P500 ETF로 연평균 8% 수익률에 2% 배당을 받으며 금융소득으로 생활하는 사람, 목 좋은 건물 임대료를 받는 사람들이 돈을 일하게 하는 자본가이다.

우리는 어떤가? 젊을 때는 투자에 관심이 없다가 은퇴가 다가올 때 퇴직금과 퇴직연금으로 무엇을 하려고 한다. 돈의 활용 가치를 생각하여 레버리지(Leverage)와 시스템을 공부하지 않고 돈의 주인이 되려고 하는 것은 인풋(input) 없이 아웃풋(output)을 기대하는 것과 같다.

사람의 심리는 인풋 대비 아웃풋이 좋게 나오기를 바라는 마음은 똑같다. 노력한 것보다 결과가 잘 나오기를 바라는 마음은 인지상정이지만, 정당한 투자 없이 결과가 좋았다면, 운이 억세게 좋은 것은 한 번으로 족하다.

소중하게 번 돈을 이자가 거의 없는 은행에 저축하는 사람이 많다. 이 잠자는 돈을 은행은 당연히 높은 이자를 받고 대출해 주고, 또 자본가는 이 돈을 저리로 빌려 이자가 높을 곳에 투자하여 배당금을 받는다.

똑같은 돈을 누가 얼마를 어디에 어떻게 굴리느냐에 따라 수익률은 다를 수밖에 없다. 이재(理財)에 밝은 사람은 신용을 바탕으로 자본주의 꽃인 돈을 레버리지로 수익을 창출한다. 결국, 합법적인 시스템을 잘 이용하는 사람이 돈의 주인이 된다.

자본주의는 자기 돈을 잘 굴리는 것도 중요하지만, 규모의 경제를 만들어 가려면 은행의 돈을 이용할 줄 알아야 한다. 우리나라뿐만 아니라 글로벌 기업들도 자본주의 메커니즘을 잘 이용하여 오늘날 대기업으로 성장했다. 지금은 고금리로 환경이 녹록지 않은 것도 있지만, 리스크를 감수하면서 새로운 일에 뛰어드는 창업가 정신이 약하다. 다만 선대의 유업을 계승하고 유지하는 데 만족하고 있다. 사업가 이전에 변화와 혁신을 추구하는 모험가가 되어야 페러다임을 바꿀 수 있다. 하지만 이 일은 아무나 할 수 있는 게 아니다.

우리가 잘 알다시피 국내 굴지의 기업들은 낮은 금리로 차입한 돈으로 기업을 세우고 나라를 부강하게 만들었다. 상상력을 현실로 만든 위대한 리더십도 있었고, 길을 가로막는 장벽이 있었다면 장벽을 눕혀 다리가 되게 했다.

미국 와튼스쿨에서 유학할 때 교수님이 자주 사용한 "벽을 눕히면 다리가 된다"는 말을 기억한다. 이 말은 흑인 해방 여성 운동가 안젤라 데이비스(Angela Yvonne Davis)가 한 말이다. 이 시대를 혁명이라 불릴 정도의 변화가 발생하는 시기로서 항상 기대와 우려가 공존하고, 불가피하게 가진 자는 승자가 되고, 그렇지 않은 자는 패자가 되는 시대에 살고 있다.

삯꾼이 되지 말고 일꾼이 되어라

나는 일꾼인가? 아니면 삯꾼인가?

이 질문에 대답하기 어렵다든가 망설여진다면, 지금까지 애매모호하게 살아왔다는 뜻이다. 우리는 열심히 사는 것으로 충성된 일꾼이라고 생각하는 경향이 있다. 사람들은 각자가 열심히 산다고 생각한다. 문제는 '누구를 위해' 최선을 다하는가이다.

어쩌면 삯꾼이 일꾼보다 더 열심히 일할 수도 있다. 삯꾼은 자신에게 할당된 일은 죽기 살기로 해치운다. 일꾼과 삯꾼을 구분하는 기준은 일을 열심히 하느냐, 아니냐가 아니라 '일하는 동기와 목적'에서 찾아야 한다. 일꾼은 미션을 위해 자원해서 일할 뿐만 아니라 만들어서라도 할 일은 하고, 삯꾼은 유불리를 따지며 자신의 욕망을 채우기 위해 일한다. 크리스천 중에서도 자기의 의를 드러내고, 욕망을 채우는 일이 주님을 위해 일하는 것이라고 착각하는 사람이 있다.

사명은 '있어야 할 자리에 있는 것'을 뜻한다. 하나님이 충성된 종이라고 하는 것은 바로 '있어야 할 자리에서 충성'하는 것을 말한다. 정해진 자리에 있지 않으면 죄를 지을 수 있다. 죄의 본성은 자신의 자리에 있지 않을 때 그 자리를 차지한다.

하나님께 자원하는 최선의 일을 위해 하나님은 우리의 열심, 중심, 정성이 어디에 있는지를 보신다. 우리 몸이 성전이라면 하나님은 자원하는 우리의 마음에 계신다. 하나님의 성전을 지을 때도 첫 번째로 요구한 것이 바로 '자원하는 마음'이었다. 자원하는 마음은 하나님을 흡족하게 하며 기뻐하시는 일을 한다.

결국, 인간의 두 마음에는 "하나님을 사랑할 것인가?" 아니면 "세상을 향하여 자기를 나타낼 것인가?" 선택에 따라 인생의 방향이 완전히 달라진다. 만약 하나님을 사랑한다면, 그 과정에 크게 두 가지로 분류할 수 있다. 하나는 '돈을 어떻게 벌고 사용하는 재정관'과 또 하나는 '일터에서 부르심에 응답하는 직업관'을 어떻게 정리하고 반응할 것인지에 대한 태도를 말한다.

'있어야 할 자기 자리'에서 사명을 어떻게 정리하고 결단할 것인지에 대한 거룩한 부담이 충분히 반영되어야 한다. 자원하는 마음을 극대화하는 일꾼이 바로 사명자다. 자원하는 마음이 없으면 부족한 재정에서 떼어 헌금하는 것도, 시간을 쪼개서 헌신하는 것도 낭비라고 생각한다. 수치상 계산으로는 마이너스 요인이기에 합리적인 말이다. 하늘나라 법칙에는 세상에 존재하지 않는 '청지기의 법칙'이, 일터에는 '사명자의 모습'이 있다.

그 중심에는 하나님을 경외함이 있다. 경외함에는 신실한 청지기 의식을 가진 일꾼들을 부르시는 주님의 메시지가 들어 있다. 주님은 아무 계획 없이 부르지 않으신다. 감당할 능력을 주시든지, 필요를 채워 주시든지 둘 중 하나다.

"겸손과 여호와를 경외함의 보상은 재물과 영광과 생명이니라"

(잠 22:4).

우리에게는 하나님의 부르심에 응답하는 선교의 사명이 있다. 하나님을 경외하는 자는 두려움과 떨림으로 말씀을 청종하고, 하나님은 그러한 우리를 고아와 같이 내버려두지 않으시고 "재물과 영광과 생명"의 축복을 주신다.

하나님을 섬기는 것이 곧 이웃을 무엇으로 어떻게 섬길 것인가로 귀결된다. 이 원리를 이해하지 못하면 절대로 하나님 나라를 이해할 수 없다. 하나님 나라는 복음의 핵심이다. 일반적으로 생각하면 나를 위해 쓸 돈도 없는데, 이웃을 위해 의미 있는 일에 사용한다는 것은 생각보다 어렵다.

그러나 하나님의 일에 뛰어들어 재물을 흘러 보내면, 지금까지 왜 축복을 받지 못했는지를 알 수 있다. 모든 재물이 하나님 나라에 필요한 자원이고, 하나님의 주권적 통치 영역을 인정하는 데서 그리스도인으로 규정되어 진다.

누가복음 15장에는 잃어버린 양과 드라크마와 아들의 비유를 통해 한 영혼 한 영혼에 대한 소중함은 잃어버렸던 것을 찾았을 때, 크게 기뻐하며 잔치를 여는 모습은 주님의 마음이 어디에 있는지 알 수 있다.

"그 주인이 이르되 잘하였도다 착하고 충성된 종아 네가 적은 일에
충성하였으매 내가 많은 것을 네게 맡기리니 네 주인의 즐거움에
참여할지어다"(마 25:22).

주인은 누구에게나 똑같이 달란트를 나누어 주지 않고, 누구는 다섯
달란트, 누구는 두 달란트, 누구에게는 한 달란트를 주어 차별했기 때문
에 한 달란트 받은 사람이 일할 의욕이 없어 땅에 묻어 두었을 것이라고
하는 사람도 있다. 그런데 한 달란트의 가치가 로마 방패 공장에서 80
명의 노예를 두고 운영하는 공장의 일 년 매출이라고 하니, 지금 돈으로
수백억은 된다고 보아야 한다.

그래서 주인은 한 달란트가 큰돈이기에 받은 자에게 "내 돈을 취리
하는 자들에게나 맡겼다가 내가 돌아와서 내 원금과 이자를 받게 하였
을 것이니라"(마 25:27)라고 한다. 본문 내용의 핵심은 평등, 공정, 보상의
문제가 아니라 '충성'의 기준에서 두 사람은 주인의 신뢰에 부응한 반면,
한 사람은 오히려 주인을 사악한 사람으로 만들었다.

우리는 하나님의 재물을 신탁받은 수탁자이다. 이 비유는 주님이
심판하실 때 장차 어떤 기준으로 심판할 것인가를 쉽게 이해시키기 위
해 비유로 말씀하신 것이다. 하나님이 주신 달란트는 우리에게 분부하
신 사명인 동시에 은혜다. 그 사명의 기준은 그 사람의 재능에 따라 나
누어진다.

"그 재능대로"(마 25:15) 분야에 따라 감당할 수 있는 일이 각각 다르기

에 자신이 좋아하는 일이 아니라, '잘하는 일'이 바로 달란트다. 따라서 자신이 좋아하는 일이 아니라 '잘하는 일'을 해야 한다. 남들보다 일을 잘하면 할 수 있는 일이 많아질 뿐 아니라 재물도 따라온다. 선한 곳에 돈이 사용된다면 더 많이 갖게 되는 것은 분명 축복이다. 가진 것이 없는 사람보다 많이 가진 사람이 원하는 일을 할 수 있는 선택지가 넓다는 데서 분명 유익하다.

단지 가진 것을 누구를 위하여 어떻게 사용하고, 소유가 성장에 방해가 되고 비난의 대상이 되지 않도록 덕을 세워야 한다. 돈은 하나님이 주신 선물이다. 크리스천은 돈을 귀하게 여기고, 함부로 쓰지 않아야 한다. 부자가 되었을 때 그 돈으로 더 좋은 세상을 만드는 데 사용한다면, 세상은 지금보다 훨씬 좋아질 것이다.

유대인들은 죽을 때 자신의 돈을 다 기부하고 죽는다. 어릴 때부터 돈은 하나님이 주신 선물이라고 교육받고 자란다. 하나님의 것을 하나님을 위해 쓰는 걸 당연하게 여긴다. 당연한 것을 당연하게 여기는 것은 전혀 어려울 게 없을 것 같은 데도, 우리는 돈이 손에 들어오면 생각이 천 갈래, 만 갈래 나뉘는 것은 분명 문제가 있다.

우리는 어떤가? 가정에서나 교회에서도 성경적 재정 원리에 관심이 없을 뿐만 아니라 가르치지도 않는다. 아니, 가르칠 지식이나 능력도 없다. 나도 대학을 졸업하고 나서도 오랫동안 성경적 재정에 대해 제대로 배워본 적이 없었다. 자신이 노력하여 번 돈은 자기 것이라 여기며, 마음대로 쓰는 걸 당연하게 여겼다. 전통 교회에서는 돈을 멀리하라고 하고 '돈은 일만 악의 뿌리'라는 것을 강조하며, 한편으로는 십일조와 헌금 이야기를 한다. 크리스천 중에도 자기는 돈이 우상이 아니라고 하지만, 한 껍질만 벗겨 보면 돈 중심의 라이프 스타일에 이미 길들어져 있다.

생각만으로 돈을 멀리한다고 해서 멀리할 수 있는 게 아니다. 생각 보다 필요가 먼저 손을 내밀고 기다린다. 돈은 현실에서 나의 욕망에 즉 각적으로 반응하기 때문에 돈이 없으면 불안하고 두렵다. 돈은 욕망의 도구에 가장 직접 연결되어 있을 뿐 아니라, 현실적인 문제를 해결하는 수단이기 때문이다. 그러나 욕망을 쉽게 채울 수 있는 그 길 끝에는 아 무것도 남는 게 없다. 세상은 돈을 갈망하게 만들고, 늘 부족하여 더 찾 게 만든다. 맘몬은 목마름을 단번에 해결해 줄 수 있는 해결책이 돈이 라고 강조한다.

그렇다고 돈이 무익하며 없어도 잘살 수 있다는 말은 아니다. 이 땅 에서 돈 없이는 살 수 없다는 것은 돈의 유혹이 많을 수밖에 없는 환경 에 놓여 있다는 뜻이다. 성경은 돈을 가진 동안 어떻게 사용하고, 어디 로 흘러 보내야 하는지만 가르쳐 줄 뿐이다. 인간은 재물을 많이 소유하 고 싶어 하나 생각대로 되지 않는 게 유익할 수도 있다. 잠시의 즐거움 이 영원을 도둑질해 갈 수 있기 때문이다. 참 기쁨이 소유에서 있지 않 다는 것을 알지 못하는 가짐은 근심을 더 할 뿐이다. 나의 소유가 아님 에도 내 것이라 주장하며 지금까지 살아온 악한 종이 아니던가?

주님은 어떻게 하면 물질에 마음을 빼앗긴 인간의 영혼을 되찾아 올 수 있을까 염려하시며 많은 부분을 비유로 직·간접적으로 말씀하신다. 성경에 재물에 관련된 언급이 많은 이유는 양날의 검과 같이 유익하지만, 위험한 물건이기 때문이다. 돈은 우리가 할 수 없는 일을 할 수 있기 때문에 그만큼 강력하다. 우리가 살고 있는 세상은 내가 돈을 부리지 않으면, 돈이 나를 부리게 되어 있다. 돈은 자신이 누구의 종이 되어야 하는지, 또 누구를 지배하여 종으로 만들어야 하는지 잘 알고 있다. 성경은 우리가 신앙생활 중 돈에서 자유하고 극복하기가 어렵다는 것을 아시기에 모든 세계가 다 하나님 것이라고 선포한다. 이 말은 반대로 하면 하나님 것을 내 것이라고 착각하는 어리석음에서 벗어나게 될 때 우리는 비로소 돈에서 자유 할 수 있게 된다는 뜻이다.

> "땅과 거기에 충만한 것과 세계와 그 가운데에 사는 자들은 다 여호와의 것이로다"(시 24:1).

성경은 세상의 모든 만물과 이 땅에 사는 자들 모두가 하나님 것이라고 말씀한다. 구약 시대에 하나님은 토지를 사고파는 것을 율법으로 금하셨다. 구약 시대에는 이스라엘의 모든 땅이 하나님의 소유로서, 백성들은 그 땅을 빌려서 사용하는 형태였다. 그리고 지파별로 인구수에 따라 땅이 할당되었다. 백성들은 하나님이 주신 땅만큼만 경작하며 살았지만 부족함이 없었다.

어찌 보면 수입을 하나님께 다 드리는 것도 아니고, 그중 일부를 떼어 드리는 데도 인색한 마음이 스쳐 지나가는 것은 우리가 얼마나 죄 가운데 있는지 알 수 있다. "바다는 메워도 사람의 욕심은 못 채운다"는 말이 있다.

성경에서 재물을 가장 많이 언급하고 있는 이유는 인간의 삶에 깊이 연결되어 있기 때문이기도 하며, 어떻게 사용하느냐에 따라 영적(靈的)일 수도, 육적(肉的)일 수도 있기 때문이다.

"선을 행하고 선한 사업을 많이 하고 나누어 주기를 좋아하며 너그러운 자가 되게 하라"(딤전 6:18).

우리는 나누어 주는 것을 좋아하는 자가 되도록 노력해야 한다. 그러기 위해서는 선한 사업을 위해 나누고 베풀기를 좋아할 때 하나님은 그 일을 감당할 수 있는 재물을 채워 주신다는 믿음을 가져야 한다. 복은 받는 사람에게 흘러가는 것이 아니라, 주는 사람을 통하여 흘러간다는 사실을 기억해야 한다.

"가난한 자에게 구제할 수 있도록 자기 손으로 수고하여 선한 일을 하라"(엡 4:28).

자신의 것을 내어 주고 수고하지 않으면, 누구든 가난한 자를 도울 수가 없다. 선한 일은 자기의 것을 포기하는 데서 시작한다. 어느 날 부자 청년이 예수님을 찾아왔지만, 예수님이 "네 소유를 팔아 가난한 자들에게 주라 그리하면 하늘에서 보화가 네게 있으리라 그리고 나를 따르라 하시니 그 청년이 재물이 많으므로 이 말씀을 듣고 근심하며 가니라"(마 19:21~22)고 한다.

이 청년은 하나님의 계명을 다 지켰지만, 재물이 많아 주님을 따르는 데 실패했다. 재물이 많지 않았다면, 아마 부자 청년은 예수님을 따랐을 것이다. 반대로 삭개오는 죄인 취급을 받는 세리장으로 부자다. 내세울 것이 하나도 없는 삭개오는 "내 소유의 절반을 가난한 자들에게 주겠사 오며 만일 누구의 것을 속여 빼앗은 일이 있으면 네 갑절이나 갚겠나이 다"라고 하였고, 예수님은 "오늘 구원이 이 집에 이르렀으니 이 사람도 아브라함의 자손임이로다"(눅 19:8~9)라고 하셨다.

삭개오는 많은 재물로 영생의 길을 택했다.

재물이 많아야만 반드시 좋고, 적은 것이 반드시 나쁜 것은 아니다. 재물을 어떤 관점에서 이해하고 해석하며 사용하느냐에 따라 축복이 될 수도, 구원의 걸림돌이 될 수 있다. 재물에 대한 인식이 흐릿한 상태에 서 재물의 복이 찾아온 경우, 근심과 걱정을 넘어 재앙이 될 수 있다.

특히 크리스천에게는 "지혜로운 자의 재물은 그의 면류관"(잠 14:24)이라 고 한다. 주님은 지혜롭게 재물을 사용하는 방법뿐만 아니라 재물이 합당 하게 사용되면, 면류관처럼 고귀한 명성을 얻는다는 것을 가르쳐 주신다.

"가난한 자를 불쌍히 여기는 것은 여호와께 꾸어드리는 것이니 그 의 선행을 그에게 갚아 주시리라"(잠 19:17).

하나님의 자녀가 가난한 자를 더 많이 돕도록 하나님은 우리의 선행 을 기억하시고 갚아 주시겠다는 약속의 말씀은 재물의 주인이 우리에게 무엇을 원하시는지 알 수 있는 말씀이다. 돕는 데 인색하면 불쌍한 이웃 보다 더 불쌍한 내가 된다. 하나님은 가난한 자를 위해 베풀면 갚아 주 신다고 한다. 일하시고 공급하시는 분이 하나님이라는 것을 알기 전까 지는 내 것으로 남아 있다.

돈은 라이프 스타일의 바로미터

세상은 돈과 연결되지 않은 것이 없을 정도다. 돈은 가치를 평가하는 절대적 기준으로 사용된다. 만약 직장을 다니는데 월급을 턱없이 적게 준다면 아무리 좋아하고, 잘하는 일이라도 지속하기 어렵다. 돈 때문에 직장을 다니는데도 그렇게 보이기 싫지만 사실이다. 취미로 다니거나 좋아서 다닐 수만은 없기 때문이다.

자본주의에서는 모든 성과에 대한 보상을 돈으로 하기에 연봉을 많이 받는 사람이 인정받고 능력이 있는 사람이다. 돈은 업무 수행 능력뿐 아니라, 사물을 측정하는 바로미터(Barometer)이다. 어렵게 번 돈을 어떻게 쓰는지를 보면, 그 사람의 행동 양식뿐만 아니라 성향까지 모두 들여다볼 수 있다.

한 달간 사용한 지출 영수증을 본다면, 그 사람의 취미와 취향과 식생활은 물론 심지어 성격까지 알 수 있다. 대부분의 사람들은 지난달과 크게 다르지 않게 지금까지 하던 대로 반복해서 지출한다. 돈을 어떻게 버느냐도 중요하지만, 돈을 어떻게 사용하느냐가 더 중요하다. 그러므로 돈의 사용처는 그 사람의 행적을 추적하는 바로미터이자, 자신을 비추는 거울이다.

미국의 유명한 운동선수 열 명 중 여섯 명은 은퇴 후에 파산한다는 통계가 있다. 모두가 부러워할 만큼 젊었을 때부터 많은 연봉을 받는다. 그러나 돈에 대한 가이드라인(guide-line)이 전혀 없이 젊을 때부터 돈벼락을 맞다 보니 당연히 관리하고 운용하는 게 서툴 수밖에 없다. 돈 그릇이 작은 사람은 먼저 돈을 담을 수 있는 그릇을 키워야 내 돈이 된다.

가난한 사람들은 '돈이 없어서 투자하지 못하고, 경영을 못 할 뿐'이라고 생각한다. 그것은 가난한 사람들의 생각이다. 돈이 많은 사람일수록 돈을 관리하는 일에 고도의 기술이 필요하다는 것을 안다. 투자도 관리에 포함되는 것으로 일반 지식과는 또 다른 영역이 존재한다는 말이다. 물가 상승률 이상의 수익을 올려야만 관리가 된다고 할 수 있다.

돈은 실제로 적은 돈과 큰돈으로 구분되는 것은 아니다. 적은 돈이 모여서 큰돈이 되고, 큰돈이 적은 돈으로 나뉘기 때문이다. 적은 돈을 잘 다루는 사람이 큰돈도 잘 다룰 수 있다.

돈의 사이즈를 키우는 방법은 처음에는 적은 돈을 투자하면서 실전 경험을 쌓고, 다음에는 이윤이 적게 나더라도 안정적인 수익이 보장되는 투자처를 찾고, 어느 정도 경험치가 쌓이면 점차 금액을 늘려가면서 돈을 다루는 법을 배우면 된다.

돈을 담을 수 있는 그릇이 작으면, 그 돈이 내 통장계좌에 있지만,

언제 다른 사람 통장에 이체될지 모르는 돈을 잠시 보관하고 있을 뿐이다. 현역 때는 돈이 일정 부분 빠져나가도 들어오는 수입으로 채워져 문제가 안 된다. 그런데 은퇴 후에는 정기적 수입이 일시에 절벽이 될 때 불안감과 두려움이 몰려온다. 돈이 줄어드는 불안감과 두려움이 가만히 있지 못하게 한다. 그래서 급한 마음에 이것저것 손을 대면서 실패하게 된다. 현실은 생각과 다르게 흘러가는 경우가 많다. 현역 때는 성공했지만, 은퇴 후에는 실패한 경우다. 시간은 이미 써버린 돈처럼 아쉬운 과거는 다시 내 곁으로 돌아오지 않는다.

상담할 때 "좀 더 젊고, 건강할 때 세밀한 자금 운용 계획을 세우라"고 하면 사람들은 대개 "뻔한 수입으로 계획을 세우고 말고 할 것이 없어요"라고 한다. 가난한 사람은 '맞다'고 할 것이고, 부자는 '틀렸다'고 할 것이다. 부자는 그런 과정을 거쳐서 부자가 되었기 때문이다. 가난한 사람은 "지출하고 나면 남는 게 없는데 어떤 계획이 필요한가요?"라고 되묻는다. 부자는 "돈이 없을수록 세밀한 계획을 세워야 한다"고 말한다. 돈이 많으면 당신이 말한 것처럼 계획을 세우고 말고 할 것이 없다. 돈이 충분하지 않기 때문에 '급한 것'과 '덜 급한 것' 그리고 '당장 필요한 것'과 '다음에 필요한 것'을 나누는 세밀한 계획이 중장기적으로 더욱 필요하다. 돈이 충분하면 계획을 세울 필요가 없이 그냥 쓰면 된다.

사람들에게 노후를 준비하라고 하면 "언제 죽을지 모르기 때문에 그에 맞는 계획을 세울 수가 없다"고 한다. 역설적으로 언제 죽을지 모르기 때문에 계획을 구체적으로 세워 대비해야 한다. 마찬가지로 적은 돈일수록 계획을 세밀하게 세워야 불필요한 돈을 한 푼이라도 절약할 수 있다. 돈이 많으면 구차하게 세세한 것까지 챙길 시간에 다른 일을 하는 게 생산적이다.

신용카드를 없애고 체크카드를 사용하고, 소득의 30%를 절약하고 씀씀이를 줄이는 결단을 하지 않으면, 다음 달에도 통장 잔고는 월급을 받기 전에 바닥을 드러낼 것이고, 카드에서 당겨쓰는 일이 반복될 것이다.

가장 좋은 투자는 소득을 늘리는 것이다. 나의 노력이 부족하고 게을러서 시도하지 않았기 때문에 발전이 없는 것이 아닌가 따져보아야 한다. 남들은 되는데, 나는 왜 안되는지. 거기에는 분명한 이유가 있다. 만약 아침에 30분 일찍 일어나는 게 어렵다면, 자신의 능력을 계발하는 일에 게으르다면, 시도하고 도전하는 게 두려워 '지금' 할 일을 '나중'으로 미룬다면, 가난하게 살기로 작정한 것이나 마찬가지다.

우리는 자신의 삶을 부유하게 개선할 충분한 재능을 가지고 있다. 또한, 하나님께서 재물 얻을 능력을 주신다는 언약의 말씀은 지금도 유효하다.

"부와 귀가 주께로 말미암고 또 주는 만물의 주재가 되사 손에 권세와 능력이 있사오니 모든 사람을 크게 하심과 강하게 하심이 주의 손에 있나이다"(대상 29:12).

우리는 무엇을 어떻게 생각하고 보느냐에 따라 상황이 바뀔 수도, 그렇지 않을 수도 있다. 아이가 꼴찌를 하면 다른 재능은 안 보이고, 공부

못하는 것만 보인다. 만약 아이가 꼴찌를 하더라도 "너는 누구를 닮아서 그렇냐" 하지 말고 "이젠 더 내려갈 일이 없으니 이제 오를 일만 남았네"라고 말하라. 물론 아이는 감탄하겠지만 부모는 한탄할 수 있을 것이다.

현재 상황은 이미 주어진 환경이니 잊어버리고 생각의 전환을 어떻게 할 것인가가 중요하다. 현재에서는 더 나은 곳으로 생각을 이동하여 거기에 시선을 고정하는 방법이 최고의 해결책이다. 성경은 부와 귀가 주께로 말미암고, 권세와 능력과 크게 하심과 강하게 하심이 주의 손에 있다고 말씀한다. 결국, 보이지 않는 주의 손을 의지하느냐, 자기를 의지하느냐의 차이다. 현재에서 보면 과거에는 모두 실패한 사람이다. 실패를 딛고 성공했고, 다시 시작하는 것도 실패를 극복하고 앞으로 나아가는 것이다. 과거가 화려했던 사람이 지금도 성공 가도를 달린다는 보장이 없다. 오히려 부족함을 딛고 성공한 사람들이 많다.

에디슨은 학교 다닐 때 말썽꾸러기였으며 성적은 꼴찌였다. 그의 엄마는 에디슨을 나무라지 않고, "수업이 너를 못 따라간다"라고 말했다. 결론적으로는 내가 수업을 못 따라가나, 수업이 나를 못 따라가나 못 따라가는 것은 마찬가지다. 남편이 회사에서 명퇴하면, 아내는 "회사가 당신을 못 따라가네. 회사가 복덩이를 제 발로 걷어차고 있네"라고 말하며 남편에게 용기를 북돋아 주라. 그러면 남편은 감동할 것이다.

반주에 따라 노래가 잘 안되는 사람이 있다. "너는 왜 박자가 틀리냐"고 하지 말고 "반주가 너를 못 따라가네"라고 말해 주라. "당신은 편곡까지 할 수 있는 독창성이 대단하여 성공할 수밖에 없다"고 말해 주라. 문제를 문제로만 보면 문제 너머에 있는 것을 볼 수 없다. 모든 문제에는 정답만 있는 게 아니다. 따라서 모든 어려움에는 기회도 함께 있다.

누구나 할 수 있지만, 누구나 재정적으로 풍요를 누리는 것은 아니니 왜(Why) 이 일을 해야 하는지 묻고 또 물어라. 다음으로 어떤(What) 것을 언제(When)부터 시작해야 하고, 잘하는 일을 어떻게(How) 하면 더 잘할 수 있는지 생각하고 물어라. 우리는 이렇게 답을 찾아가는 시간이 필요하다.

내가 하는 일에 대해 어린아이에도 명쾌하게 설명할 수 있어야 한다. 단지, 열심히 하는 것으로는 부족하다. 차별 있게 잘해야 성공한다. 모르는 것은 배워야 하고, 부족한 것은 기술과 경험으로 채워야 한다. 성공했다고 해서 반드시 행복한 것은 아니지만, 절반의 행복을 살 수 있다.

성공보다 더 중요한 것은 과정 속에서 얼마나 배우고, 성장하고, 즐겼느냐이다. 비록 성공하지 못하더라도 어제의 나보다 오늘의 내가 더 낫고, 오늘의 나보다 내일의 내가 더 기대되는 삶이면 충분하다.

자신을 낮추면 모든 것들이 배울 것뿐이고, 오늘도 실패하고, 내일도 실패할 수밖에 없는 모순투성이기 때문에 주님이 더욱 필요할 수밖에 없는 존재다. 가장 낮은 곳에서 바라본 자신이 가장 진실되고 실제적인 모습이다.

요셉이 이집트 주변의 흉년과 기근을 예측한 곳도, 바울이 다시 주님을 깊이 만난 곳도, 요한이 열린 하늘 문을 통해 계시를 보았던 곳도, 존 번연(John Bunyan)이 탁월한 우화를 생각해 낸 곳도 바로 가장 낮은 곳 감옥이었다. **다니엘은 가장 낮은 곳, 사자 굴에서 하나님을 만났다. 그에게 있어 사자 굴은 가장 드라마틱한 기도처요, 예배처소였다. 말씀은 가장 낮은 곳에 머무는 은혜가 있다.** 나의 의지가 바닥을 드러낼 때 비로소 하나님의 역사를 경험할 수 있다.

미국의 프로 운동선수들이 파산 선고로 이전의 삶으로 돌아가는 경우가 종종 있다. 한 달에 몇백만 불이 들어오니 배고팠던 아마추어일 때를 잊어버리고, 계획 없이 재정을 낭비하고 만다. 그들은 돈의 소중함을 잊어버렸다. 천만 불 호화 주택을 사고, 요트와 경비행기를 사고, 고급 자동차들을 사들인다. 그들은 나중에 청구서가 어떻게 돌아오는지 생각하지 않고, 계속해서 그 돈이 들어온다고 믿고 있다. 전성기는 생각보다 그렇게 길지 않다. 대부분 5년 이내에 선수 생명이 끝난다. 부상을 당하기도 하고, 주전에서 밀리기도 하고, 팀에서 방출되기도 한다. 결국, 은퇴하면 손 벌리는 청구서만 남게 된다.

전성기일 때 오히려 초심으로 돌아가 힘든 시기인 낮은 곳을 바라볼 수 있어야 한다. 가난하여 어렵게 운동했던 사람일수록 목돈이 들어오면, 소원 풀이하듯 마구 쓰는 경우가 많다. 우리는 현재에 보이는 것 말고, 길의 끝에서 마주할 것을 생각하며, 인생을 겸손하게 설계해야 한다.

무언가를 성취하기를 원한다면, 거기에 맞는 대가를 치를 준비가 되어 있어야 한다. 만약 지금 감당해야 할 일이 너무 어렵고 힘이 든다면, 더 큰 일을 이루기 위한 과정으로 여겨야 한다. 인생에 주어진 고통의 양은 정해져 있다. 이를 '고통 총량의 법칙'이라고 부른다.

재물의 축복을 누리기 위해서는 다음과 같은 능력이 필요하다.

첫째, 돈을 버는 능력

최고의 방법은 투자이다. 투자는 인풋에서 아웃풋이 결정된다. 한 달에 500만 원 버는 사람이 1,000만 원을 버는 것처럼 살림을 사는 사람들이 의외로 많다. 이때는 돈을 더 많이 벌면 간단하게 해결된다. 품위유지를 위해서 이 정도는 지출해도 괜찮다고 생각하여 재정이 바닥이 되더라도 남들이 하는 것을 따라 하는 것을 워라밸(Work and Life Balance)이라고 여긴다.

돈을 더 벌기는 힘들지만, 나의 재정 상태에 맞게 사는 것은 마음만 먹으면 그렇게 어렵지 않다. 돈을 모을 수 있는 가장 쉽고, 안전한 방법은 '절약'이다. 절약은 곧 습관이다.

둘째, 유지하는 능력

수입이 월 500만 원이라면 가정 경제를 어떻게 운용할 것인가에 대한 프로세스를 만들어야 한다. '필요한 것'보다 '급한 것'에 우선순위를 두고 지출해야 한다. 우선순위가 차선에 자리를 내어주면 재정 관리뿐만 아니라, 인생이 꼬이게 된다. 규모 있는 절약도 돈 버는 능력에 포함된다.

정보를 판단하는 지식도 돈을 유지하는 핵심 능력이다. 돈이 생기면 그동안 못해 본 것을 원 없이 해 보고 싶은 유혹을 차단하는 능력은 아무나 가질 수 없다. 능력은 남이 어렵게 하는 것을 쉽게 하고, 아무나 할 수 없는 것을 해내는 것을 말한다. 돈이 있을 때 어렵게 살던 때를 돌아보고, 훗날 지금보다 더 어려워질 수 있다고 생각하며, 계획을 세우는 사람이 지혜로운 사람이다. 돈을 유지하는 것이 돈을 버는 것보다 어려울 때가 있다.

셋째, 투자 능력

사람들이 투자를 문의할 때마다 강조하지만, 처음에는 적은 금액으로 시작하여 경험을 쌓고, 투자의 메커니즘을 공부해야 한다. 글로벌 회사의 우량주에 장기투자하거나 ETF 상품과 배당금을 주는 펀드에 투자를 원칙으로 하면 안정적일 수 있다. 장기투자를 하면 물가 상승률 이상은 수익을 낼 수 있다.

저축하고 투자하는 이유가 내 집 마련이 최종 목적인 사람이 많다. 우리는 자기 집이 있어야 안정감을 얻고, 소유에 대한 강박관념에서 벗어날 수 있다고 생각한다. 우리나라 사람들은 부동산에 대한 애착이 많아 집보다도 중요한 것이 많은데도, 집을 주거의 개념보다 투자의 개념으로 이해하는 경향이 있다. 지금까지 실제로 가장 좋은 투자처가 된 것도 사실이다.

나도 결혼하고 나서 부모님은 만나기만 하면 집을 사라고 종용하셨다. 부모님이나 친척들은 내 집이 없으면 힘들고 궁핍하게 사는 것으로 인식한다. 그 당시에는 부모님의 말씀이 옳았다. 최근 5년 동안 아파트 가격이 32%가 올랐고, 2025년 토지거래허가제 해제 후 가격이 순식간에 수억씩 오르는 기현상이 벌어졌다.

그러나 지금은 예전과 달리 고금리 대출을 감당할 수 있는지를 먼저 판단해야 하며, 성장이 정체된 가운데 구매력 낮은 고령 인구는 늘고 젊은 층은 줄어드는 현실을 직시해야 한다. 단지 특정 지역들만이 인구 감소와 상관없이 불패 신화를 이어갈 것이다. 시대를 읽는 눈을 가지고 현명하게 판단하는 것이 최고의 투자 능력이다.

넷째, 관리 능력
관리의 덕목은 '절제'다. 관리에는 '유지와 투자'도 포함된다. 절제는 마음을 먹으면 가능하지만, 유지는 생각만큼 쉽지 않다는 것을 알 것이다. 유지는 투자의 일부라고도 할 수 있다. 물가상승률만큼은 수익을 내야만 돈이 줄어드는 것을 막을 수 있기 때문이다.

지금 자신의 형편에 집을 사는 것이 유리한지, 전세나 월세가 유리한지 간단한 계산은 할 줄 알아야 자신의 재산을 지킬 수 있다. 지금 재정 컨디션에 따라 신중하게 접근하고 결정해야 한다. 1990년 이전까지는 인구가 늘어나 경제가 성장하고 도시화로 팽창했다.

그때는 당연히 수요가 늘고 공급이 부족하여 집값이 올랐다. 그때는 맞고 지금은 틀린 경우가 많다. 우리의 생각이 과거에 머물러 있으면 현재의 기회를 놓치게 된다. 한국은행 보고서에 따르면 저출산과 고령화로 2040년 고령 인구 비중이 56%를 차지하고, 75세 이상 비중은 18%로 급증한다고 한다. 생산성이 떨어지고, 투자와 소비도 위축되어 순저축률이 감소하여 실질금리가 상승한다는 것이다. 대출로 집을 산 경우 2022년 말부터 이어진 고금리로 파산 지경에 빠진 사람들이 늘어나고 있다.

특히 젊은이들 중 '영끌', '빚투'했던 사람들 대부분이 변동금리로 대출을 받았던 사람이다. 이자를 감당하면서 재정자립을 꿈꾼다는 것은 생각보다 어렵다. 60세에 은퇴했을 때 100세까지 산다면, 40년을 더 살아야 하는 후반기 인생의 재정자립 계획을 촘촘하게 짜야만 한다.

새번역 성경을 보면 "가난하면 부자의 지배를 받고 빚지면 채권자의 종이 된다"(잠 22:7)고 한다. 빚은 우리를 종으로 만드는 가장 완전하고 쉬운 방법이다. 기쁨과 감사를 앗아가고 삶의 의욕을 꺾어 버리는 무서운 맘몬의 힘이다. 하나님의 종이 아니라, 채권자를 위해 열심히 일하는 종이다. 하나님의 종으로 어려운 이웃을 돕고 살아도 짧은 인생인데, 채권자의 종으로 산다는 것은 생각하고 싶지 않지만 현실이다.

"사랑의 빚 외에는 아무 빚도 지지 말라"(롬 13:8)는 말씀을 청종하지 아니한 삶은 돈의 노예로 전락한 인생이 된다. 사탄은 빚을 대수롭지 않게 여기도록 부추기고, 욕심이 잉태되어 더 큰 빚을 지는 탕자가 되도록 한다.

하나님은 돈이 악하거나 나쁜 것이라고 하지 않으셨다. 오히려 재물을 관리하는 경제적 무지가 악한 것이다. 무지가 돈의 노예로 만들고, 자신의 의지로 더 이상 통제할 수 없도록 하기 때문이다.

우리가 잊지 말아야 할 것은 돈과의 전쟁은 여리고 전쟁처럼 무조건 이길 수밖에 없는 싸움이라는 사실이다. 돈의 유혹과 욕망을 부추기는 맘몬과의 전쟁이라 버겁기는 하겠지만, 이미 승리가 약속되어 있다. 그것은 모든 돈이 하나님께 속하였기 때문이다.

맘몬은 호시탐탐 기회를 엿보고 우리의 느슨한 생각을 비집고 들어와 하나님을 대신하려고 한다. 따라서 우리는 시험 들지 않도록 늘 깨어 있어야 한다.

우리가 크리스천이 아니면 고민하고 갈등하지 않아도 될 일이 많다. 세상 친구들은 교회 다니는 우리를 보고 "왜 사서 고생을 하냐"고 한다. 크리스천으로서의 우리의 삶이 그렇게 쉽지 않다는 걸 그들도 알기 때문이다. 우리는 크리스천으로서 세상 사람들과 구별된 삶을 살아야 한다. '젊어서 고생은 사서도 한다'고 하는데, 그렇게 하는 사람은 없다. 고생을 사서 하지 않아도 시련과 고통은 누구에게나 오게 되어 있다. 그 시련을 맞이할 때 피하지 말고, 내가 원해서 하는 것처럼 인내하면 내게 큰 유익이 있다는 말이다.

기도는 '나의 것을 비우고, 계속적으로 주님께 내어 드리는 작업'이다. 이를 위해 말씀 읽고, 기도하고, 묵상을 반복한다. '신앙생활이 무엇인가?'라고 물으면 한 마디로 '하나님 말씀에 반응하며 사는 삶'이라고 정의할 수 있겠다. 말씀에 중심을 잡고 집중할 때 우리의 마음은 리셋(Reset) 된다. 말씀에 중심이 잘 잡히면, 나머지는 자동으로 제자리를 찾아간다. 그러나 말씀에 중심을 잡지 못하면, 나머지도 우왕좌왕하며 흔들리고 균형이 깨진다. 그 중심이 어떤 기준과 가치에서 시작하느냐가 매우 중요하다. 사마리아인은 앗수르의 혼혈정책으로 유대인으로부터 경멸의 대상이 되었다. 그래서 유대인들은 사마리아인 마을 근처에도 가지 않았다.

그런데 예수님은 유대인들에게 신앙의 본질이 무엇인가를 가르치기 위해 사마리아로 향하셨다. 소외된 사마리아인들을 구원의 길로 인도하시기 위해 이방인 길을 선택하신 것이다. 하나님의 구원에서 벗어나 있는 사람도 없고, 사랑에는 차별이 없다는 기준과 가치를 보여 주시기 위해 그곳으로 가셨다. 사명자는 자신이 선택한 길이 아닌, 하나님이 원하시는 길을 가는 사람이다. 우리는 자신이 원하는 곳이 아니라, 나를 필요로 하는 곳에 자원해서 그 길을 가야 한다.

직장을 선택할 때도 내가 원하는 곳이 아닌, 나를 필요로 하는 곳으로 가면 능력을 발휘하며, 많은 일을 할 수 있다. 지금도 나를 원하고 필요로 하는 곳, 즉 '있어야 할 자리에 있는 것'이 바로 사명자의 모습이다.

"이같이 너희 빛을 사람 앞에 비취게 하여 저희로 너희 착한 행실을 보고 하늘에 계신 너희 아버지께 영광을 돌리게 하라"(마 5:16).

좋아하기 때문에 이 일을 하든, 하기 싫지만 해야 하는 의무감으로 일을 하든, 가족을 위해 일을 하든, 자신의 노력과 재능으로 직장에 기여하는 일은 고귀한 것이다.

나의 수고로 인하여 사랑하는 사람들이 혜택을 누리고 행복해하면, 그 직장은 좋은 일터다. 사람의 얼굴이 월드컵이 열리듯이 4년마다 한 번씩 변한다고 한다. 적어도 서로의 가치를 4년마다 한 번씩 리셋할 수 있다면, 언제나 새로운 시각으로 사랑을 공유하고 연결할 수 있을 것이다.

마태복음 서두에 아브라함부터 예수님까지의 족보가 나온다. 여인 5명이 족보에 등장하는데, 마리아 외에는 모두가 이방인이다. 다말은 가나안, 라합은 여리고, 룻은 모압, 밧세바는 헷사람 우리아의 아내이다. 그 중요한 족보에 택한 자들이 선민이 아닌 이방인, 그것도 한결같이 허물 많은 여인들이었다. 그 당시는 여자라는 이유만으로 동등한 대우를 받을 수 없었다. 또한, 허물이 많은 여자는 정상적인 사회생활이 불가능할 정도로 많은 경계가 따랐다.

하지만 예수님의 족보는 그들을 통해 신실하신 하나님을 드러내고, 주 안에서 편견 없는 복음의 진리 앞에 치우침 없는 은혜를 사모하게 하며, 차별이 없는 구원의 길로 이끈다는 사실을 알게 한다.

예수님 12 제자들 역시 지금 채용 면접을 보게 된다면 통과할 수 있는 스펙을 가진 사람은 아무도 없을 것이다. 이들은 하나같이 허물이 많은 보통 사람들이다. 그러나 한 가지 확실히 대답할 수 있는 사실은 주님이 주권자이시기 때문에 그분이 어떤 결정을 내리든 그것이 바로 최선의 방법이요, 최대의 결과라는 사실이다.

"너희는 거저 받았으니 거저 주라"(마 10:8).

받았던 것을 돌려주는 것은 그리 어렵지 않다. 그러나 내 것이라고 생각하면, 섣불리 줄 수 없다. 다만 그것을 하나님께 받았다는 사실을 인정한다면 어렵지 않다. 이방인과 가난한 자도 하나님이 지으신 백성이기 때문에 함께 더불어 살 수 있도록 도와야 하는 게 우리의 미션이다.

"가난한 자와 부한 자가 함께 살거니와 그 모두를 지으신 이는 여호와시니라"(잠 22:4).

받는 것보다 주는 것을 좋아하면 부한 자가 되고, 받는 것을 좋아하면 가난한 자가 된다. 내가 그들보다 복을 더 받아서 가난한 이웃을 돕는 게 아니라, 하나님께 거저 받은 것을 거저 주는 청지기일 뿐이다. 가난한 자와 부한 자가 함께 사는 법을 배우고, 우리는 더불어 살 때 행복해야 한다.

"예루살렘을 위하여 평안(peace)을 구하라 예루살렘을 사랑하는 자는 형통(prosperity)하리로다"(시 122:6).

성경은 여기서 평안(peace)과 형통을 부(prosperity)와 함께 사용하고 있다.

"네 성안에는 평강이 있고 네 궁중에는 형통이 있을지어다"(시 122:7).

이와 같이 두 단어(평안과 부)가 함께 할 때 완전한 상태가 된다는 뜻이다.

"부(riches)와 귀(honour)가 주께 말미암고"(대상 29:12).

성경은 또 부와 영광(honour)과 생명(life)도 함께 한다고 한다.

"겸손과 여호와를 경외함의 보상은 재물(riches)과 영광(honour)과 생명(life)이니라"(잠 22:4).

우리 중에 재정적인 어려움으로 평안과 기쁨을 잃은 분들이 있다면, 오히려 이 기회를 통해 지나온 삶을 돌아보고, 변화를 원하시는 하나님의 인도하심을 따라갈 용기를 가져 보면, 뜻밖의 결과를 얻을 수 있지 않을까? 이 일을 계기로 재정의 소중함을 알고 축복을 구할 때, 가난한 이웃을 더욱 깊이 이해하게 되고, 있을 때 감사하지 못했던 것을 알게 된다.

고난 속에 있을 때의 유익은, 이전에 감사로 여기지 못했던 불평들이 이제는 감사로 다가올 때다. 직장에 있을 때 불만만 늘어놓고 감사하지 못했던 그때 가장 감사하고 기뻐해야 할 때였음을 비로소 깨닫게 된다.

세계적으로 유명한 모델이자 패션 디자이너이며 작가와 화가이기도 한 인도의 유명한 크리시다 로드리게스라는 여성이 암에 걸렸다. 그녀가 임종 직전에 사람들이 읽기를 바라는 간절한 글을 남겼다.

1. 나는 지구에서 가장 유명한 차를 갖고 있다. 그러나 나는 병원 휠체어로 다니고 있다.
2. 나의 집에 다양한 디자인의 옷과 신발, 장신구 등 비싼 물건이 잔뜩 진열되어 있다. 그러나 나는 병원의 하얀 환자복을 입고 있다.

3. 은행에 아주 많은 돈을 모아 놓았다. 그러나 지금 내 병은 많은 돈으로도 고칠 수 없다.

4. 나의 집은 왕궁처럼 크고 대단하다. 그러나 나는 병원 침대 하나만 의지해 누워 있다.

5. 나는 별 5개짜리 호텔을 바꿔 가며 머물렀다. 그러나 지금 나는 병원의 검사소를 옮겨 다니며 머물고 있다.

6. 나는 유명한 옷 디자이너와 모델로 계약 체결 때 나의 이름으로 사인을 했다. 그러나 지금은 병원 진단 검사지에 사인을 하고 있다.

7. 나는 보석으로 장식된 머리 장식품이 많이 있다. 그러나 지금 비싼 보석을 장식할 머리카락이 없다.

8. 나는 자가용 비행기가 있어서 어디든 갈 때 타고 갔다. 그러나 지금은 간호사가 두 팔로 밀어 주는 휠체어에 앉아 있다.

9. 나에겐 먹고 마시는 값비싼 식품들이 많이 있다. 그러나 지금은 병원에서 약 먹을 물만 있다.

"비싼 집, 차, 비행기, 옷, 많은 돈, 보석, 장식품 다 있지만, 지금 나를 보호해 줄 수 있는 것은 아무것도 없다. 오직 드리고 싶은 말은 사람이 살아갈 때 다른 사람들에게 이익이 되도록 기원하고 타인을 돕는 것. 이것이 가장 중요하다. 우리 생은 너무나 덧없고 짧다. 이 한 생애에 비싼 물건들은 중요하지 않다. 가장 중요한 것은 타인의 행복을 위해 도움을 주는 것이다. 그녀는 많은 사람과 함께 나누지 못했던 것이 가장 후회된다"는 메시지를 남긴 후에 운명했다.

우리는 지금까지 대수롭지 않게 생각했던 것들을 감사함으로 바라보게 되면, 그간 보이지 않았던 것들이 보일 것이다. 일상에서 일어나는 일은 길게 보면 부스러기에 불과하다. 사람들은 자신의 인생을 맡기고 의지할 곳을 찾지만, 어디서 와서 어디로 가는지를 모르면, 사라질 세상의 것을 붙들 수밖에 없다.

존귀한 자의 시선은 언제나 높은 곳을 향하도록 설계되어 있다. 지금 여러분의 고민거리는 무엇인가? 돈에 대한 갈증과 목마름이 내 인생에서 한 번도 해결된 적이 없었는가? 하나님께서 구체적으로 이 상황을 어떻게 극복하기를 원하시는지 찾아보고, 시도해 보라. 만일 이를 적용해 보면, 가능한 아이디어와 방법을 따라 할 수 있을 것이다. 죄의 유혹이 주는 잠시의 쾌락으로 인해 많은 시간과 기회를 낭비하는 이가 가장 불쌍한 사람이다. 행복이 행복인 줄 몰라서 불행한 사람이 많으며, 반대로 불행을 불행으로 여기지 않음으로 행복을 누리는 사람도 있다.

사람들은 행복과 불행이 마음에서 시작된다는 것을 안다. 우리의 마음이 누구에게, 어디로 향하는지에 따라 다르게 작동한다. 실제로 풍요와 번영이 모든 사람에게 축복으로 연결되지 않는다.

이스라엘 백성은 재물이 풍요로울 때 말씀을 떠나 우상을 섬기며 자기 소견대로 행하다가 이방인에게 포로로 끌려가게 되었다. 이 재물이 어디서부터 왔는지 그리고 왜 나에게 주시는지 잊어버리면, 재물이 주인이 되어 나를 조정하고 더 많은 풍요가 안정감을 준다는 사탄의 거짓말에 속게 된다.

풍요가 축복의 절대적 기준이나 삶의 목적이 되면 신앙은 변질된다.

주님은 모두가 부자가 되고, 재벌이 되라고 말씀하시지 않는다. 성경은 재물이 복이 되는 경우를 세세하게 소개하며, '말씀에 순종하면' 복을 주시겠다는 조건을 붙인다(신 28:2~14). 그리고 이와 반대로 '말씀에 불순종하면' 저주가 되는 경우를 길게 열거한다(신 28장, 29장). 재물은 우리를 시험하는 가장 좋은 시금석이다. 이 땅의 장막을 거두고 청지기 삶을 정리할 때 주님은 '내가 많은 재물을 네게 맡겼는데, 그것을 어디에 어떻게 썼느냐?'고 물으실 것이다. 우리는 그때 대답할 말을 준비해야 한다. 결산의 기준이 사람마다 다를 수 없다.

우리가 맘몬과의 전쟁에서 반드시 승리할 수밖에 없다는 믿음이 필요하다. 일터에서도 내 힘으로 일하는 것보다 하나님께 나의 영역을 내어드리고 대신, 일하시게 하는 것이 훨씬 능률적이고 결과가 좋다는 믿음이 필요하다.

우리가 기도할 때에 주님이 일하신다. 하나님이 우리를 대신해서 일하실 때 가정에서나 일터에서 가장 효율적인 결과를 얻을 수 있다. 여리고 전쟁과 같이 반드시 승리가 보장된다는 것을 안다면, 당연히 어느 곳에서, 무엇을 하든지 다른 사람들보다 더 탁월해질 수밖에 없다. 탁월한 결과를 내는 것은 능력 있는 크리스천으로 큰 영향력이고 은혜다. 믿음은 나의 의와 노력이 완전히 배제된 상태에서 큰 힘을 발휘한다.

이처럼 성경적 재정 원리는 의외로 간단하다. 세상의 논리와 이해득실은 복잡하지만, 하나님의 세계는 통일되어 있어 간단명료하다. 세상은 누구나 인정해 주지 않고 성공하기 어렵지만, 하나님 나라는 누구나 인정받고 하나님 자녀로 성공할 수 있다. 하나님은 우리의 인생을 붙들어 주시고 책임져 주시겠다고 약속하셨다. 하나님의 나라는 다음과 같은 원리로 작동하고 움직인다.

첫째, 주는 것이 곧 받는 것이다.

> "주라 그리하면 너희에게 줄 것이니 곧 후히 되어 누르고 흔들어
> 넘치도록 하여 너희에게 안겨 주리라 너희가 헤아리는 그 헤아림
> 으로 너희도 헤아림을 도로 받을 것이니라"(눅 6:38).

세상에서는 주는 것이 보상을 바라는 거래로 통용된다. 우리는 가진
것에서 나누는 것이지만, 결과적으로는 흔들어 넘치도록 주신다는 약속
의 말씀이다. 엄밀히 말하면 내 것을 내어 준 것이 아닌 하나님 것을 받
아서 전달한 것뿐이다. 이 비밀을 모르면 주는 것이 아까워 지속할 수
없다. 반대로 이 원리를 안다면 못할 이유가 없다. 문제는 우리가 이 말
씀을 전적으로 신뢰하는가이다. 우리는 가난한 집의 아들이 아니라 만
물의 주인이신 하나님의 자녀가 되는 권세를 받은 아들(요 1:12)이기 때문
이다. 그리고 우리는 이 땅에 사는 상속자가 아니라 하나님의 상속자(롬
8:17)라는 사실이 이미 증명되었다.

둘째, 하나님의 것을 인정하라.
하나님 것을 선한 동기로 흘러서 보내면, 하나님의 충만한 세계를 경
험할 수 있다. 이 세상 모든 것이 하나님의 소유이기에 하나님은 "누가
먼저 내게 주고 나로 하여금 갚게 하겠느냐 온 천하에 있는 것이 다 내
것이니라"(욥 41:11)고 선포하신다.

시편 기자는 또 "땅과 거기에 충만한 것과 세계와 그 가운데에 사는 자들은 다 여호와의 것이로다"(시 24:1)라고 말씀하신다. 물질뿐만 아니라 이 세상에 사는 자들까지 다 하나님의 것이다.

하나님의 충만한 세계를 경험한 사람과 경험하지 못한 사람이 생각하는 절대적 가치와 방향은 완전히 다를 수밖에 없다. 지금까지 실패한 이유는 하나님의 때에 하나님의 방법으로 하지 않고, 내 생각과 내 방법으로 하면서 이를 하나님이 주신 기회라고 믿었기 때문이다. 하나님은 축복으로 재물을 주시지 않으면, 돈을 벌 수 있는 능력을 주신다.

셋째, 담대히 하나님의 기업에 뛰어들라.

"네 앞에 서 있는 눈의 아들 여호수아는 그리로 들어갈 것이니 너는 그를 담대하게 하라 그가 이스라엘에게 그 땅을 기업으로 차지하게 하리라"(신 1:38).

하나님의 기업은 주어지는 것이 아니라 차지하냐, 그렇지 못하냐의 전쟁이다. 결국 '이길 수밖에 없는 전쟁인가? 그렇지 못하냐?'의 차이다. 따라서 이 전쟁의 결과는 누구에게 속했는가의 문제다. 하나님은 온 땅의 주인이기 때문에 '땅을 차지하라'는 약속의 말씀을 하시는 것이다. 땅의 주인이 아니면서 이를 차지하라고 하는 것은 곧 빼앗으라는 말이다. 빼앗는 행위는 절도요, 강도며, 불법이다. 이 전쟁은 무단 점거하고 있는 하나님의 땅을 자기 백성에게 되돌려 주기 위한 결정이었다. 하나님은 백성들에게 '전쟁이 누구에게 속한 것인지' 알게 하기 위해 전쟁의 과정을 선택하셨다. 영적 전쟁도 마찬가지다.

넷째, 나는 신실한 청지기인가?

청지기의 기준은 주인이 맡겨 둔 것을 어떻게 수익을 내고 관리하느냐에 따라 결정된다. 누가복음에 예수님이 십자가 길인 예루살렘에 입성하기 전에 들려주신 열 므나의 비유에는 주인이 없는 동안 종들에게 임무를 맡기고 후에 돌아와 결산한다는 내용이다(눅 19:16~27).

이 비유는 얼핏 보면 달란트 비유와 유사하기도 하지만, 확연히 다른 부분도 있다. 달란트 비유는 예루살렘에서 제자들에게 말씀하셨으며, 돈의 단위나 종의 숫자도 다르다. 그런데 므나 비유는 예수님에게 몰려든 청중들을 대상으로 말씀하셨다.

므나는 달란트처럼 엄청난 단위가 아니다. 1므나는 100데니리온 정도 되는 액수로 100일 치 되는 품삯 정도다. 말씀에 담긴 메시지는 크지 않은 액수에도 성실하게 최선을 다해 일하라는 뜻이 담겨 있다.

'큰 이윤을 남기라'는 그런 당부 내용은 없다. 장사하라는 지시만 있었을 뿐이다. 왕위를 받으러 길을 떠나는 한 귀인은 세 명의 종들에게 각각 1므나씩 주고 장사를 해 보라고 기회를 준다. 주인이 돌아와서 셈을 해 보니 한 종은 10배의 수익을, 또 한 종은 5배의 이윤을 남겼다. 그런데 다른 한 종은 주인이 왕 되는 것을 원치 않아서 므나를 묻어 두고 이윤을 남기지 않았다. 주인은 이 악한 종을 꾸짖고 1므나를 빼앗아 10므나의 종에게 주라고 한다. 있는 자는 더 받겠고, 없는 자는 있는 것까지 빼앗긴다.

다섯 번째, 청지기는 이윤을 남겨야 한다.

달란트 비유에서 예수님이 종에게 "네가 적은 일에 충성하였으니"라며 칭찬하시고, 그 보상으로 "많은 것을 네게 맡기겠다"라고 하셨다. 그리고 "네 주인의 즐거움에 참여할지어다"라고 말씀하시며 천국 잔치에 초대하였다.

우리는 재산 관리에 리스크가 있더라도 기꺼이 감당하면서 이윤을 남길 수 있는 방안을 마련하고 노력해야 한다. 실패하더라도 시도하지 않으면 이윤을 남길 수 없기 때문에 시도하고 노력해야 한다. 시도하지 않는 것(땅에 묻어 두는 것)이 가장 게으르고 악한 종이라고 하셨다. 아무것도 하지 않으면 아무 일도 일어나지 않는다. 시도했다가 실패해서 주인에게 책망받을 것이 두려워 땅에 묻어 놓은 사람이 현명한 것처럼 보인다. 적은 금액이든, 많은 금액이든 청지기의 사명에는 변함이 없다. 다만, 청기지의 마음과 태도가 어떠해야 하는가를 말한다. 이윤을 남기지 못한 종이 죄가 되는 것은 주인의 명령에 따르지 않고, 자신이 주인인 것처럼 임의로 결정하고 처리했기 때문이다. 그리스도인이기에 과정과 결과가 좋아야 한다. 우리가 더 고민하고 갈등하는 게 당연하다.

Ⅲ.

돈을 버는 것보다
쓰는 것이 더 어렵다

하나님의 자녀인데 왜 가난한가요?

부는 소유가 아니라 영향력이다

크리스천도 투자를 해야 하나요?

"박사님, 그리스천들도 투자를 해야 하나요?"

"할 수 있는 여건이 되면 당연히 해야지요."

"얼마 정도를 투자해야 하나요?"

"얼마 정도 투자할 수 있어요?"

"가진 돈이 적어서 빌려서 해야 하나 생각하고 있어요?"

"돈을 빌려서 단기 투자를 한다면, 억세게 운이 좋은 것 말고는 바랄 게 없네요"

"위험부담이 있다는 말씀이네요?"

"그럼요. 왜 처음부터 기울어진 운동장에서 게임을 하려고 해요. 가진 돈으로 해도 이익을 내기가 쉽지 않은데요."

"그럼, 어떻게 하면 될까요?"

"가능하지 않은 것은 결코 지속할 수 없어요. 가진 돈으로 적게 시작하여 공부하며 경험해 보세요. "

 **위험부담 없이 비교적 안전하게 시작할 수 있는 투자는 다음과 같다.**

첫째, 분할 매수로 하나의 종목을 여러 번 나누어 매수하는 소수점 투자다. 증권사(토스증권, 카카오증권, 신한알파 등)에서 해외주식 소수점 구매를 지원해 애플, 아마존, 테슬라, 구글 같은 고가의 주식도 몇천 원 단위로 투자할 수 있다.

둘째, ETF(상장지수펀드)에 투자하면, 분산 투자가 자동으로 이루어진다. 안정성이 높고 수수료가 낮다는 장점이 있다. 분산 투자로 적합한 펀드는 KODEX 200, TIGER 미국S&P 500, 해외 기술주 등이다.

셋째, 적립식 투자로 매달 일정 금액을 정해 자동으로 투자하는 방식이다. 장기 투자자에게 유리하며, 복리 효과를 기대할 수 있다. 가격 변동 리스크를 분산하는 효과가 있다.

넷째, 고배당주 또는 리츠(REITs) 투자는 소액으로도 배당수익을 기대할 수 있을 뿐만 아니라 꾸준한 수익을 창출한다. SK리츠, 롯데리츠, 미국의 리얼티인컴 등.

다섯째, 모의 투자로 연습 후 실전 진입. HTS(Home Trading System), MTS(Mobile Trading System)에서 제공하는 가상 투자 서비스를 활용해 전략 테스트로 공부해 보면 자신의 컨디션을 알 수 있다. 증권사 홈페이지에서 다운받아 사용하면 된다.

사람들은 돈을 빌려서라도 큰돈을 투자해야 된다고 생각한다. 잠깐 머무는 돈에 마음이 급해져 빨리 승부를 보려고 한다. 단시간에 투자를 투기처럼 하는 사람이 많다. 큰돈을 굴려 큰 이윤을 남기는 사람들을 부러워하며, 카지노나 로또처럼 돌아오지 않는 돈으로 단시간에 승부를 보려고 하는 사람이 많다.

교회에서 강연하기 전에는 몰랐었는데, 나눔을 하며 알게 된 사실은 교회 젊은 직장인들 대부분 주식과 펀드, 채권, 가상화폐 등에 투자하고 있다는 사실이다.

기독신문에 기고한 어떤 목사님의 글에 따르면 40대 젊은 목회자 모임에 참석한 적이 있는데, 그중 10% 정도를 제외한 대부분의 목회자들이 주식과 코인에 이미 투자하고 있고, 나머지 10%도 앞으로 할 계획이라는 기사를 봤다.

지금은 특정한 사람만이 투자하는 시대가 끝난 지 오래되었다. 남들이 다하는 투자를 나만 안 하면 손해 보는 느낌이 들도록 만드는 분위기다. 특히 친구들이 다하는 투자에 나만 경제 문맹인으로 사는 게 부담스러울 정도로 개인뿐만 아니라 국가기관, 비영리단체 심지어 종교단체까지 주식에 투자하고 있다.

어떤 교회는 건물 임대료를 내기 위해 은행에 예치하지 않고, 주식과 펀드에 투자하고 있다고 한다. 교회 재정으로 투자하는 것은 여러 가지 상황을 먼저 고려해야 한다. 적립식 펀드 같은 경우 확정이율로 만기에 찾으면 물가상승률 이상의 이자를 받을 수도 있겠지만, 돈을 쌓아 두고 이자를 받는 것은 성경적 재정 원리가 아니다. 예결산을 했을 때 잔액이 거의 없도록 낮은 데로 흘러 보내는 플로잉(Flowing)을 해야 한다. 이것이 하늘에 보화를 쌓아 두는 하나님의 방법이기 때문이다.

예수님의 산상수훈에서 "너희를 위하여 보물을 땅에 쌓아 두지 말라 오직 너희를 위하여 보물을 하늘에 쌓아 두라"(마 6:19~20)고 하셨다. 하나님의 창고는 가나 혼인집 포도주 항아리에 포도주가 마르지 않음같이, 내 소유를 가난한 자들에게 흘러 보내면 보낼수록 하늘나라에 보화가 쌓인다. 여기서 보물(Treasure)이란 돈과 재물을 의미할 뿐만 아니라, 시간, 건강, 재능 등 소중한 모든 것을 아우르는 개념이다.

노령화로 생산성은 떨어지고, 장수 시대에 들어가야 할 돈은 점점 많아지면서 노후를 걱정하는 사람들이 대부분이다. 우리나라 대표적인 노후 준비 수단인 국민연금은 세계 3대 연기금 중의 하나이지만. 재정 위기를 걱정하고 있다.

그런데 보건복지부 국민연금 종합운영계획에 따르면 현행대로 국민연금이 유지되면 기금은 2055년 고갈된다고 발표했지만, 기존 가입자들은 변경하기 어렵고, 신규 가입자는 마땅한 노후보장 제도가 없는 우리나라에서 최선보다 차선을 선택한 경우가 많다.

국민연금 기금의 안정적인 재원 수급처는 국민연금 보험료뿐이다. 이 돈을 투자해서 기금을 늘려야 하는데, 투자의 특성상 지불해야 할 연금만큼 수익 구조를 만들기가 어렵다는 게 문제의 핵심이다.

실제로 공격적으로 투자하지 않으면 기대 수익을 내기 어렵다. 안전한 금융상품에 투자해서 남긴 수익으로는 연금을 계속 유지하기에는 는 재원이 부족할 수밖에 없는 구조다. 그렇다고 공무원들에게 리스크를 감수하고 투자하라고 할 수도 없고, 그리고 누가 책임지려고 하지도 않을 것이다.

국민연금 1,171조 8,000억(2024년 10월 말 기준)을 삼성전자 24조 원을 비롯한 국내 1,000개 이상 기업에 투자하고, 국채 129조 원, 애플 7조 원을 비롯한 미국채 3,500억 원을 투자하고 있다. 국민연금공단(NPS)은 주식과 채권에 투자한 이익으로 국민의 노후를 책임지겠다는 플랜이다. 현재 가장 많은 수익을 내는 투자처는 애플과 마이크로소프트(MS) 같은 해외 글로벌 기업들이 효자 노릇을 하고 있다.

반면에 삼성전자에 투자한 24조가 제자리걸음을 하고 있어 국민연금 수익률이 저조할 수밖에 없지만, 앞으로는 점점 좋아질 것이다. 이런 과정을 거치는 동안 거품이 빠지고 펀더멘탈(fundametal)이 강해지면서 반도체 등 반등의 기회가 있어야만 기금운용에 도움이 될 것이다. 1988년부터 2024년 10월 말까지 누적수익률은 6.46%이다.

국내 주식은 벌 때는 조금 벌고, 잃을 때는 많이 잃은 특성이 있다. 특유의 '쪼개기 상장'이나 '낮은 배당률'은 한국 증시 디스카운트를 만들어 내는 원인이다. 여전히 코스피와 코스닥은 10년 전과 별로 달라진 게 없다. 국내 증시 저평가의 원인으로 지목되는 '쪼개기 상장'에 따른 주주권익 침해가 반복되고 있기 때문이다.

해외에서는 금지된 쪼개기 상장에 개미들은 피눈물을 흘리고 있다. 모회사가 성장하고 가치를 인정받기 시작하면 쪼개기에 들어간다. 현행 제도상 자회사 쪼개기 상장으로 모회사의 가치가 하락하더라도 모회사 주주에 대한 보호가 거의 없다는 데 문제가 있다.

금융감독원은 쪼개기 상장 등 소액주주의 이익에 반하는 기업의 의사 결정 사례가 반복되고 있어 자본시장에 대한 신뢰가 훼손되므로 법제화를 서두를 필요가 있다는 데 공감하고 있다.

미국의 하버드대학을 비롯한 아이비리그 대학들은 기부받은 재정으로 주식에 투자하여 재정을 확장하고 있다. 내가 유학했던 펜실베니아 대학(UPenn)도 210억 달러의 대학기금을 주식에 투자하여, 그 수익금으로 장학금을 주고 학교발전기금으로 사용하고 있다.

각 교단의 목회자 연금의 경우도 투자 전문기관을 통해 ETF 주식과 펀드, 채권에 투자하고 있으며, 선교사들을 위한 선교단체들도 선교사들의 연금을 투자전문기관에 위탁하는 추세다. 어떤 교회는 선교사들의 노후설계를 위해 일정 금액을 배당받는 배당주식에 투자한다고 한다.

한국 기업들 대부분은 연 1회 배당하고, 몇몇 기업들은 분기, 반기마다 배당하는 기업도 있다. 미국에서는 대개 분기마다 하고, 심지어는 매달 하는 기업도 있다. 투자하지 않으면 언제까지나 제로베이스이지만, 장기적인 투자와 배당 상품에 투자하면 수익의 차이가 있을 뿐 수익은 나게 되어 있다. 기대한 것만큼 수익을 내느냐, 내지 못하느냐의 차이다.

젖소를 팔아서 번 돈과 소를 소유하면서 우유를 판 돈이 다른 것과 같이 전자는 자본이득이고, 후자는 자산이다. 젖소를 팔지 않고 돈이 계속 나올 수 있는 파이프라인을 만들어 자산을 늘려가는 게 중요하다. 현대인들은 투자가 생활에 체득되었기 때문에 뗄 수 없는 자본주의 방식이 되어버렸다.

수시로 입출금이 가능한 돈은 은행 계좌에 넣지 말고, CMA 계좌에 넣으면 약정수익률이 연 3.25%가 보장된다. 미래에셋은 증권사에서 돈을 굴려 월 복리로 이자를 준다. 단 증권사는 예금자 보호가 되지 않는다. CMA 계좌는 가입도 간단하고, 일반 은행 입출금 계좌와 기능이 같다. 체크카드도 발급되고 하루만 넣어도 이자를 주는 장점이 있다. 초금리 시대에 투자는 선택이 아니라 필수로 자리 잡으며, 남녀노소가 투자할 수밖에 없는 현실은 다음과 같다.

첫째, 돈을 가지고 있으면 가치가 하락한다.

돈을 보유하고 있으면 소비자물가상승률 3.6%(2023년)만큼 가치가 하락한다. 소비할 때 100,000원을 지출하면 3,600원을 더 내야 전과 똑같은 혜택을 받을 수 있다는 뜻이다.

한국은행에서 통화량을 줄여 물가를 잡으려는 정책이 초금리 현상을 불러오고 있다. 그럼에도 물가가 잡히지 않으니 쓸 수 있는 카드가 마땅치 않아 고민이다. 물가와 금리 두 마리 토끼를 잡는 금융정책이 성공한 예는 거의 없다. 불경기에 금리와 물가, 환율까지 고공행진 했던 예는 지금까지 드물었다.

금융 당국자들이 물가를 잡을 것인가? 금리를 잡을 것인가? 결국은 선택의 문제다. 미국 연준은 물가를 선택했지만, 물가와 금리까지도 다 실패하면서 세계 경제가 딜레마에 빠지고 성장동력이 힘을 잃고 있다. 국내 시중에는 이미 4,000조 원이 넘게 풀려 있다. 지금도 한 달에 수조에서 수십조씩 통화량이 늘어 간다. 일정한 통화량이 증가할 수밖에 없는 시중은행의 구조다. 시중에 돈이 쌓여 통화량이 증가하면 돈이 흔해져 가치가 점점 없어진다. 돈의 가치가 하락하면, 예전에는 같은 돈으로 할 수 있었던 것이 지금은 모자라거나 할 수 없는 것들이 많아지게 되었다. 투자하지 않으면, 내 돈의 가치도 덩달아 하락한다는 데 가만히 있으면 무능하거나 게으른 것이다. 똑같은 물건인데 지불해야 할 돈이 늘어난다면 더 벌든지, 포기하든지 해야 한다.

사람들은 가만히 있으면 안 된다는 심리가 깔려 있어 다양한 투자 루트를 찾고 영역을 넓혀 가고 있다. 이런 '머니러시' 현상이 일어나는 이유는 바로 경제적 불안감이다. 내 집을 무리해서 사지 않으면 영원히 가질 수 없다는 불안감과 두려움이 무리한 대출로 이어진다. 그런데 무리한 대출이 초금리로 이어져 파산 신청한 개인과 법인이 코로나19 때보다 더 많다는 보도도. 경제 불황에도 물가가 상승하는 스태그플레이션 (Stagflation) 현상이 세계적 지정학 구도로 볼 때 쉽게 해결될 것 같지 않다.

둘째, 소비를 부추기는 세상에 살고 있다.

옛날보다 필요한 것들이 많아졌을 뿐만 아니라, 크기도 커져서 집에 빈 곳이 없을 정도로 꽉 차 있다. 소득은 늘지 않는 데 지출은 늘어나고 있다. 아이가 1명이 있어도, 옛날 5명 있을 때보다 장난감, 교구, 책, 옷들이 더 많다.

학령인구가 줄어드는 데도 사교육비 전체 금액은 늘어난다는 통계다. 소비는 생존에 필요한 것보다 더 많이 지출하는 것을 말한다. 소비할 때 일시적인 행복을 느끼고 충족감을 느낀다. 소비자는 자발적인 의지로 지출한다고 여기지만, 생각하면서 꼭 필요한 물건인가를 따져 보고 구매를 결정하는 경우보다 습관적인 소비가 많다. 소비에 대응하는 방법은 재정을 늘리는 방법밖에 없다.

셋째, 준비 없는 조기 은퇴

2020년 국민연금이 발표한 은퇴 후 1인 월 적정 생활비는 154만 원이며, 1인 기준으로 은퇴 후 30년을 산다면 5억 5,440만 원이 필요하다는 계산이다. 건강보험심사평가원에 따르면 65세 이후 1인당 월평균 의료비는 91만 원이라고 한다. 부부가 심각한 중병에 걸리지 않고도 앞으로 65세 이상 부부에게 30년 필요한 의료비가 6억 5,500만 원이라는 말이다. 따라서 노후에는 모든 사람은 돈이 더 필요할 수밖에 없다. 젊은 사람은 원하는 것을 하기 위해 돈이 필요하지만, 나이가 들면 생존을 위해 돈이 필요하다. 인생 후반기를 잘 보내기 위해서 젊을 때 많이 벌고, 투자에 성공해야 한다. 노년 빈곤의 원인은 유별난 자녀 교육과 결혼자금 그리고 노후가 보장되지 않는 사회 안전망에 있다.

조기 은퇴가 일반화되고, 제2의 인생 설계에 뛰어들지만 녹록하지 않은 현실의 벽을 실감할 뿐이다. 대다수 은퇴자들이 의지하는 국민연금으로 생활하기는 턱없이 부족하다. 주위의 지인들 중 긴 세월을 그냥 놀 수가 없어 은퇴자금으로 용돈이라도 벌어보겠다고 시작한 투자금이 돌아오지 않거나, 새로 시작한 사업이 뜻대로 되지 않는 것을 보면 우리의 현실이 녹록하지 않다는 것을 알 수 있다.

넷째, 젊을 때 돈을 벌어야 한다.

의학 발달과 식습관 개선으로 기대 수명이 매년 늘어나고 있지만, 돈을 벌 수 있는 사이클이 짧아지고, 퇴직도 점점 빨라지고 있다. 따라서 늘어난 기대 수명이 축복일 수도 있고, 불행일 수도 있다. 가장 중요한 것은 그냥 오래 사는 것이 아니라, 노후 걱정 없이 건강하게 오래 사는 것이다. 젊을 때는 워라밸이 삶에 최고의 가치인 줄 알고, 노후는 자기와 상관없는 먼 훗날의 일이라고 생각한다.

아이들 대학 졸업하고 결혼까지 시키고 나면, 부모는 젊은 시절을 다 보내고 노후를 맞이하게 된다. 퇴직금까지 자녀 결혼자금으로 다 쓰고 나서 이 일 저 일하는 사람들이 있다. 퇴직 후 열심히 살아온 보상으로 워라밸이 필요하지만, 정작 젊은이들만의 특권으로 여겨진다.

다섯째, '영원한 직장이 없다'는 조급함이 투자에 눈을 돌리게 한다. 투자의 귀재라는 워렌 버핏은 "잠자는 동안에도 돈이 들어오는 방법을 찾아내지 못한다면, 당신은 죽을 때까지 일을 해야만 할 것이다"라고 했다. 2020년 코로나19 이후 주택 가격과 주식 가격이 폭등하자 2030 세대들을 중심으로 정상적인 투자를 통한 부의 축적이 아닌, 대출을 통해 자산을 늘리려는 현상이 불같이 일어났다.

젊은 세대들이 부동산을 사들이는 투자 열풍이 한때 영혼까지 끌어들일 만큼 이슈가 된 '영끌'이 유행처럼 지나갔다. 영혼까지 끌어들여서 할 만큼 소중한 것은 이 세상에 아무것도 없다. 그리고 가능한 모든 수단을 이용해 대출을 받아 주식에 투자하는 '빚투'의 바람이 자기 자본 없이 대출로 투자하는 것을 당연한 것으로 받아들이고 있다.

자신의 결정에 따라 소비와 투자에 적극적으로 참여하는 '자본주의 키즈'인 20~30세대는 투자 트렌드가 다양한 영역에서 '머니러시'로 상징되며, 그 어느 세대보다 돈에 뜨거운 관심을 보인다.

그리스도인도 투자를 통해 재정을 늘릴 수 있는 데까지 늘리는 게 좋다. 내가 쓰지 않으면 안 되는 곳이 있기 때문이다. 미션을 위해 세상 사람들보다 훨씬 재테크를 효율적으로 잘하는 방법을 배워야 한다. 하나님은 우리가 성경적 재정 원리를 잘 알기를 원하시며, 하나님은 우리의 부요를 기뻐하신다. 성경의 어느 구절에도 가난을 축복이라 하지 않았으며, 우리를 부요케 하신 것은 우리도 물론 기쁨으로 그 부요를 즐길 권리가 있다.

하나님께서 좋은 사람 붙여 주시고, 잘하는 일을 통해 탁월한 결과를 낼 수 있는 지혜와 지식을 주시고 환경까지도 간섭해 주시길 기도해야 한다. 그러면 '하나님의 때'에, '하나님의 방법'으로 일하시는 것을 믿음으로 받아들이면, 행동하는 전략가가 된다. 이 은혜는 우리의 아이디어를 증가시키는 것이 아니라, 하나님의 아이디어를 연결하는 것이다.

아직 하나님의 때가 아니면 인내하며 기다리고, 하나님의 때에는 기회를 놓치지 말고 용기 있게 뛰어들어 하나님의 전략대로 행동해야 한다. 도전은 행동의 표현이며, 성공은 행동의 결과다. 크리스천들의 투자는 결국, 하나님의 때와 방법을 찾고 기회를 놓치지 않아야 한다.

돈을 많이 벌고 싶어요

"박사님! 돈을 많이 벌고 싶은데 어떻게 하면 되나요?"

"돈을 많이 벌어서 무엇을 하려고요?"

"돈이 많으면 하고 싶은 것 다 할 수 있어 좋잖아요."

"돈이 많아서 나쁘다는 사람이 없으니 좋은 것은 사실이겠지요. 돈이 많으면 좋다는 생각만으로는 절대로 부자가 될 수 없어요."

"그럼, 무엇을 어떻게 해야 하나요?"

"한 권의 책으로도 부족할 수가 있어요. 돈 공부는 지식과 경험뿐만 아니라 자본시장을 읽는 거시적 눈을 가져야 해요."

"투자는 쉽지만, 투자에 성공하기는 어렵다는 말이지요. 투자가 먼저가 아니라 충분한 공부를 하고, 실전을 쌓으라는 말씀이네요."

"그래요. 투자도 '남과 같이해서는 남 이상 될 수 없다'는 평범한 진리에서 시작해야만 성과를 낼 수 있어요. 자신의 경제 지식으로 포트폴리오를 만들고, 기본과 원칙에서 벗어나지 않아야 하고, 현명한 판단으로 후회 없는 결정을 할 수 있어야 해요."

"투자해야만 부자가 될 수 있나요?"

"그건 아니에요. 직장에서도 탁월하면 얼마든지 성공할 수 있어요. 그리고 사업으로도 성공할 수 있고요. 사람들이 처음에는 투자하는 것을 본업으로 시작하지 않고 과외로 하다가 금액이 커지기도 하고, 탕진하기도 하고, 투자에 자신감을 얻기도 하지요."

"투자가 운이라고 하는 사람도 많은데요."

"운이란 인생에서 몇 번 찾아오지 않는데 거기에다 투자할 건가요? 운도 노력하는 사람에게는 찾아와요. 왜냐하면, 노력하지 않는 사람에게 기회가 찾아와도 기회인 줄 모르고 흘러 보내기 때문이지요."

투자에 성공하기 어렵다 보니 자기 합리화를 위해 말을 만든다. 투자에 실패해도 운이 없었다고 하면 자신의 책임이 회피되고, 타이밍이 맞지 않아서 그랬다고 하면 그만이다. 그렇게 해도 잃은 돈이 돌아오는 것도 아닌데, 자기 변명은 큰 의미가 없다. 만약 여러분이 소중한 돈을 투자회사에 맡겨서 원금이 손실되었는데, 투자회사가 운이 없어 잃었다고 하면 여러분은 뭐라고 하겠는가?

우리가 하나님의 말씀을 듣지 못하고 따르지 않는 것은 말씀이 멀리 있어서가 아니라, 우리가 말씀을 멀리하는 것과 같이 투자 공부를 할 수 있는데도 멀리하기 때문이다. 주식 투자를 하며 운이나 요행을 바라는 것은 마치 로또의 기적을 기대하고, 카지노의 룰렛을 돌리는 것과 다를 게 없다. 그것은 투자가 아니라 투기다. 투자를 운이나 요행으로 여기고 노력을 멈추기 때문에 일어나는 현상이다.

인플레이션 영향으로 투자해야 한다는 원론은 맞지만, 시장의 메커니즘을 과소평가한 각론에서는 많은 수업료를 내야만 비로소 내공이 쌓인다. 하나님 나라는 말에 있지 않고 능력에 있듯이, 투자도 생각이나 말에 있지 않고 능력으로 증명해야 한다.

매달 월급에서 10~20%를 일정하게 장기로 투자하여 안정된 수익을 남길 수 있는 투자처를 먼저 찾고, 그 수익금으로 투자 횟수를 늘려 자산을 확대해 나가면, 부의 법칙을 알게 되고, 언젠가는 부자의 길로 들어설 수 있다.

물론 라이프 스타일도 변화를 넘어 개혁을 해야 한다. 전에는 생각 없이 즉흥적으로 돈을 소비했다면, 지금은 현명한 소비를 해야 한다. 생산 자산에 돈을 많이 쓸 것인가 아니면, 소비 자산에 돈을 많이 쓸 것인가의 문제다. 부자가 되려면, 포기할 것이 많아지는 것만큼, 해야 할 것도 그만큼 늘어난다.

대부분의 사람들이 돈 걱정을 하지 않을 만큼의 수입이 되지 않기 때문에 재테크로 부족한 부분을 채우고자 한다. 회사에서 자신의 가치를 높여 연봉 인상으로 수입을 창출하는 것이 가장 좋기는 하지만, 이는 소수에게만 해당한다. 아니면, 오르지 않는 연봉을 쳐다보는 시간에 틈틈이 재테크 공부를 하는 것이 좋을지는 자신이 가장 잘 안다. 이 세상에 존재하는 모든 사람이 돈을 많이 벌기를 원하기 때문에 경쟁이 가장 치열한 곳이 자본시장이라 할 수 있다.

모든 기업은 이윤을 내기 위한 목표 아래 움직이는 조직이다. 세상의 재테크 원리와 성경적 재정원리의 메커니즘은 크게 다르지 않다. 세상의 재테크는 어떤 의미에서 구분할 필요가 없을 정도로 투자 원리가 같다고 할 수 있다. 단지 성경적 재정원리는 사고파는 중심이 아니라 주고, 받고, 나누기 위한 수단이라는 점에서 다르다.

아브라함이 언제 실현될지 모르는 약속의 말씀을 바라보며 인내했듯이, 우리도 기다림의 시간이 필요하다. 인간이 만든 합법적인 제도 내에서 기회를 만들어 벌 수 있는 대로 많이 벌어야 한다. 투자는 시간 속에서 인내할 수 있는 절대적인 힘이 필요하다. 현대인이 가장 힘들어 하는 부분이 인내하며 기다리는 것이다. 주님은 재물을 얻는 과정에서도 이 인내가 주는 유익을 알게 하신다.

하나님은 이 부분을 건드리시며, 인내의 필요성을 부인하는 자신을 먼저 깨뜨리신다. 우리가 재테크에 성공하지 못하는 가장 큰 이유는 인내를 가지고 기다리지 않고, 급한 마음으로 승부를 보려는 조급함 때문이다. 조급함은 실패의 주원인이다.

유튜브와 SNS에서 '빨리', '쉽게', '많이' 돈을 버는 성공담을 매일 소개하지만, 그런 유혹은 미끼며 가짜가 많다. 그런 투자처가 있으면 자기네들이 하지, 왜 여러분에게 구차하게 설명하고 권하겠는가? 여러분을 사랑해서 부자로 만들어 주고 싶어서 그렇겠는가? 설령 그런 일이 있다고 해도 금방 내 호주머니에서 나갈 돈이다.

기다림의 대표적인 결과물이 적립식 투자의 복리(Compound interest)이다. 이자가 적기 때문에 이자에 이자가 붙지 않으면, 이자는 물가상승률을 따라가지 못한다. 절대적인 시간을 견뎌내는 인내의 선물이 복리(複利)다. 재테크에서 복리 효과를 누리기 위해서는 최소 10년의 기간이 필요하다.

돈이 신앙생활에 가장 큰 적이 되는 이유는 이를 빨리, 쉽게, 많이 벌려고 하다가 자산을 탕진하고, 돈의 속박에서 벗어나지 못하기 때문이다. 반면에 돈을 제도 안에서 원칙에 충실하면서 버는 돈은 가장 유익한 자원이 될 수 있다. 모든 일에는 절차가 있고, 시간이 필요하며, 법칙이 있다. 돈을 욕심대로 벌고 싶을 만큼 벌 수 있다면 부자에 의미를 둘 필요가 없을 것이다.

모든 성공이 그렇지만 재테크의 성공도 한꺼번에 이루어지지 않고, 하나씩 하나씩 쌓일 때 비로소 완성된다. 믿음도 아직 실현되지 않은 약속을 바라보면서 지금의 시간을 소중히 여기며 인내하는 것과 같다. 실패한 사람의 특징은 원하는 것을 한꺼번에 이루려고 절차와 과정을 무시하는 우를 범한다는 점이다. 부자는 부자가 된 이유가 있고, 빈자는 가난한 이유가 있다. 그런데 아이러니한 것은 자신이 왜 가난하게 사는지 모르는 사람이 의외로 많다는 사실이다. 이들은 알려고 하지도 않고, 그대로 사는 것을 당연하게 여기는 습관이 문제다. 이대로 사는 것을 운명처럼 받아들이는 사람은 투자도 운명이라고 여긴다.

부와 가난은 대물림된다는 말은 습관에서 비롯된다는 말이다. 가난이 무서운 것이 아니라, '가난하게 사는 태도'가 자녀에게 상속되는 것을 두려워해야 한다. 지금 할 일을 나중에 해도 되고, 오늘 계획한 것을 내일로 미루어도 문제 될 것이 없고, 최선을 다하지 않아도 그때를 잘 넘기면 된다고 한다면, 어떤 기대를 할 수 있을까? 그리고 시간은 내일도 모레도 계속 있는 게 시간인데 조급할 필요가 없다고 여기는 습관이다. 이런 부모로부터 보고 자란 아이들은 부자는 부자의 습관을, 빈자는 빈자의 습관을 물려준다는 말이 맞다.

가난한 사람들의 습관 3가지를 요약하면 다음과 같다.

첫째, 가난한 사람은 정당한 대가를 치르려고 하지 않는다.

차를 사면 할부금을 내야 하고, 집을 사면 대출금을 갚아야 한다. 물건에 대가를 지불하는 것은 당연하다. 그런데 가난한 사람은 잘살아 보겠다면서도 그에 맞는 정당한 대가를 치르려 하지 않는다. 부자가 되는 데 필요한 대가는 시장 변동성과 불확실성을 극복하는 인내심과 합리적인 투자에 대한 의심이 짓누를 때에도 일관된 의지가 필요하다.

또한 가난한 사람들은 새로운 일에 도전하는 것을 매우 싫어하는데, 꾸준하게 오래 하는 것을 더 싫어한다. 따라서 가난한 사람들의 특징은 한 가지 일에 꾸준하게 집중하지 않는다. 어떤 일을 할 때도 이미 출구를 만들어 놓고 시작하기 때문에 조그마한 난간이 있으면 구실을 만들고, 갖가지 이유와 핑계로 빠져나갈 생각만 한다.

그리고 책임을 지기 싫어하고, 위험을 감수하려 하지 않는다. 내가 아니더라도 할 사람이 많다고 생각한다. 어려움이 닥칠 때 어떻게 하겠다는 방안이 전혀 없어 출구만 찾는다. 당연히 잘되는 것만 생각하고, 잘 못 되는 경우는 생각하기도 싫어하기에 대책이 없는 것은 당연하다.

더 나은 삶, 더 큰 부를 원하면서 노력하지도 않고, 리스크도 감수하지 않는 사람에게 어떻게 하면 잘살 수 있다고 해야 할까? 부자와 빈자를 가르는 가장 큰 차이는 부자는 더 큰 부를 위해 대가를 정당하게 치르지만, 빈자는 일단 핑계가 많고, 정당한 대가를 치를 것 같으면 아예 시작하지도 않는다.

자신이 원하는 결과를 얻기 위해 기꺼이 대가를 치른 사람만이 결과적으로 부자가 되었을 뿐이다. 다이어트하고 싶다면서 맨날 배달 음식 시켜 먹고, 방구석에서 뒹굴며 유튜브만 보고 '왜 살이 왜 안 빠지는 거야!'라고 하면 여러분은 뭐라고 할 것인가? "적당히 처먹고 운동이나 해!"라고 할 것이다. 음식을 절제하고 운동하는 게 다이어트를 위해 마땅히 치러야 할 대가이며, 그것 외에 답이 없기 때문이다.

지금보다 더 나은 삶을 꿈꾸고 싶다면 어떻게 해야 할까? 책을 늘 가까이해야 한다. 책을 읽지도 않고 '내 인생은 왜 이렇게 꼬이고 안 되는 것뿐이지!'하고 있으면 인생이 바뀔까? 바뀌는 것은 분명하다. 더 안 좋은 쪽으로 말이다. 세상에 공짜는 없다. 원하는 것이 있다면, 그에 합당한 대가를 치러야만 원하는 것을 얻을 수 있을 뿐 아니라, 자신의 소중한 인생이 남에게 묻어서 흘러가지 않도록 해야 한다.

부를 원한다면 직장에서 성공한 사람을 모델로 목표를 정하고, 투자로 성공하고 싶다면 투자 과정에서 겪는 변동성, 두려움, 실패를 기꺼이 감수하라. 성공을 원한다면 빈둥거리는 시간, 나쁜 습관을 끊어 내고, 책을 읽거나 자기 계발에 투자하라. 가난하거나 인생이 뜻대로 안 풀리는 건 대가를 치르지 않아서다.

둘째, 돈을 빨리, 쉽게, 많이 벌려고 한다.

부자들은 유튜브에서 주식 전문가라는 사람들이 단기 차트를 펼쳐 놓고 "장기 이동평균선이 어쩌고저쩌고하면서 기술적 반등이 나올 차례다. 하락 장세라 매수 타이밍이다"하는 말에 흔들리지 않는다.

삼성전자 주가가 6만 원이라고 가정하면 비싸다고 하는 사람도 있고, 싸다고 하는 사람도 있을 것이다. 싸다고 생각하는 사람은 투기로 생겼던 거품이 빠졌고, 단기적으로 보면 변동성이 있어 보이지만 앞으로 10년을 보면 반도체, IT 산업이 좋아지지 않을까 생각하기 때문이다. 반면에 단기적으로 보는 사람은 비싸다고 할 것이다. 어디까지나 10년을 보는 장기 투자자의 입장에서는 싼데, 매일 단타를 치는 데이트레이더(Day Trader: 하루에도 몇 번씩 주식이나 파생상품을 사고파는 사람) 입장에서 보면 다를 수 있다. 단타 투자자 입장에선 1년 뒤, 10년 뒤에 어떻게 되든 당장 오늘 가격이 떨어질 것 같으면 비싼 것이다. 장기투자하는 사람은 10년 뒤 예상 수익을 5배 오를 것으로 생각하고 샀는데 지금 가격이 10% 오르든 내리든 아무 상관이 없다. 마라톤에서 꼴찌로 가다가 우승하든, 일등으로 가다가 우승하든 목표 지점의 성적이 중요하다.

투자뿐만 아니라 직장생활에서도 마찬가지다. 같은 직장에서도 이 회사에서 임원, 대표까지 하려는 사람이 있고, 곧 이직하려고 하는 사람도 있다. 이직할 사람이 일을 설렁설렁한다고, 임원까지 생각하는 사람이 설렁설렁한다면 어떻게 될까? 성공한 부자가 되고 싶다면서 욜로족들이 하는 방식을 따라 한다면 가난하게 살아도 괜찮다는 뜻이다.

셋째, 가난한 사람은 엉뚱한 곳에 욕심을 낸다.

욕심이란, 정당한 대가를 지불하지 않고, 분수에 넘치게 무엇을 바라거나 탐내는 것을 말한다. 부자처럼 보이고 싶은 것도 욕심이다. 진짜 부자들은 부자처럼 보일 필요가 없기에 오버할 이유가 없다.

세계적인 부호 워런 버핏은 1958년 3만 1500달러를 주고 산 집에서 70년 넘게 살고 있다. 집값은 2020년 기준 약 7억 원 정도에 불과하다. 강남 아파트 4분의 1 가격에 불과하다. 삼성 이재용 회장의 차는 제네시스 팰리세이드이다. 고급 외제 차 5분의 1 가격이다. 그런데 워런 버핏이 소박한 집에 살고, 이재용 회장이 국산 차를 탄다고 부자가 아니라고 할 사람은 아무도 없다. 이처럼 진짜 부자들은 부자처럼 보이려 억지로 좋은 집, 좋은 차, 명품 백을 살 필요가 없다. 사람이 명품이 되면 모든 것을 수용하고 커버할 수 있다. 명품이 아닌 사람이 물건만 명품으로 치장하면, 그 명품마저 싸구려로 보인다.

부자는 가난한 사람처럼 살고, 가난한 사람은 부자처럼 사는 아이러니한 세상이다. 여러분이 입고, 들면 명품처럼 보이게 하라. 세계적인 스타들이 입고, 들었다는 이유로 경매에서 수억에 낙찰되는 것을 알지 않는가.

좋은 집, 비싼 차, 명품으로 부를 과시하려는 건 졸부들의 특징이다. 부자가 아니면서 부자처럼 보이고 싶어 하는 사람은 자신을 돋보이게 할 거리가 없기에 자신의 열등감을 채우는 도구로 사용한다.

명품이 말해 주는 건 누가 얼마나 부자인지가 아니라, 누가 얼마나 돈을 썼는지 알 뿐이다. 30만 달러짜리 차를 모는 사람은 부자일 수 있다. 그러나 그 사람의 부에 관해 우리가 아는 유일한 정보는 그의 은행 잔고가 차를 구매하기 전보다 30만 달러가 줄어들었다는 사실뿐이다. 아니면 빚이 30만 달러 늘어났을 수도 있다.

그 사람에 대한 정보가 없기에 보이는 것으로 부를 판단하는 경향이 있다. 남들의 은행 잔고나 주식 계좌가 보이지 않는다는 게 함정이다. 눈앞에 있는 정보가 전부이기 때문이다. 가난한 사람은 한 번에 인생을 바꾸려는 욕심을 버리지 못하고 '인생은 한 방이야!' 하며 시간을 낭비한다.

우리가 일반적으로 부자의 증거라 생각하는 것들, 즉 호화 주택, 고급 차, 명품 등이 오히려 부자가 되는 것을 막을 뿐이다. 부자가 되려고 애를 쓰면 쓸수록 더욱더 가난해질 뿐이다. 부자들이 부자가 될 수 있었던 건 부자처럼 보이게 만들어 주는 물건에 돈을 쓰지 않기 때문이다.

가난한 사람들은 부자가 되기도 전에 부자처럼 보이려다 진짜 부자 될 기회를 날려 버린다. 정말 부자가 되고 싶다면 해야 할 일은 단 하나, 부자처럼 보이려는 욕심을 버리는 것이다. 그러면 돈이 진짜 필요한 곳이 어딘지, 쓰지 않아도 되는 곳이 어딘지가 보인다.

세상엔 돈보다 중요한 게 많다. 가족, 건강, 관계, 친구, 자유 등이다. 사업이 곤경에 처하고, 투자한 것이 잘못되면, 내가 사랑하는 사람들과 함께 할 수 없고 소중한 것을 잃은 행동은 '리스크 감수'가 아니다. 가용할 수 있는 돈에서 시작해야 하고, 우선순위를 아는 지혜가 필요하다. 가족이나 건강을 담보로 투자하는 것은 위험할 뿐만 아니라, 돌아올 수 없는 강을 건너는 것이다. 가난한 사람이 점점 더 힘들어지는 이유는 돈을 벌기 위해서 자신에게 정말 중요한 것을 걸고 투자하다 실패하기 때문이다. 이렇게 실패하면 모두 다 잃는다.

나는 투자나 사업으로 어려움을 겪는 사람들을 만날 때가 많다. 심지어 가정이 해체되고 직장을 떠나는 경우를 본다. 부자들은 리스크를 감수하되 정말 중요한 가족의 행복, 건강, 개인의 자유를 해치지 않을 범위에서만 한다. 그래야만 안정적으로 오래 투자할 수 있고, 복리의 마법을 내 편으로 만들 수 있다. 욕심을 버려야 한다. 부자처럼 보이려는 욕심, 한 번에 빈부 격차를 메우려는 한탕주의는 실패한 자들의 전형적인 모습이다. 설령 한탕주의로 돈을 벌었다고 하더라도 결국 그 한탕으로 이전의 삶보다 더 피폐해질 확률이 높다. 돈을 많이 벌고 싶다는 욕심만으로는 부족하다.

자본시장을 잘 이용하는 사람이 성공한다

　돈을 버는 셈법은 4차 방정식을 푸는 것보다 어렵다. 수학 문제는 한 번 풀고 나면 같은 원리로 풀면 되지만, 투자는 한 번 수익이 났다고 해서 같은 방식으로 재투자를 해도 시장의 변동성과 불확실성 때문에 수익이 난다는 보장이 없다. 하지만 투자가 어렵다고 하여 가만히 있으면 인플레이션이 우리의 자산을 갉아 먹게 된다. 투자할 때는 투자로 얻는 수익이 물가상승 인플레이션을 극복하는 수익인지 먼저 계산해야 한다. 주식의 달인은 없다. 먼저 자신의 컨디션을 잘 알고, 처음에는 수익을 내는 데 집중하는 게 아니라, 잃지 않는 데 집중해야 한다.

　워런 버핏의 자산 중 90% 이상은 65세 이후 모은 자산이다. 그는 특별한 안목보다 '일관된 원칙'과 '반복 가능한 시스템'에서 성과를 냈다. 지루한 습관을 통해 복리의 기적을 만들어 낸 것이다. 아틀라스의 저자 에인랜드는 "부는 인간이 가진 사고능력의 결과물이다"라고 했다. 가진 금액으로 투자 효율 극대화를 달성하는 것은 많은 공부와 노력의 결과물이다.

평범한 사람이 볼 때는 그저 운이 좋아서 수익을 남기는 것 같지만, 절대 그렇지 않다. 저급한 생각을 바꾸지 않는 한 절대로 부자가 될 수 없을 뿐만 아니라, 삶에서 돈이 스트레스의 원인이 될 것이다. 투자 시장이 호락호락하지 않다면, 나는 더 호락호락하게 당하지 않으면 된다. 누구나 3~4년만 꾸준하게 공부하고 경험하면, 어느 정도의 시각이 열리면서 자신만의 트렌드를 만들어 갈 수 있다. 최대의 투자는 먼저 투자한 돈을 '잃지 않는 것'이 핵심이다. 잃지 않아야 수익을 낼 수 있기 때문이다.

워런 버핏도 "투자의 첫 번째 원칙은 돈을 잃지 않는 것이고, 두 번째 원칙은 첫 번째 원칙을 잊지 않는 것이다"라고 했다. 처음에는 종잣돈을 잃지 않는 투자가 가장 훌륭한 재테크다. 돈을 잃지 않으면 최소한 마이너스는 아니기에 적든 많든 수익을 낼 수 있다는 말이다.

시장을 저평가하지 말고, 나 자신을 저평가하면서 끊임없이 공부하고 노력해야만 시장의 변동성과 불확실성을 극복하고 부자의 길로 들어설 수가 있다. 몇 번 성공했다고 하여 부자가 될 수는 없다. 아무리 고수라도 계속 수익을 낼 수 있는 것이 아니기에 부자의 루틴은 적게 잃고, 많은 수익을 내는 방향으로 가야만 한다. 적은 돈으로 투자가 가능한 곳을 찾고, 동시에 투자 횟수를 늘려 자산을 만들어 가는 능력이 조금씩 쌓이면 된다. 직장에서 퇴직할 때는 일하지 않아도 될 만큼의 돈이 매달 통장에 들어올 수 있는 것을 중장기적인 목표로 세워야 한다.

누가 알겠는가? 돈을 굴리는 힘에 가속도가 붙어 백만장자로 은퇴할지. 내가 백만장자가 된다고 하여 이상할 것 하나도 없다. 하나님께 쓰임 받으면 억만장자가 못 되겠는가?

왜냐하면, 하나님은 나의 재정 창고를 얼마든지 크게 만들 수 있는 분이시며, 내가 준비되어 있다면 지금이라도 창고를 열어 축복해 주실 수 있다. 나를 위해 늘 준비하고 계시는 분이기 때문이다.

우리는 대부분 직장생활을 통해 수익을 창출하고, 사업자는 사업장 문을 열어야만 수입이 생기는 구조에 살고 있다. 우리는 세상 사람들이 직장생활하는 것처럼 하고, 그들이 사업하는 것처럼 하면서 부자를 꿈꾼다면, "남과 같이 해서는 남 이상 될 수 없다"는 평범한 진리를 다시 생각해야 할 것이다.

여러분은 신앙생활 하면서 가장 안타까울 때가 언제인가? 가족이 병원에 입원하기 전에 돈 걱정부터 먼저 해야만 하는 현실, 아이들에게 필요한 것을 지원하지 못할 때, 가난한 이웃이 도움의 손길을 내밀 때, 재정 상태가 바닥을 드러낼 때 가장 한탄스러울 것이다.

예수를 믿는다고 하면서 손을 벌리고, 도움을 받아야 할 처지라면 복음을 전한들 말에 권위가 있겠으며, 설득력이 있겠는가? 대부분의 경우 아무리 신실한 크리스천이라도 예수 '예'자도 꺼내기 힘들 뿐만 아니라, 크리스천인 것을 감추고 싶을 것이다. 쉽사리 꺼냈다가 "너나 잘 믿으세요"라는 소리를 듣기 십상이다. 하나님은 이런 경우를 대비하여 우리에게 부요의 축복을 주시겠다고 반복하여 말씀하시고 있다.

사실 하나님은 우리가 부자가 되는 데는 큰 관심이 없으시다. 다만,

물질로 인해 복음이 훼손되지 않고 전도에 진보가 된다면, 축복의 통로를 활짝 열어 주시는 분이다.

지출해야 할 곳은 아직 많은데 통장 잔고가 먼저 바닥을 보일 때, 이러한 한숨이 언제까지 이어질지 기약이 없다면, 서글픈 마음이 드는 것은 당연하다. 크리스천으로서 돈 때문에 기쁨과 감사가 사라진다면, 거칠고 메마른 광야를 걷는 것과 같을 것이다. 월급을 받자마자 통장이 텅 빈다면, 노후 준비는커녕 빚지지 않고 사는 것을 목표로 해야 할 것이다. 은퇴 후 생활전선에서 하기 싫은 일을 할 수밖에 없는 처지에 놓인 극빈 노령인구가 OECD 국가 중 단연 1위다.

내가 잠자는 시간에도 돈을 벌어다 주는 시스템을 만들기 전에, 내가 잠자는 시간에 돈이 빠져나가는 것부터 먼저 막아야 한다.

첫째, 은행 대출금이다.

비가 오나 눈이 오나 변함없이 내 통장에서 돈을 빼 나간다. 기존 대출상품의 금리가 높다면 낮은 이자율로 갈아탈 수도 있다. 자신이 갚아야 할 대출 현황을 정확히 파악하여 케이스 바이 케이스로 대응하여야 한다. 어떤 대출이 높은 이자를 내고 있는지, 어떤 것을 먼저 갚아야 하는지 구분해야 한다.

대출 상환 순서는 당연히 높은 이자부터 상환해야 한다. 변동형 금리인지, 고정형 금리인지 그리고 중도상환수수료도 확인해야 한다. 그 다음은 대출금이 적게 남은 계좌부터 상환하는 게 좋다. 계좌 수를 줄여 나가는 것이 동기 부여를 주며, 신용도를 높이는 데도 유리하다.

전세자금대출과 주택구입대출 같은 경우에는 장기 10~20년을 상환하다 보면, 지출을 당연하게 생각하고, 또한 저축을 못 하는 것도 당연하다고 생각한다. 대출 원금을 갚는 것은 당연하지만, 이자를 오래도록 내는 것은 자립을 요원하게 만든다. 배보다 배꼽이 클 수가 있기 때문이다.

둘째, 대출금 이자이다.

이자를 내지 않더라도 물가상승으로 인해 시간이 갈수록 점점 가난해지는데, 이자까지 낸다면 저축한다는 보장은 더욱 없어진다. 물론 저축할 정도의 돈이 있었다면 빚지지 않았을 것이다.

우리 부모님 세대는 외벌이로도 가정을 부양하는 것이 가능했다. 통계청의 발표를 보면 한국의 전체 가구 중 약 절반 정도가 맞벌이를 하고 있으며, 매년 그 수치가 점점 늘어가고 있는 것을 볼 수 있다. 맞벌이로도 모자라 투잡, 쓰리잡 하는 사람들도 점점 늘어가고 있다. 젊은이들 사이에서는 부업에 뛰어든 'N잡러'를 당연히 여기는 분위기다. 직장인 가운데 10명 중 7명이 점심값에 부담을 느낀다는 설문 조사결과다.

맞벌이하는 주된 이유는 아이들이 양질의 교육을 받게 하기 위함이고, 그다음은 고금리로 인한 대출금이자 때문인 것으로 나타났다.

셋째, 인플레이션이다.

요사이는 자고 일어나면 물가가 오른다. 물가는 꾸준히 오르는데 우리의 임금 상승은 따라가지 못한다. 물가가 오르는 이유는 여러 가지 원인이 있지만 가장 큰 이유는 채소, 과일, 곡물을 비롯한 먹거리가 기후변화로 공급이 부족해진 것과 한국은행에서 통화량을 늘리기 때문이다.

통화량을 늘리는 이유는 중 하나는 지속적인 경제 성장이다. 경제가 성장하면 투자가 늘어 새로운 일자리가 생겨 실업자가 줄고, 시중에 돈이 돌아 이자율이 하락하여 신규 투자로 확대된다. 그리고 경기 활성화로 소비가 촉진되고 소득이 증대된다.

그런데 현실은 그런 기대와 정반대로 움직이고 있는 스태그플레이션 현상이 지속되고 있다. 통화량이 늘어나 하루에도 수십억에서 수백억이 시중에 풀려 유통된다. 통화량이 증가하면 돈이 흔해지고, 당연히 가치가 하락하여 쓸 돈이 없다. 따라서 은행 예금통장에 넣어 두면 낮은 이자가 물가상승률을 따라가지 못한다. 오래 두면 둘수록 돈이 줄어드는 결과가 된다.

2006~2021년 평균 임금 인상분과 아파트 가격 변화를 보면 아파트의 경우는 15년 동안 3배가 상승했지만, 근로자의 임금은 1.6배에 그쳤다.

돈을 현금으로 두지 말고, 주식에 투자하거나 펀드에 넣어 자산으로 바꾸어야 하는 이유다. 상위 20%와 하위 20%를 비교했을 때 자산 증가분의 차이가 약 6배인 것을 알 수 있다. 은행에 넣는 것은 안전하지만, 내 돈의 가치가 줄어들기 때문에 주식 시장이 불안하더라도 투자를 하거나 실물자산을 구매하는 것 외에 뚜렷한 대안이 없다.

자동이체를 할 때 먼저 '변동지출'과 '고정지출'을 분리한 다음 각 다른 통장에서 이체되도록 하면 유익하다. 신용카드로 생활비를 쓴 사용대금처럼 일정하지 않은 것을 변동지출이라 하고, 보험료와 통신비, 관리비, 교통비, 대출 이자처럼 매달 일정한 금액이 나가는 것을 고정지출이라 한다.

이렇게 통장을 분리하는 이유는 통장을 비교하여 계획된 소비를 효과적으로 관리할 수 있다. 만약 신용카드 대금이 먼저 출금되어 잔고가 부족해짐으로써 다른 요금이 연체되는 상황을 방지하기 위함이다.

만약 잔고가 부족해 보험료가 두 달 동안 출금이 되지 않았다면, 효력이 상실돼 보장을 받을 수 없다. 이를 간과하고 있다가 질병이나 사고가 나서 보장을 받을 수 없다면, 10만 원 때문에 수천만 원의 보험금을 받지 못할 수도 있다.

밀린 보험료를 내면 부활할 수 있지만, 건강에 문제가 생겨 재가입이 거절당할 수도 있다. 자동차 보험도 보장이 되지 않을 때 문제가 생기고, 맑은 날 우산을 가지고 다니다 정작 비 올 때는 우산을 두고 오고, 시험공부를 열심히 했지만, 운이 나쁘게도 공부하지 않은 곳에서 시험 문제가 출제되는 경우와 같다.

안 될 때는 자신이 바라는 일은 이루어지지 않고, 나쁜 방향으로만 흘러가는 것을 '머피의 법칙'이라고 한다. 인생을 살다 보면 억세게 안 풀릴 때가 있다. 이럴 때는 방향을 바꾸거나 잠시 쉬라는 메시지다.

재테크 중 하나로 카드 대신 체크카드 사용을 권한다. 체크카드를 사용하는 이유는 2가지다. 우선 신용카드에 비해 절세효과가 크다.

직장인은 연말정산 때 총급여의 25%를 초과해 사용한 카드 대금을 소득공제 받을 수 있다. 이때 신용카드는 초과 사용 금액의 15%만 공제받는 데 비해, 체크카드는 사용 대금의 30%를 공제받을 수 있다.

체크카드 사용 금액은 국세청의 '연말정산 미리보기' 서비스를 이용하면 확인할 수 있다. 소득공제 한도는 300만 원이다. 그리고 대중교통과 전통시장을 이용하면 각각 100만 원을 추가로 공제(공제율 40%) 받을 수 있다. 총급여 7,000만 원 이하인 직장인이 도서 · 공연 · 미술관 · 박물관에 사용한 금액은 추가로 100만 원(공제율 30%)까지 공제해 준다.

다음은 씀씀이를 줄이려고 체크카드를 사용한다. 체크카드는 은행 잔고가 있어야 사용할 수 있다. 수중에 있는 돈만 사용하게 되니 카드로 독촉을 받거나 신용불량이 될 일이 없다. 미래의 돈을 당겨쓰는 신용카드는 외상이라는 심리가 과소비를 부추긴다. 우리는 돈이 있을 때 최대한 절약하고 아껴야만 한다. 아무리 아끼려고 해도 아낄 돈이 없으면 절약할 수 없다.

우리는 우리의 앞날이 어찌 될지 알 수 없다. 매년 큰 연봉을 받고 대기업에 다니다가 갑작스러운 일로 퇴사를 하게 될지도 모르고, 평생직장이라 여겼던 곳에서 일을 그만둬야 하는 순간이 올 수도 있다. 세계 어디에서도 찾아보기 힘든 별난 자녀 교육부터 결혼까지 부모에게 손을 벌리다 보니 부모는 미래를 준비할 겨를이 없이 노후를 맞이하게 된다. 자녀 교육비는 어디에 사느냐에 따라 차이가 난다. 부자 동네 살면 우리 아이 교육은 최소한 이웃이 하는 만큼은 따라 해야 어울릴 수 있다.

일단 대학 등록금과 대등한 돈이 들어가는 유치원에서부터 시작해야 한다. 손자 · 손녀의 유치원 등급은 할아버지 호주머니 사정에 따라 정해진다는 말이 있다. '영끌'이나 '빚투'한 가정들이 고금리로 수입의 절반을 이자로 내다보니 부모님에게 손을 벌리는 일이 많아졌다고 한다.

부모는 자식의 요구를 거절할 수 없어 들어 주는 무한 공급자이다. 잔고가 비어도 공급자는 따로 있고, 수급자도 따로 있다. 자식이 파산하기 전에 부모가 먼저 파산하는 구조다. 자본시장에서 유일하게 주는 사람이 을이고, 받는 사람이 갑인 경우가 바로 부모와 자식 사이다.

자본시장(Capital market)을 잘 이용하는 사람이 부를 끌어들이고 성공할 수 있다. 주식 시장은 금융상품의 공급자와 수요자가 참여하여 매매가 이루어지는 포괄적인 의미의 시장이다. 기업이나 정부는 자금을 조달하기 위해 다양한 형태로 발행된 증권을 수요자와 공급자 사이에서 연결하는 기능을 한다.

기업이 자금을 조달하기 위해 투자자를 일일이 찾아다닐 필요 없이 체계화된 시장에서 투자를 받고, 투자자는 소규모의 자금으로도 큰 기업에 투자할 수 있다. 자본시장은 수요자와 공급자 모두가 탐색비용(Search cost)을 줄이고자 하는 데서 투자가 시작된다.

금융투자 상품의 가격이 높으면 많은 투자자가 팔려고 할 것이므로 가격이 내려갈 것이다. 반대로 가격이 낮으면 사려는 투자자가 많아져서 가격이 올라갈 것이다. 고평가된 시장에서는 현금 확보를, 시장 하락기에는 기회를 포착해야만 수익을 낼 수 있다.

주가가 하락하다가 특정 가격에 도달하면 멈추는 것을 '지지선의 원리'라고 한다. 그때는 반등의 기회로 매수해야 한다. 초보자는 보유한 재산과 경제활동으로 얻은 가용소득(可用所得)의 일부를 안전한 곳에 투자하여 적은 소득이 생기면 좋아지고 있다는 증거다.

소득이 증가할 때는 투자를 늘리고 잉여금은 생활비로 쓰면 된다. 반대로 소득이 낮은 경우는 생활비 중심으로 자금 배분 최적화에 초점을 맞추어야 한다. 만일 현재 투자 수익률이 높다면, 투자 금액에 손을 대지 말고 소비를 줄이면서 투자를 극대화할 필요가 있다. 언제까지 주가가 상승할 수만은 없기에 특정 구간에 진입하면 불안하여 투자자들은 매도에 동참하게 된다. 이것을 '저항선의 원리'라고 한다. 자신이 정한 가격에 도달할 때 50%는 매도하여 원금을 우선 확보하고, 50%는 원금 이상이 될 때 매도하든지, 계속 유지하든지 하면 된다. 투자의 기본은 잃지 않는 법을 배우고 원금을 보존하는 것이다. 실제로 원금을 보존하는 일도 수익을 내는 것만큼이나 어려울 수 있다. 위에서 언급한 것을 다시 한번 더 정리하면 다음과 같다.

첫째, 장기투자를 한다.

주식 시장은 단기적인 변동성이 높아 장기 투자가 대체로 수익률이 높을 뿐만 아니라 안전하다. 빌린 돈, 한시적인 돈, 생활비 등은 급하게 돌아와야 하기에 투자하기에는 부적합하다. 장기라고 하면, 최소 5년 이상을 잊고 있을 정도를 말한다.

예로 밥을 지을 때 급한 마음에 솥뚜껑을 '열고 닫기'를 반복하면 밥이 설익어 먹을 수가 없다. 마찬가지로 주식을 '샀다 팔았다'를 반복하면, 수수료만 나가고 수익을 내기가 어렵다. 물고기를 잡을 때도 뜰채를 들고 따라다니면, 한 마리도 못 잡는다. 길목에 어항을 놓고 세월을 낚아야 한다. 어항에 몇 마리가 들어왔는지 자주 들여다보면, 들어왔던 놈도 도망간다. 반드시 시간이 필요하다는 말이다.

둘째, 기업의 재무 상태를 꼼꼼히 체크한다.

재무제표를 분석할 때는 주로 수익성을 분석한다. 매출액, 영업이익, 순이익 등을 확인한다. 다음은 재무 상태를 통해 자산, 자본, 부채 등을 확인하여 자기자본비율, 부채비율 등을 알 수 있다. 제품의 기술력과 경쟁력, 경영자의 리더십, 동종업종 산업 동향 분석 등이 주식 선택 기준이 된다.

셋째, 꾸준하게 투자한다.

한 곳에 많은 돈을 투자하는 것보다 적절하게 분산 투자하면, 시장의 변동성으로 인한 손실을 줄일 수 있어 수익을 낼 수 있는 가능성이 높아진다. 중요한 것은 실전에서 소중한 경험들이 쌓이면 돈의 흐름을 읽는 안목이 생긴다.

넷째, 글로벌 시장의 전체적인 상황을 읽는 이해도가 중요하다.

주식 시장은 항상 변동성에 민감하여 그때마다 트렌드를 분석하고, 예측하여 포트폴리오를 만들고 효과적인 투자 전략을 세워야 한다.

금리와 환율의 움직임을 알아야 한다. 금리는 돈의 가격이고, 환율은 대외적인 돈의 가격이기에 반드시 예의주시해야 한다. 그리고 경제성장률(GDP)과 물가 동향이다. 국내외 정세는 물론 글로벌 시장의 흐름을 파악하기 위해 최소한 경제 신문을 매일 읽는 노력은 필요하다.

다섯째, 마음이 조급하면 감정에 치우쳐 서둘러 투자하게 되고, 시장 전체를 보는 눈을 막아 버리게 된다.

조급하면 수익률만 보이고 손실률은 보이지 않는다. 시간이 아깝게 여겨질수록 시간이 필요하고, 기다림이 필요하다. 성격이 급한 사람은 자기가 스피드하여 추진력이 좋은 사람이라고 생각한다. 충분한 데이터와 경제 동향 분석 없이 성급하게 결정하는 우를 범하게 된다. 글을 쓸 때도, 특히 경제에 관련된 서적은 객관적인 데이터와 기독교 서적은 말씀에 근거한 데이터가 뒷받침이 있어야 독자를 설득할 수 있다. 남을 이해시킬 만한 객관적 근거와 지식으로 설득시킬 수 있는 정도가 되어야만 투자에 뛰어들 수 있다.

세상에서 가장 힘든 일이 자기 자신을 설득하여 변화시키는 일이다. 남을 설득하기 전에 내가 먼저 설득되어야 하는 이유다. 책 한 권을 읽고 나서도 행동의 변화를 이끄는 한 구절이 없다면 지식은 박제된 채 창고에 쌓이고 있다. 성경을 읽고 묵상을 하지만, 삶에 적용이 없는 능력 없는 크리스천과 같다. 인내가 부족한 개미들의 돈이 부자들의 호주머니로 들어간다는 사실을 기억하라.

덧셈보다 뺄셈을 잘해야 한다

크리스천들은 믿음으로 하면 문제가 될 것이 없다고 한다. 치밀하게 계산하지 않고, 계획 없이 투자하는 것을 믿음으로 한다고 착각하고 있다. 어떤 믿음인지 헷갈릴 때가 있다. 인생도 마찬가지로 얼렁뚱땅 살면서 어디로 흘러가고 있는지, 어떻게 사는 게 잘사는 것인지 모르고 그냥 분주하게 살아간다.

내가 현재 이 일을 위해 준비하고, 치러야 할 대가가 무엇인지 계산하고 감당해야 한다. 먼저 언제 무엇을 누구와 어떻게 할 것인지 계획을 세우기 전에 필요한 비용을 마련해야 한다. 아무리 좋은 기술과 아이디어가 있다고 할지라도 돈이 들어가야만 진행되고 완성할 수 있는 것들이다.

옛날 부모님 집을 새로 지어 드리려고 건축사에 의뢰했더니 얼마의 예산을 가지고 시작할 것인지 물었다. 설계에 반영되기 때문에 알아야 한다고 했다. 집을 짓기 위해 가장 중요한 것은 설계다.

> "너희 중의 누가 망대를 세우고자 할진대 자기의 가진 것이 준공하기까지에 족할는지 먼저 앉아 그 비용을 계산하지 아니하겠느냐 그렇게 아니하여 그 기초만 쌓고 능히 이루지 못하면 보는 자가 다 비웃어 이르되 이 사람이 공사를 시작하고 능히 이루지 못하였다 하리라"(눅 14:28~30).

설계도는 인생의 로드맵과 같은 방향과 목표에 대한 플랜이라 할 수 있다. 그런데 많은 사람은 인생에서 반드시 치러야 할 비용과 설계도가 없이 하루하루를 열심히 살면 된다고 생각한다. 인생에서 세 부류의 사람들을 만나게 된다.

첫째, 남들이 치르는 만큼만 대가를 지불하려는 사람이 있다.
남들만큼 살면 잘 산다고 생각하는 사람이다. 그런데 남들보다 잘살기보다는 못 살 확률이 높다. 잘사는 기대치가 서로 다를 수 있기 때문이다. 자기 기준을 높이지 않는 한 남 이상을 살 수 없다.

둘째, 남들이 치르는 것보다 대가를 적게 지불하려는 사람이 있다.
게으른 사람은 남과 똑같이 하면 손해 본다는 생각에 노력은 적게 하면서 많은 결과를 바란다. 머리를 굴리며 계산은 여러 모양으로 하지만 결과는 마이너스 인생에서 벗어날 수 없다.

셋째, 남들이 치르는 것보다 더 많은 대가를 지불하는 사람이 있다.

지불하는 대가에 비례하여 성공의 확률도 높아진다. 부자는 성공의 기준이 일반 사람들이 생각하는 것보다 훨씬 높다는 것을 모른다. 빈자는 단지 부모를 잘 만나고, 운이 좋아서 성공한다고 생각한다. 내 힘으로 할 수 있는 것은 정해져 있지만, 하나님의 능력을 덧입으면 생각보다 많은 일을 할 수 있다.

크리스천은 자신의 능력도 잘 알아야 하겠지만, 하나님의 능력을 힘입어 내가 감당할 수 있는 믿음의 크기를 알아야 한다. 유일하게 사복음서에 모두 기록된 '오병이어' 사건은 빈 들에서 일어난 기적이다.

예수님은 빌립에게 "우리가 어디서 떡을 사서 이 사람들을 먹이겠느냐"고 말씀하실 때 빌립은 "각 사람으로 조금씩 받게 할지라도 이백 데나리온의 떡이 부족합니다"(요 6:5~7)라고 했다. 부족한 것은 우리가 항상 부족하지, 예수님은 부족한 적이 한 번도 없으신 분이다. 빌립은 예수님이 가나안 혼인 잔치에서 물로 포도주를 만드시고, 병자와 죽은 자를 살리신 것을 본 제자다.

사람은 죽고 난 후 두 가지의 평가를 받는다. 어떤 사람은 '이렇게 살면 안 된다'는 것을 평생 보여 주고 죽고, 또 어떤 사람은 '이렇게 살면 성공한다'는 것을 평생 보여 주고 죽는다. 여러분은 지금 어떤 것을 보여 주며 살고 있는가?

삼손은 정욕을 절제하지 못하고, 사울 왕은 시기를 버리지 못하고, 베드로는 급한 성질을 버리지 못했다. 나아만 장군은 문둥병이 있었지만, 요단강에 몸을 일곱 번 담그는 순종으로 나병을 고침 받았다. 견고

한 여리고성이 무너진 것도 하루에 한 번씩 6일 동안 돌고, 7일째 되는 날에 일곱 번 돌고 나팔을 불고 외쳤을 때 무너졌다.

순종이 참으로 어려운 이유는 '멀쩡한 여리고성에 다이너마이트를 설치해도 무너지지 않을 텐데 돌기만 하는데 무너진다고? 말도 안 돼'라고 생각하기 때문이다. 무너진다고 주장하는 사람이 오히려 비합리적으로 보인다. 이런 상황에서는 부정적인 생각이 오히려 과학적이고 합리적으로 느껴지는 것이다.

여리고 성보다 훨씬 견고한 성이 바로 내 속에 있는 '부정적인 생각'이다. 그런데 이 생각을 평생 거둬 내는 게 안 되는 사람이 있다. 결국, 모든 것을 내려놓고 순종할 힘밖에 남지 않을 때 비로소 하나님은 역사하신다.

우리는 지금까지 덧셈을 위해 살아왔다. 과하게 먹고, 풍족하게 누리고, 욕구에 따라 하고 싶은 것을 하면서 살아왔다. 내가 하나를 가지면 채워 넣어야 하는 것들이 늘어난다. 작은 집에 살다가 큰 집으로 이사 갈 때도 기존의 세간살이는 거의 버리고 큰 것으로 채운다. 어르신들 집을 보면 세월의 흔적만큼 덧셈만 하여 앉을 자리도 없을 정도로 빼곡하게 물건들이 들어차 있다.

중요한 것은 덧셈만 하다 보면 무엇이 중요한가를 구별하기가 힘들어진다. 정작 중요한 것을 찾으려고 하면, 중요하지 않은 것들에 묻혀 찾을 수가 없다.

오랫동안 사용하지 않는 물건을 버리려고 하면, "다음에 쓸거야!"하면서 손도 못되게 한다. 원래 덧셈보다 뺄셈이 더 어렵다. 글을 쓸 때도 이것저것 붙여서 길게 쓰는 것은 쉽지만, 간결하게 만드는 뺄셈은 어렵다.

소유는 뺄셈, 마음은 덧셈으로 채워야 행복하다는 것을 나이를 먹어 가면서 비로소 깨닫게 된다. 인생에서도 마찬가지다. 중요하지 않은 일 때문에, 해야 할 중요한 일을 할 수 있는 시간과 기회를 빼앗길 때가 있다. 실패한 인생의 전형적인 모습이다. 하나님은 맘몬을 정반대의 대척점에 두셨다. 한쪽에게 마음을 두면 다른 쪽은 무시하게 되며, 한쪽을 섬기면 다른 쪽은 멀리하게 되어 있다.

> "한 사람이 두 주인을 섬기지 못할 것이니 혹 이를 미워하고 저를 사랑하거나 혹 이를 중히 여기고 저를 경히 여김이라 너희가 하나님과 재물을 겸하여 섬기지 못하느니라"(마 6:24).

돈을 사랑하는 것이 일만 악의 뿌리가 되지만, 그렇다고 돈 자체가 악한 것은 절대 아니다. 누가복음 16장에 나오는 부자가 지옥에 간 이유는 재물이 많아서가 아니라, 문 앞에 있는 나사로에게 긍휼을 베풀지 않고, 자기를 위해서만 사용했기 때문이다.

재물이 크리스천에게 부로 쌓이는 것은 축복이 될 수도 있지만, 그 반대로 부가 쌓이면 짓지 않던 죄도 지을 수 있다. 우리가 천국에 가면 주님은 나에게 물어보실 것이다.

"너는 내가 맡긴 세상의 재물들을 어떻게 사용하고 관리하였는가?" "가난한 사람들에게 나누어 줌으로 돌려받겠다고 한 내 약속을 지켰는가?" 이 물음이 천국 결산의 기준이 될 것이다.

구약 당시의 인식은 부를 복의 상징으로 여겨 부자는 하나님의 복을 더 많이 받은 사람이라고 여겼다. 현대를 살아가는 우리는 '물질 과잉 시대'에 살고 있다. 더 큰 집, 더 좋은 차, 더 편리한 제품을 위해 만족이 없는 목표에 방점을 찍지 말고, 더 기도하고, 더 노력하고, 더 잘하기 위해 방향을 수정해 보면 어떨까? 준비 없이 맞이하는 공급 과잉은 인간에게 치명적인 약점을 드러낸다.

현대인들에게는 "돈을 좋아하는 바리새인"(눅 16:14)이 되어야 하는 이유는 너무나 많다. 주님을 따르는데 포기해야 할 것이 자신에게 너무 소중한 것이면, 영생에 대한 갈망이 줄어들 수밖에 없다.

> "재물이 있는 자는 하나님의 나라에 들어가기가 얼마나 어려운지 낙타가 바늘귀로 들어가는 것이 부자가 하나님의 나라에 들어가는 것보다 쉬우니라 하시니"(눅 18:24, 25).

장자크 루소(Jean Jacques Rousseau)는 "욕망은 우리를 자꾸만 도달할 수 없는 곳으로 끌고 간다. 우리의 불행은 거기에 있다"라고 했다. 사람들은 욕망의 끝이 어딘지를 알면서도, 그 끝에 어떻게 될지는 생각하지 않는다. 욕망을 성공이라고 포장하기도 하고, 목표를 향한 도전이라고 착각하기도 한다.

가난은 많은 것을 요구하지만, 탐욕은 모든 것을 원한다. 자연이 균형을 이루며 공존하듯이 인간 세계도 들숨과 날숨처럼 취하는 것만큼 나누며 균형을 맞추어야 행복하다.

예수님이 "주는 것이 받는 것보다 복이 있다"(행 20:35)라고 말씀하신 이유는 '주는 것이 받는 것의 기본'이기 때문이다. 많이 받으려면 많이 주면 된다. 주는 것과 받는 것의 균형에서 더 소중한 것을 얻는 사람이 지혜로운 사람이다.

사람들이 덧셈은 잘하면서도 뺄셈을 어려워하는 이유는, 자신의 것을 빼앗긴다고 느껴 불안해하기 때문이다. 설령 내게 그다지 필요하지도 않고, 사용하지도 않는 것일지라도 소유해야만 안정감을 느끼는 사람이 많다.

사해(死海)가 죽은 바다인 것은 요단강의 물을 받기만 하고, 다른 곳으로 흘러 보내지 않기 때문이다. 반대로 갈릴리 바다가 살아 있는 물고기가 넘쳐나는 것은 헬몬산에서 공급받은 물을 끊임없이 흘러 보내고 있기 때문이다. 주는 자가 받는 자보다 복되다. 왜냐하면, 주는 자가 받는 자보다 줄 만한 위치에 있기 때문이다.

네빌 고다드는 '부활'이라는 책에서 어떤 성공한 사업가가 "내 성공의 비결은 돈을 버는 것을 목적으로 삼지 않았다는 데 있다. 내 목표는 돈을 지혜롭고 생산적으로 사용하는 것이다"라고 한 말에 주목하고 그 사람의 태도를 다음과 같이 설명했다. "그는 자신이 이미 돈을 가졌다는 전제하에 항상 그것을 어떻게 잘 쓸 것인가에만 초점을 맞추고 있다. "돈을 얻는 데만 집중하는 것은 자신의 믿음 부족과 돈에 대한 결핍감을 느끼고 있다는 것만을 입증해 줄 뿐이라 생각했다"는 말은, 뺄셈을 하면 덧셈은 하나님의 은혜와 축복의 영역을 선포하는 것이다.

우리는 과연 준비된 하나님 것을 흘러 보내도 줄어들지 않는다는 믿음을 가지고 실행할 수 있는가 질문해 보자. 내가 힘들게 번 돈을 남을 위해 쓸 수 없는 이유는 '내 돈'이라고 여기며 집착하기 때문이다. 문제는 이 재물이 누구에게 온 것인가를 잊어버리면, 당연하다는 생각이 자리 잡는다. 실제로는 하나님 아버지가 주신 풍요는 축복이자 사랑이다. 문제는 인간이 가진 탐욕과 집착이 끝이 없기 때문에 적절히 멈추게 할 수 있는 브레이크가 필요하다. 그 브레이크는 말씀으로 돌아가는 것이다.

인간사에서도 불행의 그림자가 깊을수록 행복을 더 갈망하는 게 사람이다. 빚으로 인해 고통받았던 사람은 빚 없는 세상이 얼마나 좋은지, 이전에는 미처 깨닫지 못했던 사실에 대해 감사함을 느끼게 된다. 브레이크가 없는 세상은 위험하다. 전에는 당연한 것으로만 알았던 하나님이 주신 건강, 재물, 가족이 있음에 감사하고 기뻐해야 할 이유가 있다. 하나님은 어둠을 통해 빛의 소중함을, 불행을 통해 행복을, 질병을 통해 건강을, 고난의 터널에서 평범한 일상의 소중함을 알게 하시는 분이다.

글을 쓰거나 강의를 하기 위해 원고를 작성할 때 이것저것 하고 싶은 말을 넣다 보면 길어질 때, 더하는 것보다 무엇을 얼마만큼 빼야 하는가가 훨씬 어렵다는 것을 느낀다. 매번 원고 마감 시간까지 고심을 거듭하며 정하지 못하는 게 하나 있다. 바로 책 제목이다. 내가 생각했던 책 제목이 이미 있거나 중복된 것도 많다. 한 권의 책 내용을 담을 수 있는 함축된 10자 내외의 뺄셈이 가장 어렵다.

사람들은 나에게 "글을 잘 쓰려면 어떻게 하면 되나요?"라고 묻는다. 나도 전문 글쟁이가 아닐뿐더러 글 쓰는 법을 알고 글을 쓴 것이 아니기에 뭐라고 조언해 줄 입장이 아니다. 다만 내 책을 읽는 독자라면, 어떤 기대를 하고 책을 사고, 시간을 투자하여 읽었을 때 손에서 놓지 못하는 공감의 가치를 제공하는가이다. 그리고 독자들에게 읽을거리를 어떻게 제공할 것인가 생각하되, 많은 정보를 전달하겠다는 친절함이 오히려 산만하게 하고, 핵심이 없는 지루한 연설문이 된다. 때로는 독자들에게 잔소리로 들리기도 한다. 초보자들에게 나타나는 공통적인 현상이라 할 수 있다. 강의할 때, 청취자들에게 필요한 정보를 어떻게 효과적으로 전하고 함께 공감할 수 있을까 고민한다. 준비하고 생각했던 모든 것을 전달해야겠다는 과잉이 맥없이 지루하게 하지 않도록 해야 한다.

미국 유학할 때 교수님이 "청중을 지루하게 만드는 것은 죄를 짓는 것이다"라는 말은 좋은 내용이라도 인내하며 끝까지 듣는 사람이 없다는 말이다.

나는 글을 쓰거나 강의할 때 한 가지만 생각한다. 독자들에게 훈수를 두거나 특별한 정보를 주려고 하지 않는다. 먼저 '공감'을 불러일으키고, 더 나은 삶을 위해 한 걸음을 내딛는 '용기'를 줄 수 있다면 더 바랄 것이 없다. 내가 만난 많은 사람들은 정보가 부족해서 못 하는 것이 아니라, 알면서도 안 하든지, 못하든지 둘 중의 하나다.

생각의 사이즈를 키우면 내가 왜 이 일을 해야만 하는지? 내가 하지 않으면, 안 되는 일인지? 내가 잘하려면 무엇을 어떻게 해야 하는지? 생각의 부유함을 확장하면 답이 보인다. 우리는 생각할 여유가 없이 달리기만 했지, 내가 무엇을 위해 어디로 향하는지 정체성을 잃어버리고 속력만 내는 데 익숙하다.

사람들은 '열심히 사는 것'을 '잘 사는 것'으로 착각한다. 아니다. 열심히 사는 것에 에너지를 쏟으면, 잘 사는 데 쓸 에너지는 없어진다. **뺄셈의 미학은 사유(思惟)의 시간을 통해 힘을 빼고, 숨을 고르면서 다듬어진다.**

사진을 좋아하는 친구의 말을 들으면 "처음 사진을 시작하는 사람은 현실과 똑같이 표현하기 위해 노력한다"고 했다. 보통 사람들은 눈에 보이는 모든 것을 제대로 담아내야만 잘 찍었다고 생각한다. 사물을 정확하게 남기는 것은 실물 사진이나 증명사진에 쓰일 뿐이라고 한다.

흔히들 회화는 덧셈의 미학, 사진은 뺄셈의 미학이라고 한다. 회화는 하얀 백지에 화가의 생각을 채워 넣어 미를 창조하고, 사진은 앵글 속에 채워 있는 사물을 작가의 의도대로 하나씩 들어내어 복잡함을 간결한 미학으로 승화시키는 선택과 집중의 작업이다. 화각이 넓어지고 구도의 틀이 무너지면 무엇을 표현하고자 하는지 주제가 없어지기 때문에 간결과 단순성이 왜 중요한가를 알 때 미니멀리스트(Minimalist)가 된다.

기자 생활하던 선배도 "30년 넘게 글을 쓴 결과 잘 쓴 기사는 덧셈도 곱셈도 아닌 뺄셈의 미학이었다"라고 한다. 기자가 듣고 본 것, 아는 것을 다 기사화하면 이것은 기사가 아니라 기록이 된다. 몸통을 살리기 위해서 때로는 팔다리를 잘라내야만 본체가 산다.

말씀 묵상(QT)도 세상에 보이는 것과 들리는 잡다한 것을 내려놓고 주시는 말씀에 온전히 집중하는 뺄셈의 미학이다. 사람들은 늘 남들보다 더 많은 스펙을 쌓고, 더 좋은 직장에 다니며, 더 큰 집에서 살고, 더 좋은 차를 타야만 동창회에 나가도 할 말이 있다고 여긴다.

과연 그렇게 살기만 하면 행복할까? 그렇다고 대답하는 사람은 아마 없을 것이다. 그럼 왜 말과 행동이 서로 다를까? 영적으로 고갈된 갈급함을 물질로 해결하려 하니, 채워도 채워지지 않는 허기 때문이다. 그 허기는 세상의 것으로 채울 수 없다.

파스칼은 팡세에서 "인간은 영적인 존재다. 그래서 사람의 마음속에는 하나님만이 채울 수 있는 빈공간이 있다"라고 했다. 하나님의 평안은 문제가 없을 때 누리는 것이 아니라, 하나님이 나와 함께하시기 때문에 누릴 수 있다. 처음부터 하나님과 함께 살도록 약속된 영적인 존재였지만 사탄에 속아 그 약속을 어기고 하나님을 떠나는 죄를 범하게 되었다. 약속의 말씀에는 재물도 포함되어 있다.

그러나 불안한 미래 때문에 돈에서 안정감과 만족을 얻으려는 믿음이 하나님을 대신하고 있다. 우리는 자신이 행복해지기 위해서는 항상 무엇이 더 있어야 한다고 생각한다. 인생은 덧셈에서 해방되지 못하면 평생 불행하게 살게 된다. 그 덧셈을 위해 평생 밑 빠진 독에 물을 채우는 것과 같은 고단한 삶을 살게 되어 있다. 인간이 불행한 이유는 가져야 할 것이 점점 늘어나고, 단순했던 것이 복잡해지기 때문이다. 아무리 복잡하고 어려운 것도 말씀에 포커스를 맞추면 단순화해지고, 행복의 가치가 달라진다. 그러면 행복의 사이즈가 달라지고, 주님의 아이디어가 작동하기 시작한다.

덧셈과 뺄셈의 공식은 균형을 맞추며 공간이 채워질 때 각각 제 기능을 할 수 있다. 하나님의 공식은 나누고 주면 줄수록 채워 주신다는 믿음에서 시작한다. 만약 땅에 쌓이지 않으면 하늘에 쌓인다.

미국 역사상 최고의 부자였던 석유왕 존 데이비슨 록펠러(John Davison

Rockefeller)는 여러 가지 병으로 죽음을 예감하자 지금까지 물불을 안 가리고 모았던 전 재산이 아무런 도움을 주지 못한다는 사실을 깨달았다. 그는 "주라 그리하면 너희에게 줄 것이니 곧 후히 되어 누르고 흔들어 넘치도록 하여 너희에게 안겨 주리라"(눅 6:38)라는 말씀에 강한 도전을 받게 되어 삶의 근본적인 태도를 완전히 바꾸게 되었다. 이 말씀을 듣고 록펠러는 나누고 베풀기 시작하여 건강도 완전히 회복했으며 98세까지 살았다. 미시간 대학교 연구 책임자 브라운 교수는 다른 사람을 돕는 것은 자신의 생명을 연장시킨다는 논문을 발표했다.

지난 5년간 4백 명의 노부부들을 대상으로 조사한 후 타인을 돕는 사람들은 그렇지 않은 사람에 비해 수명이 훨씬 더 길다는 것이 증명되었다. 캘리포니아대학에서 2천여 명을 대상으로 조사한 결과도 마찬가지다. 2개 이상의 단체에서 자원봉사를 하는 사람이 그렇지 않은 사람에 비해 향후 5년간 사망 확률이 63%나 줄어들었다는 것이다.

사람의 본성은 받으려고 하는 데 익숙하여 주는 것에는 인색하다. 하늘나라의 창고는 나누고 베풀수록 채워진다는 원리를 알지 못하면, 힘써 번 돈을 어려운 이웃에게 내놓는다는 것은 거의 불가능하다. 결국은 남을 돕는 것이 자기를 돕는 것이요, 건강과 장수의 비결이기도 하다. 진리는 먼 곳에 있어 탐구하며 찾아가는 것이 아니라, 가장 가까운 내 곁에 있다.

" 기회가 왔을 때 배트를 힘껏 휘둘러라 "

나는 운동을 좋아한다. 모든 경기는 정한 룰에 따라 득점을 해야 인정해 준다. 야구는 스트라이크 세 개가 되면 삼진아웃 되고, 세 사람이 아웃 되면 공수교대가 되는 3.3 게임이다.

이 룰을 정한 이유는 누구에게나 공평한 기회를 주어 기회가 왔을 때 실패를 두려워하지 말고 방망이를 힘껏 휘두르라는 뜻이다. 잘 맞았는데도 수비 정면으로 날아가 플라이 아웃 되는가 하면, 빗맞았는데 운 좋게 안타가 되는 경우도 종종 있다. 경기에서 운은 한 번 정도는 따를 수도 있겠지만, 매번 기대할 수는 없다. 운도 열심히 노력하는 사람에게 따른다. 보너스라고 생각하면 억울하거나 아쉽다고 생각할 필요가 없다.

만약 타자가 아웃 카운트 상관없이 안타나 홈런이 나올 때까지 계속 배트를 휘둘러서 얻는 타율은 무의미하다. 지금까지 원칙 없이 흘러왔다면, 오늘부터 의미 있는 것을 하나씩 채워 보고, 할 수 있는 작은 일부터 해 보면 내 삶의 이정표가 되고 길이 될 것이다.

할 수 있는 작은 일은 그렇게 대단한 일이 아닐 수 있다. 평소 안부를 전하지 못한 지인들에게 전화 한 번 하는 것부터 시작해 보면, 긍정의 피드백을 얻을 수도 있다. 우리의 인생에서 너무 늦은 때란 없다. 어떻게 바라보고 기회를 맞이할 준비가 되어 있느냐에 따라 달라진다. 우리는 기도할 때 '좋은 일'만 일어나게 해 달라고 하고, 주는 것보다 '받는 것'을 위해 기도한다. **하지만 이제라도 나쁜 일이 일어나더라도 충분히 '감당할 수 있는 힘'을 주시고, 받기보다는 '주는 자'가 되게 해 달라고 기도해 보면 어떨까? 왜냐하면, 내가 볼 땐 나쁜 일이지만, 주님이 보실 때는 '더 큰 일'을 위해 다듬고 '준비할 수 있는 기회'가 될 수 있기 때문이다.**

평범한 사람은 '현상 속의 위기'를 보지만, 비범한 사람은 '위기 뒤의 기회'를 본다. 오늘 안타를 못 치고 삼진을 당했다면, 내일은 홈런을 칠지 누가 알겠는가? 홈런을 위한 삼진일 수도 있기 때문이다.

우리가 맞이할 시간과 기회의 소중함을 잊어버리고, 시간과 기회를 아무렇게나 대하면, 시간도 기회를 제공하지 않고 여러분들을 아무렇게나 대하고 흘러서 보낼 것이다. 사실 우리가 살아가는 이 시간에도 카운트다운을 하고 있지만, 단지 내 눈에 보이지 않을 뿐이다.

내가 계획을 세우는 데도 로드맵이 있고, 원칙과 룰이 있다. 원칙에 충실하며 로드맵을 따르는 것이 맞지만, 잔꾀를 부리다 탈선하거나 멈추기도 한다. 배트 휘두르는 횟수에 제한이 없으면 기회를 많이 얻을 것 같지만, 실은 그 기회는 기회가 아니다. 특히 혼자 있을 때 배트를 휘두르는 데 아무런 제한이 없다. 왜냐하면, 보는 사람이 없고 통제할 수 있는 사람이 자신뿐이기 때문이다. 대부분 사람들은 자신에게 관대하고, 남에게는 높은 수준의 잣대로 평가한다.

성공한 사람들은 자신을 엄격하게 통제하고, 원칙에 충실하려고 노력한다. 계획한 일이 잘 안 되면 자신을 더 귀찮게 해서라도 목표를 향해 방법을 찾는다. 자신의 인내심이 고갈되고 관점이 무너지면, 기회가 기회인 줄 모르고, 시간이 부자로 만든다는 걸 모른다. 삼진이 두려워 배트를 휘두르지 않으면 타율은 늘 제로다. '시작하지 않으면 아무 일도 일어나지 않는다'는 말은, 시작하여 성공할 수도 있지만, 설령 실패하더라도 일단 시작하는 것이 낫다는 말이다. 시도해서 실패하는 것과 시도하지 않고 실패하지 않는 것은 엄연한 차이가 있다.

엄밀히 말하면 시도하다가 실패하는 것은 실패가 아니라 성공의 디딤돌이 된다. 왜냐하면, 모두가 시행착오의 과정을 딛고 성공하기 때문이다. 과거에 익숙하여 편한 대로 흘러가도록 내버려 두면, 내가 원하는 인생을 한 번도 살지 못하고 평생 돈 걱정만 하고 살아야 한다. 자전거의 페달을 계속해서 밟아야만 넘어지지 않듯이 살아 있는 동안 계속해서 고단한 노동을 해야만 살아갈 수 있다.

부자가 되는 법을 안다고 모두가 부자가 될 수는 없지만, 가난해지도록 내버려 두지 않으면 모두가 가난해지지 않을 수는 있다. 이 말은 부자가 되는 법을 알기 전에, 왜 내가 가난하게 사는가를 아는 게 먼저라는 뜻이다. 성공한 사람들도 가난하게 사는 이유에 대해 원인을 찾고, 질문에 답하기 위해 노력하여 부자가 된 사람들이다. 물론 유산을 받아서 부자가 된 사람들이 있다. 엄밀히 말하면 이 사람들은 '부자가 된 사람'이 아니라, 부를 '세습 받은 상속자'이다.

성공한 부자들을 보면 금수저보다 흙수저가 많다. 나도 하면 된다. 그들은 되고, 나는 안된다는 법이 없지 않은가? 금수저가 금수저 되는 것은 크게 노력 없이도 자동 승계되기 때문에 부모를 잘 만난 것 말고는 특별할 것이 없다.

투기꾼이 좋아하는 것처럼, 성공은 빠른 시간에, 쉽게, 많은 것을 허락하지 않는다. 성공을 갈망하면 실패가 작게 보인다. 하지만 실패하면 모든 것을 잃을 수 있는 시도는 투자가 아니라 무모한 도박이다. 실패해도 충분히 감내할 수 있을 정도가 되어야 한다. 그래야만 다시 시도할 수 있는 기회를 얻을 수 있다.

지금 여러분에게 가장 필요한 것은 무엇인가?

첫째, 건강인가?

건강이 절실한 사람은 세상에 그 무엇도 필요 없고, 오직 건강 회복이 최고의 가치가 된다. 만약 여러분이 건강하다면, 이것 하나만으로도 성공적인 삶을 살고 있는 것이다. 성공 위에 주님의 미션을 건강하게 수행할 수 있는 은혜 주신 것이다. 건강할 때 건강을 지키고 유지하는 은혜도 일의 소명 못지않게 중요하다. 왜냐하면, 건강해야만 미션을 수행할 수 있기 때문이다.

둘째, 돈인가?

미국 복권 파워볼이나 메가 밀리언스로 1조 원에 당첨되었다는 기사를 종종 접하게 되면 마음이 끌리게 되는 게 사실이다. 그러나 그것을 성공이라고 말하지 않는다. 운이 억세게 좋아 하루아침에 돈벼락을 맞았을 뿐이다. 진정한 성공은 한꺼번에 이루어지는 것이 아니라, 시간을 두고 하나씩 성취된다. 시간의 과정을 통과하지 않고 결과만 보는 경우는 순서와 과정을 무시하게 되어 있다.

돈은 걱정거리와 욕망을 쉽게 해결할 수 있는 친절한 도구다. 하지만 돈은 양날의 검과 같아서 신앙생활에 가장 유익한 도구가 될 수도 있지만, 한편으로는 가장 큰 적이 될 수도 있다. 돈의 힘은 강력하지만, 우리는 약하여 넘어진다. 돈에 욕심을 낸다고 하여 순순히 우리의 욕구를 채워 준다면 백번이고 그렇게 할 것이다. 욕심은 채우는 것이 아니라, 다스림으로 내가 원하는 것을 온전히 가질 수 있다. 돈의 미혹은 우리에게 조바심을 내게 하고, 불나방이 되게 하며, 앞을 보지 못하게 한다.

돈은 멀쩡한 사람을 홀려 이상한 사람으로 만드는 명수다. 우리나라에서 믿음을 지키고 산다는 것은 초대교회와 같은 핍박이 없으니 그렇게 어렵지 않다고 말할 수 있을 것이다. 하지만 핍박보다 더 쉽게 타협하는 유혹의 갈등이 전염병처럼 퍼져 삶을 무너뜨린다. 그래서 이 시대는 '핍박의 시대'가 아니라 '유혹의 시대'라고 한다. 빌리 그레이엄(Billy Graham) 목사는 "만약 어떤 사람이 돈에 대한 태도를 바로 잡는다면, 이는 그의 모든 영역을 바로 잡는 데 도움이 될 것이다"라고 했다.

셋째, 평안인가?

마음에 하나님이 주시는 평안(Shalom)이 없는 사람은 무엇에 쫓기듯 불안하게 살아가는 것을 볼 수 있다. 행복의 가장 중요한 요소는 단연 평안이다. 아무리 돈이 많고 자랑할 건강이 있을지라도 평안이 없으면 쫓기듯 살 수밖에 없다.

아프리카 영양은 풀을 뜯다가 뒤에 있는 놈이 먹을 것이 부족하여 쫓기듯 앞서가고, 또 뒤로 처지는 놈은 더 빨리 뛰어서 앞서가고, 급기야 모두 뛰기 시작하여 나중에는 왜 뛰는가, 어디로 가는지도 모르고 계속 뛰다가 절벽이나 물속에 집단으로 빠져 죽는 경우가 허다하다고 한다.

현대 사회는 쫓기듯이 허겁지겁 살지 않으면, 오히려 불안을 느끼는 세대다. 돈을 버는 것이 목표가 되면 돈이 우상이 될 수 있고, 성공이 최종 목적이라면, 그 또한 우상이 될 수 있다. 우상이 우상을 만들어 내는 것은 우상이 진정한 안식과 평안을 가져다주지 못하기 때문에 더 빠져들도록 한다.

우상숭배는 경배 대상을 정해 그 앞에 절하고 복을 비는 것으로만 생각할 수 있지만, 하나님 자리에 다른 것을 두는 행위가 우상숭배다. 이러한 착시효과 때문에 크리스천들 중에서도 하나님보다 돈, 자식, 명예가 하나님의 자리를 차지하는 경우가 많다. 우상숭배는 단지 다른 죄악들과 같이 분류할 수 있는 동급이 될 수 없다. 모든 죄의 근원이며, 하나님을 대신하는 가증한 것들이다. 우리는 일터에서 최선을 다하지만, 이 일을 누구를 위해 하며, 왜 열정을 쏟는가? 목표를 이루면 그다음에는 무엇으로 보상받기를 원하는가?

성공한 것을 움켜쥐고 있으면 마음에 근심이 떠날 때가 없다. 목적 있는 삶을 살면, 나누고 베풀 때 하나님의 평강이 여러분의 마음에 깃들 것이다. 크리스천의 선물은 주님이 주시는 평안과 인도하심이다. 평안이 기쁨과 감사를 동반한다. **주 안에서의 평안은 문제가 없을 때 누리는 것이 아니라, 하나님이 함께하실 때 누릴 수 있는 특권이다.**

넷째, 인간관계인가?

미국 카네기 공대에서 졸업생을 대상으로 '성공의 비결'을 분석한 결과 기술과 실력은 성공 요인의 15%에도 못 미치는 것으로 나타났다. 그렇다면 무엇이 성공에 지대한 영향을 미치는가? 그것은 바로 '좋은 인간관계와 공감 능력'이 성공 요인의 85%를 차지한다는 점이다. 성공하려면 기술과 실력보다는 인간관계나 타인과의 교감 능력을 함께 갖춰야 한다는 것이다.

성공한 리더와 실패한 리더의 차이는 기술적 능력이나 지능 지수(Intelligence Quotient, IQ)가 아니라 '감성 지능(emotional intelligence, EI)'이다. 목표를 이룬 성공한 사람들이 인간관계의 어려움을 많이 호소한다. 목표를 향해 달리는 동안 '관계'가 소홀해지고, 미처 챙기지 못한 가정에 균열이 생기고, 동료들과도 관계 복원에 어려움을 겪는다.

우리는 어디를 향하여 가고 있는가? 그리고 지금 잘 가고 있는가? 이것은 '목표'에 관한 질문이다. 무엇을 위해 사는가? 이것은 '목적'에 관한 질문이다. 사람들은 목표와 목적을 혼동하여 그것이 마치 같은 것으로 아는 사람이 많다. '목표를 이루면 행복할 것이다' 이렇게 말한다. 완전히 틀린 말도 아니지만, 맞는 말도 아니다. 돈을 많이 버는 목표를 이루는 것과 행복을 위해 사는 목적은 다르기 때문이다.

목표를 이루었지만, 건강을 잃었다면 건강을 위하여 살지 못한 것을 후회할 것이다. 관계에 실패했다면 옛날로 돌아가 다시 시작하고 싶을 것이다. 우리에게 목표는 있지만, 목적이 분명한가를 돌아보아야 한다. **'무엇을 하며 사는가?'는 분명했지만, '무엇을 위해서 사는가?'가 불분명했다면 성공적인 삶이라고 말하기 어렵다.**

우리는 지난날로 다시 돌아간다면 새로 고치고 싶은 것이 많을 것이다. 그때 도전하지 못했던 아쉬움이 떠오르고 기회가 기회인줄 몰라 내일로 미루고, 실패가 두려워 시도조차 하지 못한 자신에 대한 자책과 회한이 오래 남기 마련이다.

책 몇 권을 쓰면서 매번 느끼는 것은 '고칠 수 있을 때, 고치는 것이 은혜'라는 것을 매번 깨닫는다. 원고를 다듬고 보완하여 다 됐다고 여겨 완성하려고 하면 여기저기 여전히 수정할 부분이 눈에 띈다. 이제 이만하면 됐겠지 하고 출판사에 넘기고 나서도 교정했으면 하는 부분이 마음에 남는다.

하지만 안타깝게도 이제는 교정할 수 없다. 우리 인생도 마찬가지로 고칠 수 있을 때 고치는 것이 은혜이며, 지혜로운 사람이다. 우리는 고칠 수 있는 기회가 올 때 발전하고, 성숙한다. 더 늦기 전에, 더 후회하기 전에, 고칠 수 없는 때가 오기 전에 고치는 은혜를 누리자.

IV.

주의 자녀인데
왜 가난한가?

하나님의 자녀인데 왜 가난한가요?

부는 소유가 아니라 영향력이다

내 속에 내가 너무 많다

사람들은 적은 것보다는 많은 것, 작은 것보다는 큰 것이 좋다고 여긴다. 모자라는 것은 결핍, 남는 것은 풍요라고 여기기 때문이다. 성장하면서 부족함에 대한 두려움과 아픔이 있는 사람일수록 모자람을 극도로 싫어한다.

월말만 되면 필요한 돈이 모자라 전전긍긍하며, 돈에 온 신경이 집중되어 모든 기쁨과 감사가 사라진다. 지금까지 돈이 풍족했던 적이 없었으면 내성(耐性)이 생길 법도 하지만, 돈의 결핍은 매번 목마르고 절망이 쌓이게 한다. 다른 사람은 다 잘 사는 것 같고, 자기만 어렵게 사는 것 같다. 다만 그렇게 보일 뿐이다. 그들에게도 갈등이 있고, 결핍이 있고, 어려움이 있다. 갈등과 결핍 그리고 어려움도 사람에 따라 다양하게 나타난다. 자랄 때 부모님의 사랑을 받지 못하고 자란 사람은 사랑의 결핍에 예민하여 상처를 잘 받는다. 회사에서도 동기들이 진급하는

데, 자기만 인사고과 성적이 나빠 탈락하면 회사 적응하는 데 어려움을 겪는 것과 같다.

현대인에게 요즘 생활이 어떠한지 물으면 "너무 바빠서 정신이 없어요"라는 말이 돌아온다. 정신이 없는 것도 결핍이다. 일에 대한 강박관념은 일종의 장애로 분류된다. 이는 일의 본질보다 사소한 것에 집착하며, 자신의 계획과 원칙에서 벗어나지 않으려는 반복적인 행동을 의미하기 때문이다. 일은 내게 뿐만 아니라 누구에게나 원래 많다. 일이 많기 때문에 바쁘기도 하지만, 정신없이 일하는 것은 나쁜 것이다. 이는 정신을 차리고 비록 더디더라도 제대로 하라는 신호이다. 일이란 살아 있는 동안 평생을 해도 끝이 없는 게 일의 속성이다.

일을 잘하면 잘하는 것만큼 할 일이 많아지고, 못하면 못하는 것만큼 해야 할 일이 쌓인다. 해도 해도 끝이 없는 게 일의 속성이다. 일은 연결되어 있기에 끝날 것 같으면서도 끝나지 않는 게 정상이다. 다시 시작하지 않고 하던 일을 덮으면 비로소 오늘 일이 끝나는 것이다. 따라서 일이 많은 것하고, 바쁜 것하고는 다르다.

일은 원래 힘들고 스트레스를 가져다주는 것으로 알고 있는 사람은 일을 시작하기 전에 이미 지쳐 있다. 사람들은 복잡한 스케줄과 지친 삶이 지극히 정상적인 것으로 알고 있다. 나도 매일 피곤하고 지쳐 있었지만, "피곤하다"고 하면, "당신만 피곤하냐, 나는 더 피곤하다"라고 할 것 같아 말도 못 꺼냈다.

지금 생각하면 그 많은 시간이 어떻게 지나갔는지 꿈만 같다. 아침 7시까지 출근해서 밤 10시 퇴근이 기본이고, 회사일 외에는 다른 생각을 할 겨를이 없었으며, 주말도 없었던 때였다. 사람들은 다 바쁘다고 하는데 자기만 안 바쁘면 능력이 없어서 그런가 하고 불안을 느끼는 사람들이 있다. 일이 많다는 것은 '앞으로 계속해서 할 일'이라는 뜻이다.

단시간에 해치울 일이 많은 것은 일이 '많은 것'이 아니라, 일이 '몰린 것'이다. 내가 일을 다 하는 것 같이 나만 바쁜 것처럼 보일 때가 있다. 남이 하는 것은 안 보이기 때문이다. 이때 우리가 취할 수 있는 행동은 회복을 위해 휴식하면서 생각할 시간을 갖는 것이다. 단지 쉬는 것으로는 정리가 되지 않는다. 자칫 휴가를 빡빡하게 다녀오면 떠나기 전보다 더 지칠 뿐이다. 에너지가 고갈될 때는 영도 함께 지쳐가기 때문이다. 우리의 영혼이 회복(Restoration)되어야 새로운 마음과 정신이 우리를 이끌어 간다. 매일 주변 사람들의 필요에 부응해 살다 보면, 창조적인 아이디어는 사라지고 신체적, 정신적, 영적으로 고갈될 수밖에 없다.

그러나 하나님은 끊임없이 능력과 힘 그리고 아이디어를 공급하시며, 그것이 나를 통해 다른 사람에게로 흘러가기를 원하신다. 다시 채워지려면 하나님과의 연결이 끊어지지 않도록 주 안에 있어야만 소생할 수 있다.

시편 23편 3절에 "내 영혼을 소생시키시고"에서 "소생시키다"에 해당하는 히브리어 "예쇼베브"는 '돌아오다(bring back)'라는 뜻을 가지고 있다. 이는 하나님의 백성이 하나님께 돌아오고, 하나님이 그분의 백성에게로 다시 돌아오는 것을 말할 때 사용된다. 집을 나갔다가 다시 아버지 집으로 돌아오는 탕자처럼 아버지께 돌아오는 것을 말한다. **하나님의 관심은 우리의 '문제'를 해결하는 것보다, 우리를 '변화'시키는 데 집중하신다. 말씀은**

우리가 문제에 직면했을 때 해결할 수 있는 모든 자원을 가지고 있다. 내 속에 내가 많으면 주님의 것이 보이지 않는다. 세상의 일은 해결하기 위해서 이것저것 필요한 것이 많지만, 하나님이 우리의 문제에 개입하여 해결하실 때 필요한 것은 우리의 '상한 마음'뿐이다. 우둔한 사람은 쉬운 일을 어렵게 하려고 하고, 어려운 일은 쉽게 하려고 한다. 유능한 사람은 쉬운 것은 쉬운대로, 복잡한 것은 단순하게 접근하면서 해결해 나간다. '단순한 것이 아름답다(Simple is beautiful)'는 말과 같이, 단순화는 능력 있는 사람에 의해서 재탄생된다.

한때 미니멀리스트(Minimalist)라는 말이 많이 회자가 되었다. 미니멀리스트란 단순함과 절제를 통해 불필요한 요소들을 제거하고, 일상에 꼭 필요한 물건들만 소유하고 사용하는 절제의 미덕을 말한다. 즉 시각적인 현상을 최대한 간소화하여 실용적이고, 유용한 물건에만 초점을 맞추는 것이다. 최근 머무는 공간을 편안한 안식처로 만들고 싶어 하는 사람들이 늘어나면서 미니멀 인테리어가 급부상하기 시작했다. 물건을 줄이는 데 집중하는 간결한 구성을 연출한다. 주님이 주시는 평안도 생각의 단순화에서 오는 선물이다.

미니멀라이프(Minimal Life)를 실현해 보면, 늘 부족하다고 불평했는데, 실은 가진 게 많은 과잉 시대에 감사할 줄 몰랐다는 반성을 하게 된다. 만족은 물건들로 채워지는 게 아니라는 것을 알게 된다.

가진 것이 적을수록, 더 많은 것을 얻는다(The less I have, The more I am)라는 말이 있다. 덧셈보다 뺄셈을 추구하는 미니멀라이프가 복잡한 현대를 살아가는 지혜이기도 하다. 공간의 비움을 통해 마음의 여백을 만들어 주고, 여유와 쉼을 주면서 생각을 끌어들인다.

마음을 비울수록 생각을 사유할 여유가 생기고, 심호흡을 할 수 있는 공간이 생긴다. 우리는 공간이 있으면 채울 생각을 먼저 한다. 공간은 여유를 제공하고, 여유는 생각으로 채울 수 있기에, 우리가 생각하는 텅 빈 공간이 아니라 상상의 창고다. 나의 잡다한 것들을 비우면 애쓰지 않아도 머리가 기억하고, 몸이 반응하여 나의 정리된 생각들로 가득 채울 수 있어 좋다.

반대로 맥시멀리스트(Maximalist)란 말이 있다. 이는 단조롭고 정형화된 공간을 탈피하고, 장식을 통해 유용한 물건들로 공간을 채움으로써 시각적인 즐거움과 더불어 삶에 활력을 불어넣고자 한다. 이들은 자신이 원하는 자재나 가구, 소품, 장식물 등으로 꾸미고, 다양한 요소에서 만족을 느끼고 활용하고 찾는다. 채워야만 안정감을 느끼고 만족을 느끼는 사람들은 부족하면, 나의 빈 마음처럼 허전하고 횅한 정서적 분위기를 싫어하기 때문이다.

비움이 채움보다 더 쉬울 것 같은데 인간은 주는 것보다 받는 것을 좋아하는 것처럼, 채움이 언제나 만족을 준다고 생각한다. 음식을 먹는 것은 결심을 요구하지 않지만, 다이어트를 하는 데는 큰 결심이 필요하다.

올해 몸무게를 몇 킬로그램까지 늘리겠다는 사람은 드문 반면에, 몇 킬로그램을 빼겠다는 사람들은 러시를 이룬다. 나이가 들어갈수록 주름이 느는 것 같이 물건이 쌓인다. 버리는 것이 아깝게 느껴지고, 물건이 늘어 가면 나이가 들었다고 생각하면 된다. 자기만족을 위해 소유를 늘리지만, 결국은 보이는 것들로 인해 안정감을 추구한다.

우리나라는 유일하게 성형수술 1위, 화장품 판매 1위인 나라다. 2024년 국제미용성형외과학회 발표에 따르면 1위 한국은 인구 1,000명당 8.9명이 성형수술을 했다. 남녀노소 100당 약 1명꼴이다. 젊은 여성을 중심으로 하면 25~33%가 성형수술을 하고 있다는 통계다. 그중에 젊고 날씬하게 보이려는 지방 흡입 수술이 가장 많다고 한다.

한국 미용성형 시장 규모는 약 15조로 세계 미용 시장의 약 25% 점유율을 차지하고 있다. 일본은 14위, 대만은 18위이다. 우리는 세계에서 유일하게 젊고 날씬하게 살기 위해 엄청나게 노력하는 외모지상주의 민족이다. 내 속에 내가 너무 많아 나조차도 객관적으로 볼 수 없다.

내가 어떤 사람이고, 무엇을 하느냐가 중요한 것이 아니라, 남이 나를 어떻게 봐주는가에 목을 매고 살아가는 우리의 모습이다. 세계 모든 사람이 젊어 보이고 싶고, 예뻐 보이고 싶은 마음은 똑같을 것이다.

단지 자신이 보일 수 있는 매력이 그것밖에 없다는 생각을 하면 이해가 되지만, 뭔가 다른 것이 있지 않을까 생각하면 뒤끝이 남는 것은 어쩔 수가 없다. 평범한 사람은 남들에게 관심이 많지만, 똑똑한 사람은 남에게 배울 것 말고는 관심이 없다. 사람들이 자기에게 관심이 많아 자꾸 쳐다볼 것 같지만, 실제로 자기 앞가림하기도 힘들어 관심이 없다.

첫사랑이 미완성이어야만 완성이 되는 유일한 작품인 것처럼, 내 속에 내가 너무 많아 미완성으로 남는 게 인생이다. 무언가 조금 부족한 듯 사는 것도 나쁘지 않다. 부족할 때 채움의 기쁨이 있고, 일상에서 감사를 찾으면서 삶은 완성되어 간다.

단지 우리에게 무엇을 들어내고, 어떤 것으로 채울 것인가에 대한 기준이 필요할 뿐이다. 가난하게 산다면 내게 들어낼 것과 채울 것이 무엇인가를 찾아내어 어젠다(agenda)를 만들고 우선순위를 정하는 것이다.

예를 들면, 게으름이 가난을 불러온다면 게으름을 들어내야 한다. 만약 바쁜 것을 좋은 것으로 알고 있을 때 삶의 위기가 온다. 중요한 것을 놓치고 산다는 의미다. **일 욕심을 내려놓고 자신과 주위를 돌아보는 여유가 가져다주는 쉼표가 왜 필요한지 알아야 한다.**

또 사람보다 일을 중요시할 때가 가장 위험할 때다. 직장 동료뿐만 아니라, 사랑하는 가족 관계에도 문제가 생긴다. 가족을 위해 일하지만, 일로 가족과의 관계가 소홀해지고 틀어지는 아이러니를 경험하게 된다. 덧셈에서는 보이지 않던 것이 뺄셈에서만 보이기 시작한다. 우선순위가 바뀌면 성공하는 것 같지만 나중에는 모든 것을 잃는다.

그리고 사람들에게 좋은 사람으로 인식되기 위해 애쓰지 말라. 그렇게 되려고 하면 할수록 진실한 자신을 들여다볼 수가 없다. 그리고 다른 사람도 나에게 좋은 사람으로 다가오는 것을 기대하지 말라. 좋은 사람이 되려고 하면 할수록 나쁜 사람이 될 수 있다. 내게는 좋은 사람이지만, 남들에게는 나쁜 사람이 될 수 있기 때문이다. 실제로 누구에게나 좋은 사람이 될 수가 없다. 에고이즘(Egoism: 이기주의)에서 벗어나면 자신을 마주할 수 있다. 위대한 사람이 위대한 일을 하는 게 아니라, 위대한 일을 시작하는 사람이 위대한 사람이다.

사람의 가능성을 발견하고 시간을 위대하게 쓰는 방법을 배워야 한다. 시간을 위대하게 쓴다는 말은 '이 시간이 지나고 난 다음에 후회가 없는 것'을 말한다. 시간을 의미 없이 흘러 보내고, 시도하는 일이 없으면, 셰익스피어처럼 "지금까지 시간을 함부로 썼는데, 이제 시간이 나를 함부로 대하네"라고 할 것이다. 삶에 많은 것을 갖다 붙인다고 해서 비례하여 더 좋아지고 풍성해지는 것은 아니다.

하나님의 말씀을 듣고 묵상할 때 내 속에 내가 많으면 말씀이 간절하게 다가오지 않는다. 말씀 없이도 잘살아갈 것 같기에 기도도 건성건성하게 되고, 습관적인 종교인이 된다. 주님이 말씀하시지 않으면, 그 길이 아무리 좋아 보여도 가면 안 된다.

반대로 말하면, 그 길이 아무리 힘들어도 주님이 말씀하시면 가는 게 사명이다. 우리는 어디로 가야 할지를 알지 못하지만, 주님은 나보다 나를 더 잘 아시기 때문에 묻고 물을 수밖에 없다.

"너희는 여호와의 말을 들을 찌어다"(미 6:1).

우리는 말하기를 좋아하고 듣는 것을 싫어한다. 하나님의 말씀은 듣는 것이고 믿는 것이다. "하나님이 내게 말씀하신 적이 단 한 번도 없어! 단지 희망 사항에 지나지 않아!"라고 말한다면, 말씀하시지 않는 것이 아니라 내게 들리지 않는 것이다.

말씀은 확성기인데, 주파수를 세상에 맞추고 있어 내게 들리지 않는 것이다. 그런데 '듣는다'는 것은 매우 실질적이면서도 추상적이다. 누구에게는 실질적이고, 또 누구에게는 추상적일 수밖에 없다. 믿음은 실제로 일어난 사건을 믿는 것이며, 앞으로 일어날 사건을 믿는 것이다. 하나님의 뜻은 말씀을 통하여 이루어지는 수단이다.

말씀은 소리로 들리는 것이 아니라, 마음에 울림을 주고 깨달음을 준다. 이러한 감동과 깨달음을 내 삶에 적용하고 반응하며 살아간다면, 하나님의 음성을 듣고 있다고 할 수 있다. 힘들고 어려울 때, 모든 상황의 배후에서 여전히 하나님이 다스리고 계심을 믿는다면, 하나님의 음성인 것을 아는 것이다.

대학부 간사로 있을 때 이런 질문을 자주 받았다. "간사님, 주님의 음성을 어떻게 들을 수 있고, 그것을 어떻게 알 수 있나요?"라고 질문한다. 초자연적인 음성은 우리의 노력이나 바램에 의해 들려질 수 있는 것이 아니기에 논외로 하고, 다른 하나는 신앙생활 중 여러 통로로 들려주신다. 말씀과 기도를 통해, 그리고 묵상과 나눔, 설교를 통해 터치하고 깨닫게 하신다. 나의 욕망을 이루기 위해 음성을 듣고자 하는 것은 아닌지, 하나님의 음성이 들릴 때까지 인내하며 간구해야 한다.

대부분의 사람들은 기다리지 못하고 특별한 사람만이 들을 수 있는 것으로 포기해 버린다. 민수기 10장 1절~10절에 기록된 구름 기둥과 불기둥이 눈으로 보는 신호라면, 나팔소리는 귀로 듣는 신호다. 구름 기둥과 불기둥을 보지 못하는 사람과 나팔소리를 듣지 못하여 반응하지 못하는 사람은 영적 전쟁에서 승리할 수 없다.

내 속에 내가 많으면 주님의 신호인지, 세상의 소리인지 분간하지 못한다. 나팔소리를 듣는 것은 이스라엘 백성이 치르게 될 전쟁이 거룩한 하나님의 임재를 선포하고, 그분의 도움을 호소하는 영적 의미가 있다.

그리고 나팔을 부는 것은 하나님의 백성이 드리는 기도를 상징하고, 모세가 능력의 지팡이를 오른손에 잡고 있듯이, 우리 손에는 기도의 나팔이 들려 있어야 한다. 기도의 나팔을 불 때마다 기억하시고 도와주시겠다는 주님의 약속을 신뢰하는 것이다. 기도는 우리가 약할 때 주님의 능력을 의지하는 항복선언과 같은 것이다. 만약 내가 강하다면 기도를 통해 얻을 수 있는 유익은 아무것도 없다.

하나님은 즐거운 상황뿐만 아니라, 힘든 상황을 통해서도 우리를 보고 계신다. 하나님은 우리의 매일의 삶에서 크고 작은 일들이 벌어지는 모든 상황 한가운데 계신다. 미신은 인간이 돈이나 정성으로 신의 마음을 달래서 자신의 목적을 성취하려는 것이다. 이런 경우 자신은 절대 변하지 않는다. 즉 자신은 그대로 있으면서 재주껏 신의 마음을 돌이키려는 것이 미신의 특징이다. 이에 비해 신앙의 특징은 하나님을 변화시키려는 것이 아니라, 말씀 앞에서 자신이 변화되는 것을 의미한다.

따라서 하나님을 믿느냐, 믿지 않느냐도 중요하지만, 어떤 믿음을 가지고 있느냐가 더 중요하다. 자기 변화를 수반하지 않는 믿음이란 미신에 지나지 않기 때문이다. 하나님께 간구하는 기도가 나의 목적을 성취하려는 미신적인 신앙이 없는지 돌아볼 필요가 있다.

우리가 매일 QT를 하는 이유도 날마다 말씀하시는 하나님을 만나기 위해서다. 그리스도인은 날마다 말씀 앞에 단독자로 코람데오(Coram Deo)의 영광 아래 매 순간 하나님 앞에 홀로 서는 존재다.

한 문제를 놓고 반복적으로 생각하면 그것은 '걱정'이라 한다. 그러나 하나님의 말씀을 반복적으로 생각하면 그것은 '묵상'이다. 우리가 걱정하지 않는 방법을 안다면, 묵상하는 방법은 이미 터득했다고 볼 수 있다. 우리의 관심을 걱정거리에서 성경 말씀으로 눈을 돌리면 묵상이 된다.

내 생각으로 살았던 것을 말씀으로 변화되기 위한 삶을 선택하고, 하나님께 끊

임없이 길을 묻는 것이 묵상의 핵심이다. 내 생각과 의지를 완전히 내려놓을 그때 비로소 하나님이 일하신다. 하루를 말씀으로 열어 갈 때 하루를 살기에 충분한 일용할 양식을 주시고, 내일은 또 어떤 말씀을 채워 주실까 기다리는 게 QT의 본질이다.

우리는 듣고 싶은 말을 듣기를 원한다. 그러나 들어야 할 말을 들어야 하나님이 원하시는 삶을 살 수 있다. 말씀은 내가 하는 것이 아니라 하나님이 하시기 때문이다. 지금도 말씀하신다. 그 말씀을 듣고, 깨닫고, 행하는 것은 온전히 나의 결정이다. QT도 누구나 시도하지만, 누구나 성공하는 것은 아니다. 인내의 크기에 비례해서 성공의 크기가 결정된다. 말씀 앞에 나갈 때 열심과 정성 그리고 중심이 흐트러지면 안 된다. 그냥 하는 것이 아니라 '해내는 것'이다.

이스라엘 백성이 하나님을 전적으로 의지하며 믿음이 뿌리내린 곳이 풍요로웠던 가나안이 아니라 '광야'였고, 그들이 잃어버린 비전과 소명을 되찾은 때도 두 번째 광야 시절이라 할 수 있는 '바벨론 포로' 기간이었다.

물이 넉넉해 매력적인 땅인 소돔이 롯의 가정을 영적으로 황폐하게 만들었고, 젖과 꿀이 흐르는 가나안 땅이 이스라엘 백성들을 영적으로 타락시키고, 무뎌지게 했다. 하나님이 복을 주시지 않아서 백성들이 타락한 것이라면 할 말은 있을 것이다.

이스라엘을 선민으로 구분해 부르신 하나님은 그 백성에게 약속의 땅을 주시고 가나안을 지배하며 살라고 하셨지만, 하나님의 계획과 달리 이스라엘 백성은 하나님이 하지 말라고 하는 것을 자기 소견대로 다

했다. 결국, 가나안은 이방 우상의 지배 안에 들어갔고 하나님과 멀어지며 심판을 자초했다.

미국에서 300만 달러 이상 복권에 당첨된 이들 가운데 80%가 3년 안에 파산한다고 한다. 왜 그런가? 탐욕을 절제할 수 있는 브레이크가 작동하지 않기 때문이다. 돈의 풍요에 생각과 이성이 마비되어 앞 못 보는 장님이 된 그들은 가장 먼저 다니던 직장을 그만두고, 그럴듯한 명함을 만들어 부자 행세를 한다.

보란 듯이 이것저것을 사들이는 데만 관심이 많았지, 재정 관리를 어떻게 해야 하는지 이에 대해서는 관심이 없다. 운이 억세게 좋은 것은 행운일 수도 있지만, 재앙이 되지 않도록 하나님이 주신 기회라고 여긴다면 직장을 그만둘 일도, 파산할 일도 없을 것이다. 하나님의 축복이라는 사실을 알고 깨닫기 전에 먼저 타락의 삶을 추구하는 게 인간의 속성이다. 채워도 목마르고 만족이 없다면, 내 속에 내가 너무 많아 하나님이 계실 자리가 없기 때문이다.

아무리 해도 안 되는 게 있다

예수님과 인격적인 만남을 경험하고, 교회 공동체 생활도 좋아지고, 말씀과 찬양에서 회개와 감사의 눈물을 흘리면 따뜻한 주님의 품에 안기는 것처럼 포근하다. 그런데 포근함이 가시기도 전에 대출금이나 카드 연체 독촉 전화를 받으면 은혜를 다 쏟고 냉혹한 현실로 돌아간다.

재정 상담할 때 집사님은 "장로님, 아무리 해도 안 되는 게 있습니다. 어떻게 하면 좋을까요?"라고 한다. 그것은 바로 '돈' 문제다. 강의를 듣고, 경제 서적을 보고, 가계부도 쓰고, 절약하면서 애를 써보면 좋아지리라고 여겼는데, 현실로 돌아오면 재정 상태는 여전히 그대로 문제로 남아 있다고 한다.

전번 달에 부족한 돈이 이번 달이라고 해서 채워진다는 보장이 없기 때문에 더 절망스럽다. 그게 매번 문제가 되는 것은 들어오는 돈보다 나가는 돈이 많다는 뜻이다. 좋아지리라고 생각했던 것은 좋아지지 않고,

그대로 있으면 스트레스를 받는 것은 당연하다.

특히 돈 문제는 그렇다. 단순히 부족한 것을 다른 것으로 채우고, 지금 쓸 것을 나중으로 미루고, 절약하며 덜 쓰는 것으로는 해결이 되지 않는다. 지금 당장 필요한 것을 지출하지 않으면 문제가 생기기 때문이다. 그렇다고 금방 소득을 늘릴 수 있는 것도 아니다.

부족한 돈은 교양, 인격, 지식, 명예 모든 고상한 것들을 깡그리 무시한다. 그래서 돈을 인격이라고 한다. 내가 돈을 인격으로 대하든, 대하지 않든 나의 뜻과 상관없이 돈은 있는 자에게는 한없이 약하게 굴고, 없는 자에게는 무자비하게 굴며 복종시킨다.

노력해도 채워지지 않고, 늘 부족해 목말라 있다. 지금까지 살면서 돈이 풍족한 적이 한 번도 없었다. 따라서 월급을 받아도 부족하고, 맞벌이해도 모자라는 재정이 채워지지 않는 허기가 삶을 무력하게 하고 지치게 만든다.

바울처럼 어떤 형편에 처하든지 '일체의 자족(Self-sufficiency)하는 법'(빌 4:11)을 배우기 전에는 채워도 늘 갈급한 것이 돈이다. 만약 돈이 많으면 많을수록 만족하고, 행복해진다면 말씀도 나눔보다 가짐을 더 강조했을 것이다.

"은을 사랑하는 자는 은으로 만족하지 못하고 풍요를 사랑하는 자는 소득으로 만족하지 아니하나니 이것도 헛되도다"(전 5:10).

인생은 시작도 빈손이고, 마지막도 빈손이기 때문에 오늘 주시는 말씀에 따라 성실히 사는 것이 최선의 삶이다. 우리가 내일을 걱정한다고 해서 달라지는 게 하나도 없다. 오늘 살아 있다고 해서 내일도 산다는 보장이 없을 뿐만 아니라, 잘 산다는 보장은 더욱 없다. 이 땅의 삶이 변하고 소멸된다는 것을 모르는 사람에게는 해결할 수 없는 고통이 뒤따른다.

젊었을 때는 자신이 늙은 모습을 상상하지 않는다. 주름살이 생기고 여기저기 아프고 거동이 불편해지면, 그제야 늙어 간다고 실감하는 게 인간의 본모습이다. 그렇다고 늙어 간다는 것을 모르는 것은 아니다. 단지 생각하기 싫을 뿐이다.

채울 수 없는 것을 채우고자 하고, 붙잡을 수 없는 것을 붙들려고 번민하며, 잠을 이루지 못하는 근심이 돌이킬 수 없는 상처를 남기게 된다. 지금 돈이 부족한 것은 '현상'이다. 현상이 나타나는 데에는 '본질'이 항상 존재한다.

오늘도 가난이 계속되는 것은 '현상'이다. 그리고 가난이 반복되는 원인이 '본질'이다. 돈이 늘 부족한 현상만 보고 한숨 쉬지 말고, 원인을 찾아 개선하고 해결책을 모색하여 실행해야 현상이 사라진다. 그 이유를 찾아 개선하지 않으면, 앞으로도 계속 가난하게 살아야만 한다.

이 원리를 알기 전에는 경제적 자유가 어렵다. 선물을 받았을 때 선물은 현상이다. 본질은 그 '선물을 나에게 준 사람'이다. 선물의 가치는 선물을 주는 사람이 결정하기 때문이다.

"주신 이도 여호와이시요 거두신 이도 여호와이시오니 여호와의 이름이 찬송을 받으실지니이다"(욥 1:21)라고 고백한 욥처럼 우리의 소유는 하나님이 결정하신다. 안 된다는 것을 깨우쳐 주시는 것도 하나님의 은혜이며, 안 되는 것을 되게 하는 것도 하나님의 능력이고, 지혜며, 말씀의 힘이다. 지금부터 현상에 매몰되지 말고 본질에서 벗어난 것을 하나씩 하나씩 끄집어내어 '나는 왜 안 되는가?' 재정 계획을 새롭게 리뉴얼해 보자.

첫째, 수익에 맞게 소비하고 재정을 관리하고 있는가? 초과 지출이 된다면 원인을 먼저 분석해야 한다.

 초과 지출의 원인 분석

1. 현재 상태를 유지할 항목
2. 줄이고 절약할 항목
3. 지출하지 않아도 되는 항목
4. 가장 많은 돈이 나가는 항목
5. 앞으로 더 추가되어야 할 지출 항목

5단계로 나누어 세밀하게 적어 보면 가정 경제의 밑그림이 나온다. 우선순위를 정하여 절약하고, 소비를 줄이는 재정 계획은 크리스천들에게 꼭 필요하다.

최고의 재테크는 수입을 늘리는 것이지만, 그것 못지않게 중요한 것은 재정 건전성(Fiscal soundness)을 향상시키는 것이다.

재정 건전성은 지출과 관리에 있어서 투명하여 한눈에 재정을 파악할 수 있으며, 자신이 부담할 수 있는 능력 범위 내에서 재정 예측이 가능하고, 지속 가능한 것을 의미한다. 이렇게 했는데도 초과 지출이 된다면, 수입을 늘리기 위한 N잡러가 되든지, 고정비용을 줄이는 특단의 조치가 필요하다.

둘째, 빚을 포함한 지출되는 고정 금액을 줄여라.

만약 빚이 있다면 가장 먼저 빚부터 차근차근 갚는 계획을 세워야 한다. 물론 좋은 빚과 나쁜 빚이 있다. 레버리지 효과로 대출금 이자 이상의 수익을 낸다면 좋은 빚이다.

그러나 초금리 시대에서 지속적인 수익을 내기란 쉽지 않다. 될 수 있으면 먼저 빚을 갚고 난 후에 재테크 계획을 세우는 게 좋다.

나에게 투자에 대해 조언을 구하면, 먼저 "빚은 없어요?"라고 묻는다. 그리고 "자기 자본으로 투자하세요?"라고 묻는다. 빚이 있거나 빌린 돈은 투자다운 투자를 할 수 없는 불안정한 돈이다. 급한 돈은 급하게 돌아 오지 않을 확률이 높다. 한 번에 대박을 꿈꾸다 쪽박을 차는 사람을 많이 본 터라 걱정이 앞선다.

셋째, 모든 불행과 두려움이 돈이 없어서 그렇다고 생각하지 말라.

이 생각은 사탄이 우리에게 계속 심상화(Imaging)시켜 돈의 노예가 되게 한다. 맘몬은 돈을 쌓아 두어도 내면에 만족이 없도록 갈급함을 계속 부추긴다. 있어도 만족이 없고, 없어도 만족이 없도록 충동질한다.

이 세상에는 얼마 이상의 돈을 가지면 부자이고, 삶이 자유로워진다는 기준이 존재하지 않는다. 맘몬은 돈을 더 많이 가지면 가질수록 좋다는 메시지만 계속 주면서 기쁨, 감사, 만족을 빼앗을 뿐만 아니라, 돈이 없으면 사랑하는 사람이 나를 떠날 것 같은 두려움을 주고, 가족으로부터 인정받지 못할 것 같은 불안감을 심어 준다.

사람들은 매일 두려움과 불안에서 떨고 있는 어린 새의 모습에서 '길 잃은 자신의 모습'을 만나게 된다. 내 삶의 주체를 무력하게 만드는 어떤 세력도 단호히 주님의 이름으로 거절하면, 나의 주인이 되시는 주님의 말씀 안에서 평안과 기쁨과 감사가 찾아온다. 주님은 그때마다 사람이 필요하면 사람을 붙여 주시고, 돈이 필요하면 공급의 통로를 열어 주시며, 건강이 필요하면 치유와 회복을 돕는 손길을 붙여 주신다.

넷째, '가능한 일'과 '불가능한 일'이 동시에 존재하기에 잘 구분하라.

가능한 일을 하지 않는 것은 게으르고 무능한 것이며, 불가능한 일에 매달리는 것은 분별력이 없고 무모한 것이다. 우리가 가난하게 쪼들리면서 사는 것도 이런 이유 때문이다. 할 수 있는 일에 집중하고 라이프스타일을 단순화시키면, 차근차근 무엇을 어떻게 해야 하는지 알게 된다.

나에게는 '잘하는 일'과 '못하는 일', '할 수 있는 일'과 '할 수 없는 일' 그리고 '좋아하는 일'과 '안 좋아하는 일' '해도 되는 일'과 '해서는 안 되는 일'이 존재한다. 삶에서 돈으로 해결할 수 있는 것들이 늘어나면 편리하게 살 수는 있지만, 돈 외에는 소중한 모든 것들이 차선으로 밀리게 된다. 세월이 흘러 비로소 돈보다 소중한 것들이 많다는 것을 알게 될 때는 이미 늦다.

심지어 사랑을 돈으로 해결하려고 하고, 인간관계도 돈이면 된다는 생각은 극히 위험한 발상이다. 사랑에는 사랑의 본질이 있고, 인간관계도 본질을 떠나면 훼손된다.

"제가 할 수 있는 일에는 도전할 수 있는 용기를 주시고, 할 수 없는 일에는 조용히 받아들일 수 있는 침착함을 주셔서 이 두 가지를 구별할 수 있는 지혜를 주옵소서"라고 기도하자.

다섯째, 돈보다 더 중요한 가치를 극대화시키면 부자가 된다.

돈, 시간, 건강의 공통점이 있다. 이 세 가지가 있는 사람과 없는 사람이 확연히 구분된다는 사실과 풍족할 때는 고마움을 모르다가 부족할 때야 소중함을 비로소 알게 된다는 점이다. 그러므로 돈, 시간, 건강은 인생의 참 스승이기도 하다. 그나마 돈은 없다가도 있을 수 있고, 부족하면 좀 더 버티고 견디면 좋은 날이 올 수도 있다.

하지만 시간과 건강은 한 번 잃으면 영원히 회복할 수가 없다. 그래서 부자들이 가장 부러워하는 것도 시간과 건강이다. 사는 게 힘들어 오늘은 눈뜨기 싫더라도, 내일은 찬란한 아침을 기다린다. 그게 인생이다. 죽을 것같이 힘들어도 오늘 죽기를 원하는 사람이 없는 것을 보면 알 수 있다.

오늘은 실패하더라도 더 나은 내일을 기다리는 힘이 본능적으로 작용한다. 우리에게 지금 가장 필요한 것이 무엇인가? 돈이 좀 없더라도 없는 것 생각하지 말고, 있는 것 시간과 건강을 감사하면, 나는 이미 백만장자에서 시작할 수 있다. 주 안에 있기만 하면, 재정이 좋아지든지, 건강이 좋아지든지 어느 하나는 좋아지게 되어 있다.

따라서 시간이 있을 때 지혜롭게 세월을 아끼고, 건강할 때 건강을 챙겨야 한다. 젊을 때는 자신의 늙은 모습을 상상하지 않는다. 상상하지 않는다고 늙지 않는 것은 아니다. 단지 생각하기 싫을 뿐이다. 현실을 빨리 받아들이고 준비하고 대처하는 사람이 지혜로운 사람이다.

나는 내 나이가 정확하게 몇 살인지 모른다. 매년 바뀌기 때문이기도 하지만, 나이 먹는 것이 반갑지 않기 때문이기도 하다. 다만 이 말씀을 기억하고 기도한다.

> **"모세가 죽을 때 나이 백이십 세였으나 그의 눈이 흐리지 아니하였고 기력이 쇠하지 아니하였더라"**(신 34:7).

실제로 아무리 노력해도 안 되는 일이 훨씬 많다. 하나님이 우리가 노력해도 안 되는 일을 남겨 놓으셨기 때문이다. 우리가 기도할 때 주님이 일하신다는 것은 기도가 우리 삶에 중요한 부분을 차지한다는 뜻이다.

그러므로 여기에 우리가 기뻐하고 감사해야 할 이유가 있다. 노력해도 안 되는 게 있다는 것을 아는 것이 하나님의 은혜이며 지혜다. 사람들은 자신의 힘으로 안 되는 것을 해 보려고 발버둥 치다가 인생을 다 허비하고 만다. 우리가 늘 결핍을 느끼는 이유는 가진 것의 유효 기간이 짧고, 기대한 만큼 결과가 나오지 않음에도 불구하고 여러 가지가 충족되어야만 비로소 만족하기 때문이다.

사람은 누구나 원하는 것이 비슷하고, 생각과 행동도 비슷하여 결과도 비슷하게 나타날 것 같지만 그렇지 않다. 원하는 대학 합격자보다 불합격자가 많고, 대기업 취업자보다 미취업자가 많으며, 창업 성공한 사람보다 실패한 사람이 훨씬 많다는 것을 보면 알 수 있다.

그러나 투자는 몇 번 실패한 것을 당연하게 생각하지 않으면, 안 하는 게 낫다. 단지 투자에 사활을 걸 정도로 '도 아니면 모'라는 식으로 투자하면 언젠가는 거지가 된다. 투자는 성공한다는 보장도 없지만, 또 실패만 하란 법도 없다. 투자의 세계는 실패가 최고의 학습이라고 할 만큼 스몰스탭으로 깨우치고, 경험이 쌓여서 투자의 메커니즘을 배우게 된다.

실패하면 할수록 경험도 쌓이고 투자 기술도 느는 것은 맞지만, 재정이 바닥을 드러낼 정도가 되면 안 된다. 학습 효과가 없는 사람도 있기 때문이며, 수업료를 적게 내면서 많이 배우는 사람이 지혜로운 사람이다.

투자의 세계에서는 실패한 사람이라고 말하지 않는 이유는 비록 이번에는 실패했지만, 자신의 능력을 입증할 시간이 점점 다가오고 있다는 뜻도 있기 때문이다. 우리는 투자의 의미와 목적에 대해 이해할 필요가 있다. 투자는 어떤 자산에 일정한 금액을 투입하여 기대 수익을 추구하는 행위를 말한다.

모든 투자자는 자산을 증대하려고 하기에 그만큼 경쟁이 치열하다는 말이며, 잃기는 쉬워도 수익을 내기는 어렵다는 뜻이다. 돈 버는 것이 어렵기 때문에 배우고, 경험하며, 도전하는 것이다. 그때는 안 되었으나 지금은 되게 만드는 것이 능력이다. 크리스천이 재정 관리에 성공하려면 다음과 같은 시나리오가 필요하다.

첫째, 자신의 포트폴리오를 만들라.
먼저 자신의 컨디션을 잘 알아야 한다. 가용할 수 있는 시드머니는 얼마인지, 투자 종목, 투자 기간, 예상 수익률, 투자 전략 등의 로드맵이 선명해야 원칙을 지킬 수 있다.

초보자는 안전자산 중심으로 주식, 채권, 펀드, 부동산, 예금 등의 다양한 형태의 자산에서 선택할 수 있다. 포트폴리오 핵심 중의 하나는 분산 투자다.

그런데 시간의 흐름에 따라 투자자의 재정 상황과 시장의 상황이 변하게 된다. 그러면 투자자는 자신의 포트폴리오를 상황에 맞게 재조정해야 한다. 여러 종목의 자산에 투자하면 위험을 분산할 수 있지만, 기대하는 것만큼 수익을 내기가 어려울 수도 있다. 처음에는 적은 돈으로 여러 종목을 공부한다는 목표로 메커니즘을 배우고, 다음에는 시장의 다양한 기회를 활용해 시장을 읽는 눈을 키워야 한다. 그리고 시장의 흐름을 파악할 수 있는 지식을 이용해 잃지 않는 법을 배우면서 적지만 소중한 수익을 창출할 수 있다.

둘째, 적은 돈으로 투자하면서 금융 메커니즘을 배우라.

투자 대상인 주식, 채권, 펀드, 부동산은 각각의 특성과 위험 수준을 분석하여 신중하게 선택해야 한다. 또 경기 상황, 시장의 변동성, 금리, 물가, 환율 등 외부 요인들이 투자에 영향을 미칠 수 있으므로 이를 예측하고, 대응 능력을 갖추어야 한다. 단타로 주식을 사고팔면 다른 일에 집중할 수 없을 뿐만 아니라, 오전에 기분이 좋았다가 오후에는 기분이 나빠졌다가 한다.

우리는 건강하고 비전이 있는 기업에 투자해 주고 힘을 보태는 것이다. 건강한 기업에 투자하면 선한 곳으로 흘러간다. 하나님의 나라는 사고파는 나라가 아니라 주고받는 나라다.

셋째, 투자 기본을 배우고 원칙에서 벗어나지 말라.

먼저 '정량적 분석'을 기반으로 하는 투자 방법이다. 이는 재무제표 분석, 기업의 재무 비율 분석 등을 통해 주가나 자산의 가치를 평가하고, 이를 기반으로 투자를 결정하는 방법이다.

다음은 '기술적 분석'을 기반으로 한 투자 방식으로 주가의 흐름과 거래량 등 시장의 통계적 데이터를 분석하여 주가의 추세와 전환점을 예측하는 방법이다. 투자는 여윳돈으로 시작해야 원칙을 지킬 수 있다. 자신의 투자금 대비 목표와 위험 감수 수준에 맞는 포트폴리오를 구성해야 한다.

여러 종목의 위험을 분산시키고, 안정적인 수익을 추구할 수 있는 장점이 있다.

넷째, 투자와 투기를 구분하라.

투자에게는 리스크가 따르는 것을 명심하고, 신중하게 투자해야 한다. 투자는 투자금보다 높은 수익을 내도록 기회를 제공하지만, 동시에 손실을 볼 수도 있다는 점이다. 하수는 수익만 생각하고, 손실을 생각하기 싫어한다.

그러나 고수는 수익보다, 손실을 먼저 생각한다. 따라서 같은 손해를 반복하지 않기 위해 분석하고 공부한다. 주식 투자를 마치 투기로 하는 사람이 있는가 하면, 생각 없이 남들 따라서 하는 경우가 많다. 금융기관의 권유에 의해 많은 고객이 투자했던 홍콩 H지수 주가연계증권(ELS)처럼 원금을 날리게 된다. 투자는 남의 머리를 빌리는 것도, 빌려주는 것도 아니다. 왜냐하면, 책임이 따르기 때문이다.

다섯째, 남들을 따라서 하지 말라.

남들의 기대감이 클 때 시작하지 말라. 기대감이란 완벽하게 성공하는 시나리오에서 출발하지만, 현실은 상상을 못 따라가는 경우가 대부분이다. 완벽해지는 상상은 쉽지만 실제로 완벽해지는 것은 어렵다. 상상이 욕구와 결합하면 늘 실제보다 더 기대감이 부푼다. 내가 남들과 같을 수는 없다. 여러 조건과 환경, 능력 등이 다르기에 같은 잣대로 평가할 수가 없다.

그들이 돈을 벌었을 때는 투자하기에는 이미 늦다. 투자에 실패하는 사람들은 누군가 돈을 벌었다고 하면, 그때 뛰어드는 사람들이다. 그들은 되고 나는 안 되는 경우다. 그리스 신화에 프로크루스테스는 자기 집에 찾아온 손님을 침대에 눕히고 침대보다 키가 크면 다리를 자르고, 작으면 사지를 늘렸던 것처럼, 투자의 컨디션도 사람마다 획일적일 수가 없기에 어떨 때는 지식과 경험을 늘리고, 또 어떨 때는 절제하고 나쁜 습관을 잘라내야 한다. 투자에는 '기대감'을 높이는 것보다 '호기심'을 갖게 하는 것이 더 도움이 된다.

좋은 투자는 없다

좋은 투자는 없다. 그러나 잘하는 투자와 맞는 투자는 있다. 좋다는 말은 누구에게 적용해도 과정이 동일하고, 같은 결과가 나타나는 것을 말한다. 그러나 내게는 좋지만, 다른 사람에게는 안 좋을 수 있는 것이 투자의 메커니즘이다. 좋은 의도로 시작했지만, 결과가 안 좋게 나타날 수도 있고, 별 의미 없이 시작했지만, 좋은 결과로 나타날 수도 있다.

같은 종목을 샀는데도 진입 시기와 매수 금액 그리고 투자 기간, 매도 타임, 운 등 여러 변수가 작용하기 때문이다. 우리는 일상에서 '좋은 것'과 '안 좋은 것'을 선택하고 구분하면서 살아야 한다.

무엇을 먹어도 건강에 좋은 음식과 안 좋은 음식, 좋은 일과 안 좋은 일, 사람을 만나도 좋은 사람과 안 좋은 사람을 구분해야 한다. 판단 기준에 따라 내게는 잘한 투자일 수 있지만, 다른 사람에게는 잘못된 투자일 수도 있다.

현대인들은 '더 좋은 것'을 성취해야 성공했다고 느낀다. 더 좋은 투자, 더 좋은 수익률, 더 좋은 시스템을 가져야만 잘한 투자라고 여긴다. 더 좋은 병에 걸리면 마치 바닷물을 마시는 것과 같이 갈증은 끝없이 이어진다.

더 좋다는 개념도 나는 충분하게 좋은데, 다른 사람은 별로 좋다는 것을 느끼지 못할 때가 있다. 나는 아프리카에 가기 전까지 그렇게 잘 먹는다고 생각하지 않았는데, 그곳에 가니 나는 너무 잘 먹고 살았다는 자책감까지 들었다.

좋은 투자만 계속할 수 있으면 세계에서 최고의 갑부가 되는 것은 시간문제일 뿐이다. 사람들은 좋은 것은 무엇이든 좋다는 신념을 가지고 있다. 우리는 친구들 중에서도 '좋은 친구'가 되려고 하고, 회사에서는 '좋은 리더'가 되려고 한다. 좋은 사람이 되겠다는데 반대할 사람은 없을 것이다. 그러나 언제까지 좋은 친구가 되고, 한결같이 좋은 리더가 될 수 있을까?

'좋다는 기준'이 누구 중심이 되어야 하고, 모든 사람에게 좋은 사람이 될 수 없을 뿐만 아니라, 지나고 보면 모든 사람에게 '나쁜 사람'이 될 확률이 있다. 좋다는 것 하나만으로 아이가 올바르게 성장하고, 아이에게 좋은 부모가 될까? 회사가 좋다는 것만으로 실적을 내고 잘 돌아갈까?

나를 잘 따르는 후배는 "아이들에게 '좋은 교사'가 되면 아이들은 스승을 존경하고 닮고 싶어 하기에 교사가 되었다"고 했다. 나는 "좋은 교사가 되려고 하지 말고, 옳은 것을 가르치고 교육 철학을 통해 올바른 삶이 무엇인지 보여 주는 '훌륭한 교사'가 되라"고 당부했다. '좋다'는 기준이 어떤 관점에서 누구에게 맞춰져야 하며, 항상 똑같이 적용될 수 있는지에 대한 문제가 남는다. 좋은 사람이 되기를 바라는 사람은 좋은 사람이 안 되면 인정받지 못할 것이라는 두려움을 내재하고 있는 경우가 많다. 인정받지 못하고 자란 사람이 좋은 사람이 되어야 한다는 강박관념이 있다. 상대방 기준에서 자신을 바라보기 때문에 '나다운 나'를 잊어버릴 때가 있다.

투자도 마찬가지다. 좋은 투자라고 생각했지만, 결과는 나쁜 투자가 된 경우가 많다. 모든 투자는 장점이 있으면 단점도 있다. 좋은 것이 있으면, 나쁜 것도 있다는 말이다. 따라서 좋은 투자란 없다. 다만 올바른 투자와 맞는 투자가 있을 뿐이다. 자신에게 맞는 투자의 포트폴리오를 만드는 것이다. 좋은 것만 생각하는 긍정의 마인드는 여기서는 필요 없다. 수익만 내면 된다는 욕심과 요행을 바라고 노력하지 않았던 결과는 이상한 투자, 나쁜 투자, 안 되는 투자로 이어진다.

노력한 것만큼 결과를 얻고, 정당한 대가를 바라는 '올바른 투자'가 되어야 한다. 올바른 투자는 수익을 내는 투자이고, 정당한 투자이며, 좋은 투자이다. 상대가 손실을 보아야만 내가 이득을 보는 제로섬 게임은 좋은 투자가 아니다. 무한 경쟁 사회에서 패자는 모든 것을 잃고, 절대 강자만 이득을 독점하는 승자 독식이 점점 심화해 가는 시대다. 내가 원하지 않아도 그렇게 흘러가고 있는 것을 막을 수는 없다.

투자에 느슨한 사고와 막연한 관점이 승자 독식에 모든 것을 잃을 수 있는 희생물이 될 수 있다는 것을 명심해야 한다. 이렇게 돈을 날리는 것은 건강하고 비전이 있는 기업이 되도록 투자해 주고 힘을 보태는 것과는 다르다.

돈을 벌지 못하는 사람이 이상한 투자, 나쁜 투자, 안 되는 투자에 대한 요령을 먼저 배운다. 돈 버는 기술, 모으는 기술, 유지하는 기술, 투자 기술, 관리 기술은 '기본'에서 시작하고, 실전에서는 '정석'을 지켜야 한다. 이 원칙을 지키지 않았는데도 잘될 때가 가장 위험할 때다. 일시적으로 수익을 낸다고 할지라도 오래 못 간다.

한국은행은 우리가 잠자는 시간에도 돈을 찍어 낸다. 그 많은 돈이 시중에 계속 풀리는데, 돈 버는 기술이 부족한 사람은 지폐 한 장 구경하기조차 힘들다. 돈 버는 기술이 뛰어난 사람(기업)은 이 돈을 어제도 오늘도 끌어모으는 동안에 가난한 사람은 십시일반 부자들을 위해 헌납하고 있는 시장이 바로 자본주의 시장이다. 여러 사람이 한 사람(기업)을 위해 부자 만들기 프로젝트 수행에 참여하고 있는 중이다.

2023년 S&P500 상위 1% 중 7개 회사(메타, 아마존닷컴, 애플, MS, 구글, 테슬라, 엔디비아)의 주식이 전체 시장의 53%의 수익을 나누어 가진 데이터를 볼 수 있다. 최근 급부상한 인공지능(AI) 칩의 선두주자 엔비디아(NVIDIA)가 시총 3조 달러 클럽에 가입했다.

"무릇 있는 자는 더욱 받아 풍족하게 되고 없는 자는 있는 것까지도 빼앗기리라"(마 13:12, 25:29)는 말은 부자는 더욱 부자가 되고, 빈자는 더욱 가난해진다는 '부익부 빈익빈' 현상을 의미한다. 다른 말로는 마태 효과 (Matthew Effect)라고 한다. 그런데 주식은 가난한 사람에게서 빼앗아 부자가 갖는 것은 아니다.

부자에게는 가난한 사람에게는 없는 재산을 불리는 능력이 있다는 것을 알게 된다. 부자는 처음부터 재산이 많았고, 가난한 사람은 처음부터 재산이 적었던 것은 아니었다. 빈자는 돈이 내 손에 들어왔지만, 스스로 재산을 지킬 능력이 없으므로 있는 것을 빼앗긴 결과가 된 것이다.

국가와 기업 간의 소득 격차는 물론이고, 개인 간의 소득 불균형이 점점 심화되는 양극화 현상을 경험하고 있다. 대기업은 자금력, 조직력, 기획력, 브랜드 파워를 앞세운 영향력이 갈수록 커지고 있다.

상위 20%의 사람과 기업이 시장 전체의 80%를 장악한다는 80:20의 파레토 법칙(Pareto principle)는 옛날 말이다. 이 법칙이 완전히 깨져 지금은 5%가 95%의 시장을 장악하고 있다는 통계다.

시장 논리에 의해 정부의 소득 재분배 정책이나 기회 균등이 힘을 잃고 있다. 미래는 정부의 예측대로 굴러가는 것이 아니라, 소수의 기업과 자본가에 의해 진보하고 발전한다. 혁명이라고 불릴 정도의 변화가 발생하는 시기에는 항상 기대와 우려가 공존하고 불가피하게 승자와 패자가 발생한다.

이 사회는 당신을 '승자인가, 아니면 패자인가'라는 이분법으로 구분한다. 실패를 많이 했다고 해서 반드시 패자가 되는 것이 아니다. 실패를 많이 했다는 것은 시도를 많이 했다는 말이다. 가장 좋은 것은 시도해서 성공하는 것이고, 다음으로 좋은 것은 시도해서 실패하는 것이며, 가장 나쁜 것은 아무런 시도도 하지 않는 것이다.

불행한 경험을 많이 한 사람이 반드시 불행한 것이 아닌 것처럼, 실패를 많이 했다고 해서 실패자가 아니다. 성공한 사람도 과거에는 모두 실패자였다. 행복이 행복인 줄 몰라서 불행한 사람이 많으며, 알고 보면 자신이 얼마나 괜찮은 사람인지 모르는 사람도 많다. 실패를 실패로 여기지 않으면 성공에 한 발자국 더 다가갈 수 있다.

불행한 사람은 주로 불행한 순간을 자주 언어화한다. 반면에 행복한 사람은 행복한 순간을 자주 동기화하고 표현한다. 힘들다고 하면 하루 종일 힘들었던 것만 생각나고, 기분이 좋다고 생각하면 하루종일 기분 좋은 일만 생각난다.

옳고 그름의 문제를 다름의 문제로 끌어들이면, 불필요한 감정에 에너지를 소모할 이유가 없음을 아는 것으로 한결 자유로울 수 있다. 토론하거나 언쟁할 때 관점에 따라 해석이 달라진다는 사실을 인정하게 된다.

우리가 유리한 상황에서뿐만 아니라 불리한 상황에서도 '말씀의 힘'을 끌어들여 항상 기뻐하고, 범사에 감사할 것에 초점을 맞춘다면, 기뻐하고 감사하지 못할 만큼 심각한 상황은 없다.

복음의 본질이 나의 삶에서 비본질적인 것들로 인해 변질되고 가려진다면, 복음의 능력이 나에게서 멈추게 된다. 사도 바울은 감옥에서 기뻐야 할 이유 자체가 없었지만, 함께 하시는 주님이 계시기 때문에 기뻐하고 또 기뻐했다. 바울은 갇히고, 매 맞고, 돌에 맞고, 파선(破船)하고, 자지 못하고, 먹지 못하고, 동족에게 수모를 당할 때조차도 하나님이 환란을 면하게 하시며 지켜 주신다고 확신했다.

"여호와께서 너를 지켜 모든 환난을 면하게 하시며 또 네 영혼을 지키시리로다"(시 121:7).

우리가 환란 가운데 있을 때 주님이 침묵하시는 것 같은 답답함에 시선이 자꾸만 세상적인 방법을 찾을 때가 있다. 침묵 속에 메시지가 있다는 것을 모른 채 말이다. 하나님은 군데군데 극복해야 할 고난의 터널을 만드시고, 내가 기대하는 방향이 아니라, 전혀 원치 않는 방향으로 이끌어 가시기도 한다.

친구의 가족은 몇 년 동안 준비하며 기다렸던 버킷리스트(Bucket list)로 산티아고 고난의 길 800km에 기분 좋게 시작했다. 그러나 40일 동안 비바람과 강렬한 햇볕, 걸어도 끝이 없는 길을 걸었던 것을 후회했다고 한다. 특히 아내와 아들의 불평을 평생 들을 것을 다 들었다고 했다. 나도 꼭 한번 가고 싶었는데, 그 이야기를 듣고 가족과 함께하기는 힘들다는 팁을 얻었다.

여러 해 전에 미국 직장 동료들과 캐나다 로키산맥을 트레킹하기 위해 보름 동안 휴가를 내고 갈 때만 해도 설레고 기분이 좋았다. 재스퍼 국립공원에서 1박을 할 때만 해도 좋았는데, 밴프 국립공원에서부터는 비경을 그냥 내어 주지 않겠다는 듯 이틀 동안 눈바람에 날아갈 뻔하고, 눈에 묻힐 뻔했다. 좋은 것 뒤에는 언제나 고난의 과정이 감추어져 있다.

그럼에도 캐나다 여행이 기억에 남는 것은 고난을 통한 극복의 과정이 있었기 때문이 아닐까? 어찌 보면 시작과 끝이 좋은 것으로만 채워졌다면 소중한 경험과 추억에서 멀어졌을 것이다. 처음부터 설렘과 두근거림으로 끝나는 여행은 여행이 아니다.

"내려올 산을 왜 힘들게 오르느냐?"고 하는 사람이 있다. 누구에게는 맞고, 누구에게는 틀리다. 여행을 해 보면 자신과 맞는 사람인지, 안 맞는 사람인지 알 수 있다. 방향 때문에 다투고, 먹는 것 때문에 속이 상하며, 숙소 때문에 틀어지고, 서로 배려가 없다고 불평한다. 여행에서 다툴 일도 많지만, 함께 마음을 모으면 힘든 일까지도 아름다운 추억으로 남길 수 있는 소중한 시간이 된다. 여행은 고생길이라는 마음가짐이 없으면, 불평할 수밖에 없는 인생살이와 같다. 국내외 선교를 갈 때도, 먼저 고생하려고 간다는 마음가짐이 없으면 후회한다. 며칠은 씻지 않아도 견딜 수 있다는 결심이 없으면 먹는 것, 잠자는 것, 날씨 등을 불평하기 시작하면 끝이 없다.

편안함을 원하는 사람은 방에 드러누워 유튜브를 보는 게 가장 좋고, 다음은 콘도 계곡에서 발 담그고 있다가 오면 된다. 젊을 때 그렇게 하지 않아도 나이가 들면 자연히 그렇게 되니, 좀 더 젊을 때 도전하고 모험의 세계로 들어가면 혜안이 넓어지고, 인생의 사이즈가 커진다.

처음에 좋았던 일은 안 좋아질 확률이 높은 반면, 처음에 어려웠던 일은 힘든 과정을 거치면서 점점 좋아질 확률이 높아진다. 점차 좋아질 거라고 기대하며 시도하는 일을 우리는 도전이라고 말한다. 그리고 좋아지는 일들이 쌓여 성공을 만들고 부자가 되게 한다. 좋은 것이 계속 좋아지기에는 한계가 있지만, 처음부터 하나하나 만들어 가는 가치는 변하지 않고 쌓인다. 사람들은 힘들게 벌지 않고 재산을 물려받게 되는 것을 부러워하고 좋아하지만, 그 재산이 나에게 어떤 가치를 제공하느냐를 고려하면 생각이 달라질 수 있다.

친근한 지인 중에 "처음부터 재산이 많지 않았으면 이렇게 되지 않았을 것이다"라고 한탄한다. 그는 매월 상가 월세로 거두어들이는 돈만 3,000만 원이 되는 빌딩을 갖고 있었기에, 사업장을 대규모로 벌여 확장할 수 있었다. 그러나 안타깝게도 그 사업은 뜻대로 풀리지 않았다. 결국, 몇 년 만에 사는 집까지 경매당하고 빚을 감당할 수 없어 파산신청을 했다. 이 지인에게는 오히려 상속받을 재산이 없는 평범한 이들이 부러움의 대상이 되었다. 그에게는 재산이 없는 것이 오히려 하나님의 축복이다.

늘 재정적 어려움에 허덕이는 이들은 물론, 우리 또한 유산을 부러워할 수 있다. 그런데 엄밀히 말하면, 그 돈은 내가 번 돈이 아니기에 내 돈이 아니다. 쉽게 시작하면 쉽게 실패할 확률이 높다. 사람들은 힘들지 않고 쉽게 시작할 수 있는 매력 때문에 유산을 좋아한다. 제로베이스에서 시작해야 할 것을 절반의 성공에서 시작할 수 있다면, 누구나 환영할 것이다.

그러나 인생의 시작이 공평하지 않은 것처럼, 끝도 공평하지 않으니 실망할 필요가 없다. 이렇게 저렇게 균형을 맞추며 결국 뿌린 대로 거두는 법칙은 평등하게 되어 있다.

결핍에서 시작하면 가진 것에 대한 소중함을 배우고, 늦게 시작하면 시행착오를 줄이는 지혜를 배우며, 어렵게 시작하면 인내와 경험의 가치로 침착할 수 있고, 궁핍에서 시작하면 이웃을 바라보는 역지사지(易地思之)를 배우게 된다.

우리는 늘 쓸 돈이 부족한 것은 사실이다. 돈을 적게 벌면 부족해서 다 쓸 수밖에 없고, 많이 벌면 들어갈 데가 자동적으로 늘어나서 남은 돈이 없다. 남은 것으로 투자나 저축을 하려고 하니 가난에서 벗어나지 못하는 것이다. 남는 것이 부족한 것보다는 좋을 수도 있지만, 반드시 그렇지는 않다.

부족해야만 채움을 위한 지혜를 배우고, 부족한 듯 살면 있는 것에 대한 감사와 기쁨이 찾아온다. 부족한 것을 통해 사람들과 더불어서 함께 사는 법을 배우고, 더 나은 방법을 찾고 성장한다. 자신의 부족한 점을 단점으로 여기지 않고 오히려 장점으로 활용한다면, 겸손함과 섬김의 자세를 배우게 되며, 진정한 성장의 소중함을 깨달을 수 있다.

자녀를 사랑한다는 이유로 무엇이든 원하는 것을 다 해 주고, 먹을 것과 입을 것이 풍부하여 귀한 것을 모르고 자란 아이가 앞으로 어떻게 살아갈까부터 걱정해야 한다. 이것은 좋은 교육도, 투자도 아니라는 것을 알아야 한다.

살다 보면, 부족해서 좋은 것이 있고, 충분해서 좋은 것도 있다. 부족해서 좋은 것은 당장은 불편하고 싫지만, 시간이 지나면 유익하다는 것을 알게 된다.

지금까지 나는 자신이 늘 부족하다고 여겨 더 공부하고, 더 준비하고, 더 도전했다. 직장에 잘 다니고 있으면서도 더 잘하기 위해 경제학 박사 학위에 도전하고, 그 이후 경영학의 필요성을 느껴 늦게 미국 유학을 결단하고 어렵게 경영학 박사 학위를 받았다. 스스로 부족함을 인정하고 도전한 나의 노력과 결단을 회사로부터 인정을 받게 되었고, 그에 합당한 대우 또한 받을 수 있었다. 학문에는 충분한 것은 없지만, 기회가 왔을 때 도전해야 한다는 마음은 지금도 변함이 없다.

최근에 지인들에게 성경의 재정관을 주제로 글을 쓰고 싶다고 했더니, 신학자도 목사도 아닌 사람이 그런 책을 쓰는 것이 아니라고 했다. 30년 전부터 언젠가는 쓰고 싶다는 생각이 멈추지 않고 연결되어 지금 도전하게 되었다. 도전할 수 있는 열정이 있을 때 부족한 것을 채워 가는 것은 내 몫이다.

고통은 기쁨의 한 부분이 부족할 때 생기는 현상이다. 좋은 것과 나쁜 것으로 설명하기 어려운 것을 말한다. 호두와 밤은 서로 부딪혀야 풍성한 열매를 맺고, 보리는 겨울을 나지 않으면 잎만 무성할 뿐 알곡이 들어차지 않는다. 태풍이 바다를 뒤집어 놓아야 바다는 영양분이 풍부해지고, 천둥이 치고 비가 쏟아져야만 대기가 깨끗해지는 원리다.

인생에서 고통의 시간이 없으면 좋을 것 같지만 나를 일어나게 만들고, 단단하게 하는 인내가 사라진다면, 그 어느 것 하나 완성할 수 있는 게 없다. 실패하고, 고난을 겪어 보면 비로소 하나님의 도움이 비로소 필요한 것을 안다. 그때 간구하는 손을 뻗을 때 기회를 만드시는 분은 하나님이시다.

열대어를 어항 속에 자기들끼리 두면 비실비실하다가 죽어 버리지만, 천적인 매기를 넣어 두면 잡아먹히지 않기 위해 최선을 다하며 잘 살아간다. 어려운 환경을 극복하고 일구어낸 사람들의 이야기는 늘 감동적이다.

기름진 좋은 땅보다 절벽이나 척박한 땅에서 피어난 꽃이 더 향기롭고, 따뜻한 환경에서 자란 나무보다 모진 추위를 견딘 나무가 더 푸르고 단단하다. 따라서 고통은 기쁨의 한 부분이라고 한다.

성공한 사람들은 다른 사람들이 불가능하다고 포기한 것을 해낸 사람들이다. 우리도 안 되는 게 아니라, 성공하기 어려운 이유가 마음에 남아 있기 때문이다. 좋은 것이 좋은 것만이 아닌 이유는 끝까지 좋은 것으로 남기 어렵기 때문이다. 좋은 투자도 마찬가지다. 한 번 투자를 잘 했다고 해서 끝까지 좋은 투자로 남을 수 없기 때문이다.

보이는 대로 살지 말고 들리는 대로 살라

미국이 낳은 세계적인 바이올린 연주자 조슈아 벨(Joshua Bell)의 연주를 들으려면 6개월 전에 예약해야 할 정도로 유명하다. 미국 워싱턴 포스트 신문사에서 조슈아 벨에게 한 가지 실험을 제안했다. 그것은 자신이 누구인지 알리지 않고, 워싱턴 DC의 한 지하철역에서 연주하자는 제안이었다. 조슈아 벨은 자신의 레퍼토리 중에서 가장 아름다운 여섯 곡을 선정하여 지하철역에서 연주했다.

그런데 어떤 일이 벌어졌을까? 이런 대단한 연주를 공짜로 듣기 위해 많은 사람이 가던 길을 멈추었을까? 결과는 예상과 너무나 달랐다. 45분간 1,097명이 그 지하철을 지났지만, 걸음을 멈춘 사람은 단 한 여인만이 가던 길을 멈추고, 세계 최고의 바이올리니스트의 연주를 들었다고 한다.

우리의 삶이 철저하게 보이는 형식에 얽매이고, 수많은 소리에 간혀 듣기는 들어도 무엇이 참이고 거짓인지 분간 못하는 세상에 살고 있다. 사탄은 언제나 사실(Fact)을 기반으로 증거를 내밀면서 우리의 우둔함을 지적하며 유혹하고 설득한다.

이와 달리 하나님은 사실에 근거하지 않는다. 그래서 설득력이 없다. 홍해사건, 불기둥과 구름기둥, 불병거와 불말, 오병이어 기적, 예수님 부활 등 신화에 나오는 이야기처럼 들릴 때 믿기가 쉽지 않다. 교회를 열심히 다니는 사람조차도 "저는 믿음이 없어요"라고 한다. 맞는 말이다. 마치 붕어빵에 붕어가 없는 것과 같다. 그리스도인이면서 그 속에 그리스도가 없다.

예수님은 각 동네에서 모인 무리에게 "들을 귀 있는 자는 들으라"(눅 8:8)고 하신다. 예수님의 말씀에는 보통 사람이 알 수 없는 영적 비밀이 담겨 있다. 소리를 듣는 귀가 아니라, 하늘나라의 비밀을 깨달을 수 있는 영적 귀가 있어야 들을 수 있다. "각 동네 사람들이 예수께로 나아와 큰 무리를 이루니"(눅 8:4).

이때 많은 사람이 모였지만, 그들은 하나님 나라의 비밀에 관심이 없었고, 제자들만 비유의 뜻을 예수님께 물었다.

우리가 실패하는 이유는 말씀을 읽는 것으로 만족하고, 그다음의 듣고, 깨닫고, 적용하는 단계에서 실패하기 때문이다. 말씀의 본질은 읽는 것이 아니라 '듣는 것'이다. 하나님의 말씀을 듣지 않으면, 하나님의 뜻을 이해하지 못할 뿐만 아니라 목자 없는 양과 같이 유리하게 된다. 자연히 세상의 말에 귀를 기울이며 사는 것을 당연하게 여긴다.

그리스도인은 하나님의 원리 안에 있을 때 진정한 자유를 누릴 수 있도록 설계되어 있다. 단순하게 계산해서 씨뿌리는 자가 실패할 확률은 4분의 3이고, 성공할 확률은 4분의 1이다. 비효율적인 방법 같지만, 주님의 때에 주님의 방법으로 일하심을 믿는 자들에게는 100분의 1의 가능성도 열어 주시는 분이다.

하나님의 말씀을 사모하는가? 아니면 세상을 사모하는가? 둘 중의 하나다. 말씀을 사모하는 것 같으면서도, 세상의 유혹에 현혹되는 우리가 아닌가 생각하면, 자신의 현주소를 알 수 있다. 이 시대는 믿음 때문에 고난을 당하는 '핍박의 시대'가 아니라, 유혹이 마음을 훔치는 '유혹의 시대'다. 여러 현란한 것을 극복하기 위해 참고 견디는 것으로 부족하다. 인내 이상의 '하나님의 능력'이 필요한 시대다. 우리는 "유혹의 힘은 더 이상 커질 수 없으나 나의 믿음은 커질 수 있다"라고 선포해 보자. 하나님이 이 고난을 통하여 '어떤(Which)' 것을 말씀하시려는지, 또 이것을 통해서 '무엇(What)'을 배우기 원하시며, 또 내게 행하고자 하시는 뜻이 '어떻게(How)' 적용되길 원하시는지, 그리고 '왜(Why)' 이 말씀을 하시는지도 알게 될 것이다.

어떻게 할 것인가?(How to do?) 보다는 무엇을 할 것인가?(What to do?)를 먼저 결정하면, 하나님께서 어떻게 할 것인가를 가르쳐 주신다. **믿음의 사람은 이 세상에 궁극적인 가치와 소망을 두지 않는다. 하늘나라 시민권자인 우리는 이 땅에서 외인이요, 나그네로서 잠시 머물 뿐임을 기억하고, 영원한 본향을 향한 '바라봄의 법칙'으로 오늘을 살아야 한다.**

하나님은 우리가 구하기 전에 우리의 필요를 먼저 아신다. 다만, 지금 내게 필요한 것을 구해도 응답이 더딘 이유는 두 가지이다. 하나는 지금은 때가 아니니 하나님의 시간에, 하나님의 방법으로 일하실 때까지 인내함으로 기다리라는 뜻이고, 또 하나는 지금 방향을 바꾸라는 메시지다.

우리는 흔히 이렇게 기도한다. "하나님, 부자가 되면 여러 이웃을 돕고, 선교도 열심히 하겠습니다"라고 하면, 하나님은 "지금 있는 것으로 하라"고 말씀하신다. 하나님이 내게 쓰고 남도록 주시면, 남는 것으로 이웃을 돕겠다는 말과 같다. 하나님은 "쓰고 남는 것으로 하지 말고, 너를 위해 덜 쓰고, 그것을 나누라"고 하신다. 문제는 이제껏 쓰고 남았던 적이 한 번도 없었다는 데 있다.

> **"네 구제함을 은밀하게 하라 은밀한 중에 보시는 너의 아버지께 갚으시리라"**(마 6:3).

우리의 구제가 내 돈이 아닌, 하나님의 돈으로 한다는 인식이 필요하다. 이 말씀을 신뢰하지 못하면, 돈이 아까워 평생 한 번도 구제하지 못하고 죽는다. 그리스도인은 현상이 아닌 사실 너머에 있는 본질, 즉 '약속'을 보고 믿는다.

가데스 바네아에서 12명의 정탐꾼이 장차 살게 될 가나안 땅을 정탐하러 떠났다. 그런데 40일 후 돌아온 사람들의 보고가 서로 달랐다. 그 중 10명은 가나안 거민들은 강하고, 성은 견고하며, 장대한 네피림 후손이 있어 그곳은 '들어갈 수 없다'고 한다.

그러나 여호수아와 갈렙은 능히 "그 땅을 차지할 수 있다"라고 보고 한다. 가나안 거민들이 강한 것은 사실이지만, 그 땅은 이미 이스라엘에게 주시기로 '약속'하셨기 때문이다. 눈에 보이는 것을 믿기 어렵기 때문에 하나님은 먼저 약속의 말씀을 주시는 것이다. 하나님의 약속이 지켜지지 않은 적이 한 번도 없기에 믿는다. 보이는 대로 믿는 것이 아니라, 들리는 대로 믿는 것이 약속의 말씀이다.

다윗도 "나의 앞날이 주의 손에 있사오니"(시 31:15)라고 하며, 블레셋, 모압으로 도망 다녔지만, 자신의 앞날이 하나님께 있다는 약속의 말씀을 믿는 것이다. 절망에서 희망을 보는 안목은 어떻게 만들어질까? 한 사람의 인생의 크기는 그 사람의 스펙이나 됨됨이가 아니라, 그 사람이 믿는 '믿음의 크기'로 정해진다.

보이지는 않지만, 약속의 말씀을 믿는 사람들은 가진 것에 비례하여 축복을 주시고, 가진 것이 없으면 물질에서 자유할 수 있는 축복을 주신다.

그렇다고 돈이 필요가 없다거나 많이 벌지 않아도 된다는 뜻은 아니다. 우리가 할 수 있는 일은 정해져 있지만, 반드시 해야 할 일은 해야 한다. 역설적으로 인생이 짧기에 해야 할 일이 많다.

원하는 것을 다 볼 수 없기에 보이는 대로 보고, 또 보고 싶은 대로 보게 된다. 보는 것이 많아지면 생각도 깊어질 것 같지만 그렇지 않다. 요즘 세대는 보는 것에 익숙하여 책을 읽고 생각하는 일을 멀리한다. 싫어한다기보다는 보는 영상이 편하고 익숙해져 있기 때문이다.

생각에 생각을 더하고 가다듬어 행동으로 끌어내며 통제한다면, 시행착오를 줄일 수 있다. 우리는 바람의 방향을 바꿀 수는 없지만, 돛의 방향은 조정할 수 있다.

"사람의 마음에는 많은 계획이 있어도 오직 여호와의 뜻만이 완전히 서리라"(잠 19:21)는 말씀처럼 하나님의 뜻만이 완전하다는 사실을 아는 것이 곧 믿음이다.

기억의 편린들이 모여 생각을 만들어 내듯, 수많은 점이 만나서 선이 되고, 선이 모여서 글이 되고, 글이 모여서 문장이 되고, 문장이 모여 스토리가 된다. 그 스토리가 책이 되고, 인생사가 된다.

성공의 좋은 습관은 하루아침에 만들어지지 않는다. 하나하나 다져진 세월에서 묻어난다. 성공의 역사는 실패에서 시작해야만 비로소 스토리가 완성된다. 성공을 위해서는 실패가 작게 보여야 뒤를 돌아보지 않게 된다. 실패가 성공의 디딤돌이라 생각하면 반드시 그 일을 완성할 수 있다. 성공에서 성공으로 끝나는 것은 성공이 아니라 성공을 유지하는 것에 불과하다.

사람에 따라 얼마나 많은 실패를 딛고 일어섰느냐가 다를 뿐이지, 통과 과정은 똑같다. 삼진을 당하지 않은 강타자는 없다. 역설적으로 '홈런왕'은 삼진을 가장 많이 당하는 '삼진왕'이라는 사실이다. 단지 그들이 날린 홈런 때문에 삼진의 치욕이 가려졌을 뿐이다. 보이는 것이 전부가 아니다. 톰 피터스는 "바보 같은 짓들이 없다면, 똑똑한 짓도 결코 생길 수 없다"라고 했다.

성공은 실패에서 시작한다. 최소의 노력으로 최대의 결과를 얻을 수 있는 것은 없다. 비즈니스도 죽기 살기로 하지 않으면, 내가 가진 모든 것을 잃을 수 있기에 총칼 없는 전쟁을 치르고 있다. 해외 출장길에서 삼성 이건희 회장은 "지금은 열심히만 해서는 굶어 죽는다. '죽기 살기'로 덤벼들지 않으면 내 것 하나 지키기도 힘들 뿐만 아니라, 글로벌 시장의 승자가 될 수 없다"고 했다. 우리는 남과 같이 노력하고, 남 이상의 결과를 얻으려고 하지 않는가? 이 시대는 남 이상의 것을 생각해 내야만 원하는 것을 얻을 수 있는 것뿐이다. 생존을 넘어 성장을 위해 전투를 치르는 창조적 소수자(Creative Minority)에 의해 기업은 유지되고 성장한다.

길게 생각하라. 전반전에 아무리 잘해도 승패를 결정짓는 것은 후반전의 스코어다. 우리는 살아 있을 때보다 죽고 나서가 더 중요하다. 물론 살아 있을 때의 성적표로 사후를 평가하겠지만, 전반전이 생각대로 풀리지 않았다고 해서 크게 실망할 필요가 없다는 말이다. 세상에서 성공한 인생이 되기 위해서는 필요에 부응하는 스펙을 먼저 갖추어야 한다. 그러나 장막 생활을 한 이스라엘 백성처럼 언제든지 떠날 준비가 되어 있는 나그네 삶은 많은 것을 요구하지 않는다. 인생의 짐이 많으면, 보이는 것들이 너무 많아 정작 중요한 것을 놓치고 살아간다.

주님은 우리가 "무엇을 소유하고, 얼마를 가졌는가?" 묻지도 않으신다. 관심의 대상도 아니고 중요하지도 않다는 뜻이다. 우리는 '어떻게 사용할 것인가?'보다는 '무엇이 필요한가?'에 대한 관심이 많아 매일 달라고 기도한다.

기도라는 건 내 의지가 하늘에 닿게 하는 게 아니라, 하늘의 의지가 내게 닿게 하는 것이다. 기도할 것이 너무 많아 기도하지 않는 딜레마를 가지고 있다. 기도는 현실을 마주하되 미래를 향해 인도해 주실 것을 믿고 기도하는 것이다.

사람은 그냥 현실로 사는 게 아니라, 미래를 사는 존재이기에 미래가 불안하면 현재할 수 있는 일에 모든 것을 바친다. 내가 무엇이 되어 어떻게 살고 싶다는 이야기가 꿈이고, 꿈을 현실로 만드는 삶을 살 때 비로소 행복을 느끼는 존재다. 미래가 없는 인생은 오아시스 없는 사막을 걷는 것처럼 절망스럽다.

내 인생 중 와튼대에서 유학할 때 가장 간절히 매달리며 기도했던 것 같다. 영어 강의가 잘 들릴 수 있는 귀를 열어 달라고, 함께 스타디할 수 있는 사람을 붙여 달라고, 경영학 수업을 듣는 데 원리를 이해하고 해석을 잘할 수 있는 지혜를 달라고, 벼랑 끝에 매달린 심정으로 기도했던 기억이 선명하다.

경영학 학위를 받으면서 불면증, 위장병, 요추 염좌, 편두통, 우울증 등의 병을 얻었지만, 가시로 남겨두지 않으시고 하나님은 이것까지도 치료해 주셨다. 절박하고 곤궁한 처지에서 한 기도에 실신하신 하나님이 그중에 하나도 모자람 없이 응답하여 주심에 늘 감사한다.

병원에서 의사는 내게 고국으로 돌아가 장기간 치료와 동시에 힐링이 필요하다고 조언해 주었다. 그런데 말처럼 쉽게 포기하고 돌아갈 수가 없는 여러 사정이 있었다. 하나님은 내가 갈 길을 알지 못하는 '막연한 상황'에서 '구체적인 환경'으로 이끌어 주셨다. 주님 외에는 도울 자가 없는 막다른 길에서 더욱 선명하게 다가오시는 분이시다.

당신이 지금 기도할 수밖에 없는 상황을 감사함으로 받아들이면, 주님은 당신의 작은 음성에도 귀를 기울이신다. 하나님은 우리에게 빵을 던져 주시다가 가끔 벽돌을 던져 주실 때가 있다. 그때 벽돌을 발로 차면 다리가 부러진다. 벽돌을 받아서 차곡차곡 쌓아 두면 견고한 집을 지을 수 있다.

당신은 하나님이 나에게 어떤 계획 속에서 일하기를 원하시는지 궁금하지 않은가? 하나님은 나에게 소원을 두고, 그 소원이 이루어지는 통로로 사용하기 원하신다. 그 소원이 순종일 수도 있고, 구제일 수도 있고, 선교일 수도 있다. 주님은 우리가 세상과 구분된 삶을 살기를 원하신다. 세상일은 할 수 있는 사람이 정해져 있지만, 하늘나라 일은 누구나 가능하도록 설계되어 있다.

세상에서 성공하려면 많은 것을 원하지만, 하나님 나라는 단 하나, '말씀에 순종'하는 것, 곧 '들리는 대로 사는 것'이다.

부자는 부자의 열망을 가진 사람이 결국 부자가 된다. 부자가 되려면 꾸준히 수익을 낼 수 있는 루틴이 있어야 한다. 주님은 우리가 누구보다 부요하기를 원하신다. 가진 것으로 가난한 이웃을 향해 흘러 보내길 원하시기 때문이다.

가진 것이 많아야만 많이 나누어 줄 수 있지만, 반드시 그런 것은 아니다. 그 부요가 나에게 행복을 주고 안정감을 준다는 것에서 끝난다면, 한 달란트를 받은 청지기와 다를 것이 없다. 우리는 가짐에서 행복을 찾고, 감사의 제목을 찾지만, 주님은 우리의 나눔을 통해 축복의 기회를 주신다. 주님은 우리를 단숨에 재벌을 만드실 수도 있지만, 우리의 영혼이 빨리 병들게 내버려 둘 수 없기에 현실적인 방법을 사용하시지 않는다.

주님은 먼저 자신의 믿음의 분량만큼 그릇을 키우길 원하신다. 담을 수 있는 그릇이 안 되는 사람이 재물의 축복을 받으면 쉽고, 빠르게 망하게 하는 길임을 아시기 때문이다. 우리는 재물을 달라고 기도하지만, 응답이 없다. 응답이 없는 것이 응답이다. 그 상태가 최적이기 때문이다. 그때는 잘 모르지만 지나고 보면 '무응답이 응답'이라는 것을 알게 된다. 하나님은 우리에게 필요한 것이 무엇이고, 지금 당장 있어야 할 것이 무언지 나보다 나를 더 잘 아신다.

> "여호와께서 이르시되 내가 애굽에 있는 내 백성의 고통을 분명히 '보고' 그들이 그들의 감독자로 말미암아 부르짖음을 '듣고' 그 근심을 '알고' 내가 '내려가서' 그들을 애굽인의 손에서 '건져내고' 그들을 그 땅에서 '인도하여' 아름답고 광대한 땅, '젖과 꿀이 흐르는 땅,' 곧 가나안 족속, 헷 족속, 아모리 족속, 브리스 족속, 히위 족속, 여부스 족속의 지방에 '데려가려' 하노라"(출 3:7~8).

이스라엘 백성이 애굽에서 430년간 노예로 사는 동안 여호와 하나님은 여전히 침묵하시는 것처럼 보였지만, 자기 백성의 고통을 보았고, 부르짖음을 들었고, 근심을 아셨다. 한 세대를 30년으로 계산하면 14세대가 지나가도록 시간이 필요한 이유는 약속의 말씀은 반드시 성취된다는 것과 인내의 시간이 필요하다는 것 외에는 설명할 수 없다.

> "이스라엘 자손이 애굽에 거주한 지 사백삼십 년이라 사백삼십 년이 끝나는 그 날에 여호와의 군대가 다 애굽 땅에서 나왔은즉"
> (출 12:40, 41).

약속의 말씀을 마음에 두고, 오랜 세월을 기억하고 기다린다는 것은 쉬운 일이 아니다.

바벨론에서 약 70년간 포로 생활을 하면서 세대가 바뀌어 고국에 대한 기억마저 희미해질 무렵 하나님은 그들을 고국으로 돌아가게 하셨다. 하나님은 영원할 것 같은 바벨론 제국을 신흥 제국 페르시아를 앞세워 멸망시키시고, 고레스 왕(BC 546~529)을 통해서 이스라엘 백성에게 자신의 고국으로 돌아가라는 칙령을 내리게 하신다.

말씀은 "하나님께서 고레스 왕의 마음을 감동시키셨다"(스 1:1)라고 한다. 우리에게 "하나님의 말씀은 영원히 서리라"(사 40:8)는 소망의 메시지를 주신다. 하나님은 영원하고 불가능이 없는데, 우리는 곧 사라질 것에 매여 영원한 것을 놓치고 살아가는 우리가 아닌가?

불가능이란, 자기 의지로 하다가 실패하는 것을 말한다. 우리는 이 시대의 여러 결핍 중 하나도 해결할 능력이 없다. 사랑의 결핍, 돈의 결핍, 관계의 결핍, 소통의 결핍을 겪고 있지만, 어느 하나 내가 원해서 내 마음대로 되는 게 없다. 어쩌면 '할 수 없다'는 결핍이 나를 더 힘들게 하는지도 모른다.

이스라엘은 출애굽으로 노예 생활에서 해방될 수 있었지만, 먹고 입고 사는 문제가 영적 문제보다 크게 보이기 시작할 때 타락하고 하나님을 원망했다. 물질의 결핍보다 영적 결핍이 광야뿐만 아니라, 가나안에서도 최대의 걸림돌이었다.

출애굽 사건이 우리 삶의 여정 가운데 끝이 아닌 시작을 위한 완전한 승리라고 할 수 있다. 승리는 하나님께 속하였기 때문에 우리가 승리를 위해 애를 쓸 필요가 없다.

"내 눈이 이 땅의 충성된 자를 살펴 나와 함께 살게 하리니 완전한 길에 행하는 자가 나를 따르리로다"(시 101:6).

세상의 것들은 선택하고, 분별하고, 판단하고, 결정해야 하는 여러 과정이 필요하다. 여러 과정마다 많은 시간과 노력을 투자하여 내놓지만, 그래도 완전하지 않다. 평생을 한 직업을 가지고 일하지만, 자신 있게 완벽하다고 내놓을 수 있는 것은 없다.

직업에 대한 애착이 생각을 끌어들인다. 무슨 생각을 하며 사느냐는 그 사람의 라이프 스타일을 말한다. 돈으로부터 자유 할 수 있는 사람이 가장 부자다. 돈이 많은 사람도 돈에서 자유하지 못하면 부자가 아니다.

단지, 돈이 많은 것뿐이다. 하나님 자녀라는 것을 믿는다면, 돈에서 자유하는 것은 당연하다. 하나님은 공중의 새도 먹이시고, 들에 핀 백합화도 입히시는데, 하물며 하나님의 자녀가 걱정할까?

날마다 일용할 양식을 주시는 것도 큰 은혜다. 사치해도 좋은 만큼 화려하게 살도록 하시지는 않아도 지금까지 먹고 입을 것을 위해 걱정하지 않고 살아왔다. 성경은 돈이 우리를 자유케 한다고 말한 적이 없다. 돈이 좀 부족한 듯이 살아도 마음이 자유롭고, 그걸로 만족할 수 있으면 그게 행복이다. 자신의 그릇 크기 이상을 가지면 가질수록 돈에 구속되는 경향이 있다. 가진 돈이 너무 많아도, 돈이 너무 없어도 돈의 영향력 아래 들어갈 확률이 높다.

"가난하게도 마옵시고 부하게도 마옵시고 오직 필요한 양식으로 나를 먹이시옵소서 혹 내가 배불러서 하나님을 모른다 여호와가 누구냐 할까 하오며 혹 내가 가난하여 도둑질하고 내 하나님의 이름을 욕되게 할까 두려워함이니이다"(잠 30:8~9).

돈이 있는 사람만이 돈에 중독되는 게 아니라, 돈이 없는 사람도 돈에 중독된다. **우리가 소망하는 것은 돈이 풍족하지 않지만, 돈에서 자유 하는 것을 꿈꾼다. 이 자유는 내게 잠시 맡겨주신 청지기일 뿐이라는 고백에서 시작된다.** 돈이 없어서 자유하지 못하는 사람은 돈의 구속에서 해방하는 자유를 더욱 갈망하기 마련이다. 그 꿈이 현실이 되려고 하면, 구속으로 벗어나는 길을 알아야 한다. 돈에서 자유하는 것은 돈이 많아서가 아니다. 우리 안에 진리가 있을 때, 채울 수 없는 것을 채우시는 하나님의 것으로 차오를 때 우리는 진정 돈에서부터 해방될 수 있다.

"진리를 알지니 진리가 너희를 자유케 하리라"(요 8:33).

여기서 진리는 이치가 아닌 참이요, 실체며, 은혜다. 지금 이 시대는 맘몬의 시대라고 할 만큼 점점 돈의 영향력이 커지는 것을 당연하게 여기고, 참이며 실체라고 따르고 있다. 영혼까지 팔아 가며 '영끌'하는 젊은이들은 그 정도의 가치를 돈에서 찾을 수 있을 거라고 생각하고 있다.

우리는 중독의 시대를 살고 있다. 돈, 게임, 스포츠, 인터넷 쇼핑, 도박, SNS, 섹스에 중독되어 살아간다. 중독되지 않으면 대화의 소재가 없을 정도로 혼을 빼고 살아간다. 돈에서 만족을 얻지 못하는 사람은 다른 것에서 스트레스를 풀고 만족을 얻으려고 하는 경향이 있다.

크리스천은 온갖 유혹에서 먼저 자신을 지키는 것이 중요하다. 세상이 돈의 지배 아래 있는 것을 막을 수는 없지만, 나는 돈의 지배에서 벗어날 수 있다. 그러나 누구나 돈이 없어 궁핍하면, 돈에 종속되고 따르게 된다.

돈의 힘과 지배력이 얼마나 큰지 알면서도 이를 무시해서는 안 된다. 현실에서 무시한다고 해서 그것이 무시되는 것은 아니다. 돈이 많으면 모든 근심이 사라지고, 만사가 해결될 것 같은 거짓 사탄에 속지 말아야 한다.

돈의 유혹을 끊어 내기가 어렵지만, 끊어 내는 사람이 있고, 끊어 내는 것을 시도하다가 포기하는 사람이 있으며, 끊어 내야 한다는 것조차 모르는 사람이 있다. 그러나 미션을 수행하는 데 돈이 50%를 해결한다면, 우리는 돈을 많이 벌어야 할 이유가 있다. 돈에 묶이지 않도록 경제적 자유를 선언하는 게 우리의 기도가 되고, 믿음이 되어야 한다.

'소유는 주님의 것'이라고 선포하면 맘몬은 우리를 속박하거나 부릴 수가 없다. 왜냐하면, 돈의 주인은 하나님이며, 나는 그에게 속한 주님의 자녀이기 때문이다.

기업 컨설팅을 의뢰하는 상당수 크리스천 기업의 운영 방식이 넌 크리스천이 운영하는 방식과 크게 다르지 않다. 주일 날 문을 닫고 교회 가는 것 말고는 다른 게 없어 보이는 기업이 많다. 크리스천이 사업을 하는 데도 성경대로 운영하지 않고, 세상 사람들이 하는 방식대로 하면서도 어렵다고 한다.

"사업은 사업의 방식이 있는 거야, 원래 이런 식으로 해 왔으니 하나도 문제가 될 게 없어"라고 하며 세상 방식을 고집한다. 중요한 것은 자신의 방식으로 계속해서 실패하면서도 주님이 이 사업체를 어떻게 보고, 이끌어 가실지 이에 대해 전혀 관심이 없다. 그런데 기도만 하면 하나님께 사업체를 축복해 달라고 기도한다. 이것을 믿음의 아이러니라고 한다. "사업은 사업이고, 기도는 기도다"라는 생각이 분리되어 있다. 예수님이 제자들에게 "그물을 여기로 던져라"라고 하실 때, 베드로가 "주님, 제가 어부 경력이 30년인데, 그렇게 해서는 고기 한 마리도 구경 못합니다"라고 한다면, 예수님을 따라다닐 필요가 없다.

축복은 물질적인 것만이 아니라, 방향을 바꾸고 돌아서는 것도 축복에 포함된다. 우리는 능력 있는 크리스천이 되든지, 무늬만 크리스천인 능력 없는 자가 되든지, 둘 중 하나다. 지금까지 이런 식으로 살아왔던 삶에 대한 철저한 본질적인 회개가 우선되어야 주님은 그를 변화시키시고, 복음의 도구로 사용하신다.

크리스천처럼 보이는 게 어쩜 진짜 크리스천이 되는 것보다 더 힘들 수 있다. 왜냐하면, 크리스천이 되면 하나님의 능력으로 살아가지만, 무늬만 크리스천이면 자신의 의지로 살아가야 하기 때문이다. 크리스천 삶이란 '내 중심에서 하나님 중심의 삶으로 온전히 옮기는 결단'을 말한다. 주님은 지금까지 무엇을 중심으로 살아왔는가를 물으신다. 하나님 중심인가? 나 중심인가? 문제 중심인가? 이 질문에 명쾌하게 대답할 수 있어야 한다. 우리는 세상 속에서 직장 생활과 비즈니스를 하지만, 세상에 속한 자가 아닌 하늘나라에 속한 백성이다. 어려움을 겪을 때 문제를 어떻게 풀어 가는지에 대한 중심이 세상으로 기울어지지 않아야 한다.

그러기 위해서는 문제를 어떤 중심으로 바라보는가가 중요하다. 나 중심으로 바라보면 문제밖에 안 보이고, 문제 중심은 문제를 더 키울 뿐이다. 그때는 하나님 중심으로 문제를 인식하는 전환이 필요하다. 단순히 문제를 '인식'하는 수준이 아닌, 삶을 근본적으로 바꾸는 '태도'가 필요하다.

특히 재정적인 문제는 삶의 많은 부분에 영적으로 연결되어 있다. 우리는 장밋빛 계획들이 톱니바퀴처럼 빈틈없이 잘 돌아갈 것이라 여기지만, 전혀 다른 방향으로 흘러가 당황스러웠던 때가 한두 번이 아닐 것이다.

하나님은 영적 세계만 주관하시는 것이 아니라, 물질 세계도 주관하신다는 사실은 오병이어의 사건에서도 잘 알 수 있다. 그런데 크리스천들이 재정의 영역이 하나님의 통치 속에 있다는 것도, 해결 능력과 해답도 가지고 계신다는 사실도 관념적으로만 알고 있다.

그렇기에 성경 밖에서 찾으려고 하다가 자신의 에고이즘(egoism)에 빠지게 되는 것이다. 우리는 성경을 잘 아는 것 같은데, 적용 부분에 가면 흐려진다. 이 모든 사건의 시작은 크리스천들이 성경을 이해하고 해석하는 능력이 부족하기 때문이기도 하지만, 말씀을 자기중심으로 끌어들여 적용하지 않고, 객관적인 사실로 처리하기 때문이다.

지금껏 믿는다고 하면서도 내가 세상 사람들과 별 차이가 없다는 것을 확인하는 것으로 큰 깨달음을 얻은 것이다. 내 힘으로 성공하면 세상에서는 대단한 사람으로 인정을 받지만, 크리스천에게는 아니다. 내 힘으로 무엇을 하여 그럴듯한 것을 내놓으려 하는 그 자체가 죄악의 길로 들어서는 첫걸음이다. 하나님은 나를 통해 그냥 일하시는 것이 아니라 넘치게 하시고 모든 것을 넉넉하게 준비해 두고 계신다. 이런 분을 무시하는 게 바로 교만이다.

"하나님이 능히 모든 은혜를 너희에게 넘치게 하시나니 이는 너희

로 모든 일에 항상 모든 것이 넉넉하여 모든 착한 일을 넘치게 하게 하려하심이라"(고후 9:8).

이 말씀은 연보에 관한 말씀이다. 연보라는 말은 내가 가진 모두가 하나님 것이라는 고백에서 이해해야 한다. 우리는 하나님을 기쁘시게 하기 위해 연보를 드린다. NIV 성경은 연보를 "liberal gift"로 기록한다(고후 8:20). 이를 보면 우리가 자유의지로 드리는 선물임을 알 수 있다. 그렇다면 우리는 주님의 것으로 주님께 선물하는 것이라 할 수 있다.

우리가 복음에 빚진 자로 어려운 이웃에게 나누고 베풀면 넘치도록 갚아 주시겠다고 한 약속의 메시지다. 약속은 믿고 기다리는 것이다. 하나님은 그 약속을 믿고 행하는 자에게 지금도 유효하다는 사실을 증명하신다.

하나님의 원리에 따르면 우리의 재정이 어떻게 풍요롭게 되는지 알게 된다. 바울이 마케도니아 지역의 교회들이 가난과 궁핍에 처해 있다는 소식을 듣고, 고린도 교회 성도들에게 연보를 부탁하였다. 바울은 너희들이 연보를 하면 이런 은혜가 있을 거라는 믿음의 메시지를 전한다. 하나님이 넉넉하시기 때문에 성도들이 자원할 때 부족한 것을 채우고 넘쳤다. 고린도 성도들이 하나님께 감사함으로 영광을 돌렸을 때 하나님의 능력 있는 자녀가 되는 것이다(고후 9:11~13).

우리는 왕이신 주님의 자녀인데 능력이라고는 하나도 없고, 마치 거지처럼 살아가고 있다면 주님은 우리를 부끄러워하지 않겠는가? 물건도 하나님의 능력에 힘입어 성령의 능력이 나타난다. 엘리사가 엘리야의 겉옷을 주워 요단강물을 치고 건넜다(왕하 2:13~14). 또한 사람들이 바울의 몸에서 가져간 손수건이나 앞치마를 병든 사람에게 얹으면 그 병이 떠나고 악귀도 나갔다(행 19:12). 하물며 하나님 아버지의 자녀가 한낱 물건보다 권능이 없다면 어떻게 설명하겠는가?

믿음이 없으면, 크리스천처럼 보이도록 노력해도 시간이 지나면 자연스럽게 넌 크리스천처럼 보인다. 부자처럼 보이지 말고 진짜 부자가 되어야 하는 것처럼, 진짜 크리스천이 되어 천국 시민이 되면 세상의 VVIP 혜택은 아무것도 아니다. 돈을 바라보는 시각과 돈을 다스리는 태도가 단순히 돈이 많으면 할 수 있는 것이 많겠다는 생각만으로는 부족하다. 이 생각이 정립되지 않으면, 자연히 할 수 있는 것을 하는 게 아니라, 하지 않아도 될 행동을 하게 된다.

부자처럼 보이기 위해 감당할 능력보다 큰 집을 사고, 필요 이상의 고급 자동차를 사들여 할부금과 보험료 내고, 운행비 부담이 가난해지는 첫걸음이다. 반면, 부자는 할부금과 이자를 내지 않으려고, 형편에 맞는 차를 현금으로 산다. 부자의 재정 컨디션은 나가는 돈보다 들어오는 돈이 항상 많다.

반면 가난한 사람의 통장은 월말이면 제로가 되거나 마이너스가 된다. 나가는 돈 때문에 은퇴 없이 계속 일을 해야 한다면, 부자처럼 보이기 위해 기울였던 노력이 얼마나 부질없는 짓이었는지 알게 될 것이다. 부자는 단순히 돈이 많은 사람이라고 할 수도 있지만, 얼마가 있어야 부자라는 가드라인은 없다. 사람에 따라 다르기 때문이다. 돈으로부터 자유하는 사람은 부자이고, 자유하지 못하는 사람은 돈이 많아도 가난한 사람이다. 돈이 있어도 돈이 아까워 돈이 없는 사람처럼 사는 사람은 부자가 아니다.

부자이면서도 구두쇠, 수전노라는 말을 들으면서 사는 사람이 세상에서 가장 불쌍하고 가난한 사람이다. 비록 부자가 되기 위해 자신이 온갖 스트레스를 받았다고 해서 남에게 스트레스를 돌려준다면, 그 부자는 돈이 많은 것이지, 부자가 아니다.

사람들은 돈이 많으면 잘 산다고 말한다. 부자는 잘 사는 것과 같다고 생각한다. 부자는 '돈이 많다는 뜻'이지, 잘 산다는 뜻은 아니다. 잘 산다는 말은 '할 것 하면서 화목하게 산다'는 뜻이다. 나만 잘 먹고 잘 살면 된다는 생각은 주님이 보시기에는 불의이다. 세상에 혼자 부자가 된 사람이 없다. 이웃과 더불어 살아가기 때문에 부자가 된 것이다. 부자처럼 보이도록 노력할 바에는 차라리 부자가 되는 게 낫지 않을까?

V.

부자가 되면
어떻게 살 것인가?

하나님의 자녀인데 왜 가난한가요?

부는 소유가 아니라 영향력이다

부자의 그릇을 만들라

부자를 꿈꾸기 전, 스스로 부자가 될 만한 그릇을 갖추었는지 먼저 깊이 생각해 보아야 한다. 이는 부자가 되기 위한 충분조건을 갖추고 있는가 말이다. 왜냐하면, 그냥 생각대로 쉽게 부자가 되는 사람은 없기 때문이다.

사람들은 "나는 돈을 많이 벌면 이것도 하고, 저것도 할 거야"라고 한다. 이렇게 말하는 사람 중에 부자가 된 사람은 없다. 부자들은 무엇을 하고, 사기 위해 돈을 벌지 않는다. 다시 말해 돈을 마음껏 쓰기 위해 돈을 벌지 않는다는 말이다.

부자들은 물건을 사서 모으는 일시적인 즐거움에 시간과 돈을 투자하지 않는다. 부자는 미래에도 돈이 줄지 않는 투자처를 탐색하고, 잘 굴러갈 수 있도록 시스템을 만드는 일에 관심이 많다.

부자가 되는 것 못지않게 부자가 되면 어떤 사람이 되어, 어떻게 살고 싶다는 열망이 있어야 성공한 부자가 될 수 있다. 돈이 많다는 것 외에 다른 그 무엇이 없다면 방향을 잃은 배와 같이 목적 없는 인생이 표류하게 될 것이다.

부자는 많지만 존경받는 부자가 드문 이유는 부자가 되겠다는 목표는 이루었지만, '그래서', '무엇을', '어떻게' 할 건 데라고 물었을 때 부자가 된 것만으로 충분하다고 한다면 실패한 인생이다.

경제학에 '낙수효과(Trickle-down Effect)'라는 말이 있다. 대기업이나 고소득층이 성장하면 소비와 투자가 확대되어 궁극적으로 저소득층의 소득도 증가하게 되는 선순환 효과를 말한다. 수요가 공급을 이끌어 내고, 공급이 수요에 대응하는 '선순환 구조(Virtuous circulation)'를 만들어 내는 시장의 유통 메커니즘이다.

그러나 아무리 좋은 정책이라도 다 잘살 수는 없다. 그러나 함께 노력하면 극빈자는 구제할 수 있을 것이다. 부자는 더 많이 나누고, 있는 자는 있는 것만큼 나누면 예수님의 사랑을 실천하는 것이다. 하나님의 물질을 유용하게 사용하고 흘러서 보낼 때 공동체가 더불어 살아가도록 설계하고, 내가 이웃을 도울 자로 여기고 섬길 수 있다면, 그것만으로 큰 축복을 주신 것이다.

섬김에서 나눔의 그릇이 작다고 여기시면, 부자의 큰 그릇을 만들어 주신다. 섬김을 받는 자보다 섬기는 자가 되고, 꾸는 자보다 꾸어주는 자가 좋다는 생각만으로는 부족하다. 내가 주의 신실한 자녀가 될 때 하나님은 자기 백성에게 항상 유리하도록 설계하시기 때문에 실패할 확률은 언제나 제로다.

라스베가스에서 카지노를 25년 동안 운영하고 있는 스티브 윈이라는 사람에게 기자가 "카지노에서 이길 확률이 높은 종목이 무엇입니까?"라고 물었다. 그러자 그는 빙그레 웃으며 이렇게 대답했다. "카지노에서 돈을 벌 수 있는 유일한 방법은 카지노 주인이 되는 것밖에 없습니다"라고 했다.

　　왜 그럴까? 모든 게임이 항상 카지노 측에 유리하도록 설계되어 있어 실패할 확률이 없다는 말이다. 도박꾼들도 모르는 게 아니다. 하지만 열 번 잃어도 한 번에 다 회복할 수 있다는 굳은 신념을 가지고 있다. 카지노는 부를 축적하는 반면 도박꾼들은 점점 거지가 되고, 잃은 것만큼 부자가 되는 제로섬 게임이다.

　　카지노에서는 왜 돈을 플라스틱 칩으로 바꿔야만 게임을 할 수 있는지 아는가? 그것은 심리적으로 100달러짜리 지폐보다, 1000달러치의 무더기 가치가 더 적게 느껴지도록 하기 위함이다. 인간들은 눈을 속이고, 마음을 훔치고, 거짓이 참보다 더 완벽한 것처럼 속이는 세상이다.

　　러시아의 대문호 톨스토이는 "부는 분뇨와 같다"고 했다. 한 곳에 쌓아서 두면 악취를 내지만, 널리 뿌리면 땅을 비옥하게 만든다고 했다. 돈을 널리 사용하면 이자가 붙어 다시 돌아온다. 하나님께 칭찬받은 부자는 많은 돈과 노력이 아닌 올바른 기준과 방향에서 나온다.

　　세상에서는 줄을 길게 세운다. 부자와 가난한 자, 힘 있는 자와 없는 자, 잘난 자와 못난 자, 젊은이와 늙은이를 일렬로 줄을 세운다. 100명이 있다고 하면, 줄을 맞추어 일렬로 걸어가는 세상에 살고 있다. 나는 꼴찌 100등인데, 어느 날 하나님이 호루라기를 불면서 '뒤로 돌아가'라고 한다면 믿어지겠는가? 하나님의 법칙은 세상에서 꼴찌였지만, 일등이 될 수 있고 가진 것이 없었지만, 천국을 소유할 수 있는 상속자가 될 수 있다.

주님은 두 렙돈을 가진 과부가 그 전부를 드리는 것을 보셨다. 그 돈은 과부에게 생계비이자 자신의 생명줄과도 같은 귀한 돈이다. 예수님은 제자들에게 "이 가난한 과부는 헌금함에 넣는 모든 사람보다 많이 넣었도다 그들은 다 그 풍족한 중에서 넣었거니와 이 과부는 그 가난한 중에서 자기의 모든 소유 곧 생활비 전부를 넣었느니라"(막 12:43~44)라고 말씀하셨다. 예수님의 평가 기준은 액수나 양이 아니다.

사람들은 사이즈 콤플렉스 때문에 많이 그리고 더 많은 것을 원한다. 그러나 하나님은 우리에게 언제나 가진 것에서 최선을 원하신다. 두 렙돈은 당시 비둘기 한 마리 값으로 성전에 드릴 수 있는 최소한의 금액이었다. 예수님께서 헌금을 "모든 사람보다 많이 넣었다"는 기준을 보면, 우리의 시각과는 전혀 다른 관점을 발견할 수 있다. 주님은 우리가 '크다', '많다', '풍족하다'는 것은 드러나는 겉모습이 아니라, 우리의 정성과 열심, 그리고 마음의 중심이 어디에 얼마나 담겨 있는가로 평가하신다.

예수님이 보시에 가난한 과부가 가장 큰 축복의 그릇을 가졌다. 절대적 기준과 가치가 주님께 고정되어 있어야만 올바르게 평가받을 날이 온다. 비록 지금 사는 게 힘들더라도 그날을 소망하며 살 때 참고 견딜만하다.

나그네 삶을 살아가면서 누구나 고난도 있고, 슬픔도 있고, 후회도 있다. 단지 감당할 수 있는 인내로 일어설 수 있느냐, 없느냐의 차이뿐이다. 실패가 패배가 되지 않도록 도전하고, 고난이 고통으로 남지 않기를 바라며 일어서야 한다.

포기는 쉽지만, 실패를 딛고 일어서는 것은 어렵다. 실패하면서 고난을 극복해야만 하나님이 역사하실 수 있는 기회가 주어진다면, 그 길을 기꺼이 자원해서 가는 이가 바로 사명자이다. "고난아, 너는 더 이상 나를 지배할 수 없다. 나의 믿음은 더 커질 수 있다"라고 선포하고, 고난의 벽을 눕히면 다리가 된다. 그러면 건너가면 된다. 세상의 그릇이 크다고 하여 무조건 좋은 것이 아니다. 이것저것 담는다고 해서 다 내 것이 되는 것도 아니고, 다 쓸모 있는 것도 아니다. 단지 많은 것보다는 가치 있는 것들로 채워야 한다.

미니멀라이프(minimal life)는 보이는 물건들을 줄이고, 보이지 않는 마음의 그릇을 넓히고 정리하는 것이다. 불필요한 것을 없애는 것만큼, 정리된 생각의 공간을 넓히는 것이다. 물건을 많이 사들이지 않아도, 부자라는 표시를 내지 않아도 부자는 그대로 부자다.

사람에게는 각자 자신이 다룰 수 있는 돈의 크기가 있다. 돈 그릇보다 더 큰 돈이 들어오면, 그 돈을 어떻게 관리하고 운용해야 할지에 대한 기준이 서지 않는다. 대부분의 사람들은 관리 밖에 있는 돈을 공짜 돈처럼 쓴다.

용돈 개념을 가진 초등학생이 기껏 사용하는 돈이 몇만 원 수준인데, 백만 원을 주고 하고 싶은 것을 해 보라고 한다면, 다시 돌아오는 돈은 얼마가 될까? 자신이 쓰던 대로 몇만 원만 쓰고 나머지는 저축할까? 나의 계획에 벗어난 돈은 공짜라고 여겨 흐지부지 소비하기 마련이다. 소비된 돈은 다시 돌아오지 않는다.

재정을 다루는 돈 그릇은 그냥 만들어지지 않는다. 먼저 생각의 사이즈를 키우고 학습하면서 경험을 쌓고, 작은 실패를 통해 배우게 된다. 담는 데만 치중하면 어디서 빠져나가는지도 모르고, 빠져나가는 것에 치중하면 담기지 않는 딜레마를 가지고 있다. 처음에는 작게 시작하고, 조금씩 투자금을 늘려가면 안전하게 그릇에 담을 수 있다.

돈을 실제로 다루는 것과 이론적으로 설계하는 것은 다르다. '파이낸셜플래너(financial plan, 재무설계사)'라고 불리는 사람들 중 부자가 거의 없는 것도 아이러니하다. 나는 부동산 전문 강사들보다 부동산 강의를 듣는 사람들이 훨씬 부자이며 부동산도 많다는 사실을 알았다. 이 부동산이 좋다고 강의하면서 정작 자신은 투자하지 않는 딜레마를 가지고 있다. 다른 사람에게 그 기회를 양보하는 것일까? 돈이 없거나 확신이 없어서 그럴 것이다. 자기 자신도 확신하지 못할 정보를 남들에게는 괜찮다는 식으로 넘겨 밥벌이하는 유튜버들이 너무 많다.

유튜버의 말을 듣고 손해를 본 사람들이 상담을 요청하는 경우가 있다. 그들이 말하는 것처럼 단시간에 부자가 될 것 같으면, 자기가 먼저 부자가 되면 되지, 왜 구차하게 생면부지의 사람을 부자로 만들기 위해 애를 쓸까? 자기가 투자하는 것보다 유튜버 하는 것이 더 돈이 되기 때문이다. 이론과 생각만으로도 부자가 될 것 같지만, 많은 사람이 부자가 못 되는 근본적 이유다.

회사에서 성공하겠다는 사람은 회사일 외에는 다른 것을 생각할 겨를이 없는 사람이다. 회사 일만 해도 벅차기 때문이다. 회사에서 인정받는 사람일수록 부자의 꿈을 꾸지 않는 경향이 있다. 부자가 되어야 한다는 열망을 가지지 않아도 충분히 잘살 수 있기 때문이다.

사람은 미래를 낙관적으로 보는 경향이 있을 뿐만 아니라, 자신만은 어떤 경우에도 괜찮을 것이라 여긴다. 현재 만족하면, 언제 어떻게 될지 모르는 미래까지 걱정하며 준비한다고 달라지는 것은 없다고 여긴다. 사람은 환경에 쉽게 적응하기 때문에 지금 이대로도 좋은데, 딱히 무엇을 더 해야 한다는 절박함이 없는 것은 당연하다.

"사는 데 돈이 중요한 것이 아니야"라고 하는 사람들은 돈이 얼마나 가치 있게 사용되는지를 애써 외면하거나 자기 합리화를 위해 에둘러 말하는 것이다. 중요한 것을 굳이 중요하지 않다고 말하는 것도 이상하지만, 중요하지 않다고 말하는 사람이 돈에 관한 이해관계에서는 왜 민감하게 반응하는지 이해하기 어려울 때가 있다.

돈이 필요하면 중요한 것이다. 돈에 대해 솔직해야 한다. 돈은 필요한 곳에 사용하라고 만들어진 물건이다. 필요를 채우기 위해 사용되는 돈이 삶에 우선순위가 아니고, 전부가 아닌 것은 분명하지만, 돈이 필요충분한 것으로 만드는 것은 청지기 사명에 달렸다.

그런데 중요한 것은 투자나 재테크에 대한 개념이 흐린 사람이 돈에 대한 속성을 이해하지 못해 사기를 당하고, 연대보증을 서서 돈을 모두 날리는 경우가 있다. 재산을 불리는 것도 중요하지만, 더 중요한 것은 자신의 재산을 지키는 능력이다.

한 곳에만 오래 근무하다 보면, 세상 사람들이 자기 주변의 사람들과 같은 줄만 안다. 나도 그렇게 생각하여 엄청난 수업료를 냈다. 사람을 믿고 신뢰하는 것은 좋은 일이지만, 그게 바보가 되는 줄을 꿈에도 몰랐다. 선을 악으로 이용하는 사람이 많다는 것을 알아야만 자신의 재산을 지킬 수 있으며, 어이없는 일을 당하지 않기 위해서는 사람 공부도 반드시 필요하다.

대부분의 직장인들이 투자를 고민하는 시점은 회사에서 더 이상 버티기가 버겁거나, 명예 퇴직을 앞두고 있을 때 출구전략을 계획한다.

파이어족(경제적 자립을 이룬 조기 은퇴자)이라는 사람들이 매일 유튜브에 나와 "경제적으로 독립하려면 하루빨리 직장생활을 그만두고 자신의 길을 걸어야 한다"고 말하는 것을 들으면, 직장생활하는 것이 과연 어떤 의미가 있을까 매일 고민하게 된다. 혹해서 "그냥 한번 해 볼까?"하는 것으로는 성공하기가 어렵다.

무엇보다도 나의 경쟁력은 무엇이며, 차별화를 만들어 낼 어떤 전략은 있는지, 깊이 생각해 보고 결정해야 한다. 파이어족이라고 하니 잘나가는 것처럼 보일 뿐이지, 실제는 그렇지 않을 수도 있다. 성공의 기준이 서로 다를 수 있기 때문이다. 파이어족이란 타이틀을 이용하여 돈벌이 수단으로 사용할 만큼 궁색한 사람도 많다.

실제로 정말 성공한 사람은 매일 같이 유튜브에 나올 시간도 없을 뿐만 아니라, 그렇게 하지 않아도 충분히 만족하고 자신의 일을 성취해 나갈 수 있다. 돈을 많이 벌었다는 것을 매일 영상으로 홍보하는 게 더 이상하다. 부자는 절대로 돈이 많다고 떠들지 않는다. 왜냐하면, 말하지 않아도 사람들은 금방 알기 때문이다.

설사 그들은 그들의 방식으로 성공했다고 하더라도, 내가 그 사람이 될 수 없고, 그 사람이 내가 될 수 없다. 나는 나의 길이 있고, 그 사람은 그 사람의 길이 있다. 각자의 생각이 다르고 살아온 환경도 다르다. 그러므로 나는 그 사람의 방식으로 해서는 절대로 성공할 수 없다는 뜻이다.

성공을 붕어빵처럼 찍어낼 수 없는 이유는 하나님이 각자에게 주신 달란트가 서로 다르기 때문이다. 이 일은 내가 잘할 수 있지만, 저 일은 못 할 수도 있다. 교회 공동체의 지체로서 섬김의 자리가 서로 다르기에 맡은 일에 충성하고 역할 분담을 하며 덕을 세우는 것과 같다.

똑같이 잘할 수 없고, 똑같이 못 할 수도 없다. 더 가진 사람과 덜 가진 사람 그리고 이 일을 잘하는 사람과 저 일을 잘하는 사람을 주님이 사용하시며, 누구나 동일하게 공동체에 꼭 필요한 자원임을 알게 하신다.

그런데 내게 주신 재능을 효율적으로 사용하지 못하고 엉뚱한 곳에 사용하며, 아까운 시간을 허비하는 사람이 많다. 유학한 와튼스쿨에서 가장 중요하게 먼저 가르치는 것이 바로 '시간 관리' 수업이다. 시간의 소중함과 효율적인 사용법을 가장 먼저 배우고 적용하는 사람이 능력을 인정받는 리더가 되는 것은 당연하다.

공평하게 주어진 하나님의 선물인 시간을 어떻게 사용하는지, 하루 일과표를 작성해 보면 성공의 길을 가고 있는지, 아닌지 알 수 있다. 뚜렷한 목표와 목적이 없으면 허투루 쓰는 시간이 많고, 시간을 효율적으로 관리하기 어렵다.

돈으로도 값을 매길 수 없는 시간을 낭비하는 사람이 최고의 실패자다. 오늘을 맞이하는 시간이 어제와 같고, 또 내일도 같다면 기대할 것은 절망과 한숨밖에 없을 것이다.

시간이 부자를 만들고, 시간이 가난을 불러온다. 시간을 내 편으로 만들라. 실제로 회삿일을 하면서도 습관화된 익숙함에 매몰되어 시간 관리에 실패한 사람은 핵심적인 일이 무엇인지, 회사에서 원하는 일이 무엇인지 잘 모르고 그냥 열심히 하는 경우가 많다.

부자의 그릇은 나의 자원을 풍부하게 만드는 것부터 시작한다. 좋은 재료가 있어야 내가 원하는 작품을 만들 수 있기 때문이다. 그 재료는 여러 가지가 있겠지만, 첫 번째 부자가 못 되는 근본적인 이유는 부자에 대한 '간절한 열망'이 없기 때문이다. 절박함이 있으면 찾고, 두드리고, 열기 위해 노력할 수밖에 없다. 삶에 긴박감이 없으면 편안함에 금방 젖어 들고 익숙해진다. 지금의 삶이 그냥 좋고, 어떤 리스크도 지기 싫고, 스트레스도 받기 싫은 것이다. 아침에 출근하여 주어진 회삿일하고, 제시간에 퇴근하는 것이 그저 좋다. 주말을 기다리고, 휴가를 어디로 갈까 상상하는 재미로 내일을 기다린다. 아등바등하지 않아도 적당한 월급에 남들 외식할 때 하고, 여행 갈 때 갈 수 있는 워라밸을 즐길 수 있어 딱히 부족한 것이 없다.

인간에게 편안하고 안락한 생각이 자리 잡기 시작하면, '이대로가 좋다'는 생각을 하게 된다. 남편이 재테크 얘기를 꺼내면 아내는 "지금도 괜찮은데 굳이 그렇게 할 필요가 있어?"라고 한다. 전에는 부족했던 것을 극복하기 위해 도전하고 노력했던 일은 언제 그런 일이 있었느냐는 듯 잊게 된다. 따라서 지금보다 더 나빠지지 않으면 괜찮다는 말이다.

만약 우리가 기도 제목이 없을 만큼 만족한 삶을 산다면 기도할 필요성을 느끼지 않을 뿐만 아니라, 간절하게 주님을 찾을 이유도 없다. 주님이 필요 없을 만큼 만족한 삶을 사는 것을 꿈꾸지만, 그것은 허상이다.

주님께 간구하지 않아도 될 만큼 잘살고 있는 것은 분명 축복이다. 그러나 하나님은 우리가 아무 걱정 없이 잘살고, 만족하게 사는 것 그 자체보다, 문제없이 살게 하신 그분이 누구신지 알기를 원하신다. 만약 질병으로부터 치유되었을 때, 우리는 건강 회복에만 기뻐할 것이 아니라, 질병으로부터 깨닫게 된 은혜와 그 회복을 주신 분을 더 깊이 알게 된 사실에 감사해야 한다.

현재의 만족을 위해 미래를 예측 불가 상황으로 만드는 것은 인간이 할 수 있는 가장 어리석은 행동이다. 성공자는 미래를 저축하고, 패배자는 미래를 앞당겨 쓴다.

만약 여러분들의 삶이 팍팍하다면 가난에서 벗어나 경제적 자유를 갈망하는 삶을 동경하는 것은 당연하다. 만약 카드가 연체되고, 아이들 학비를 내지 못하는데도 빚만 쌓여 간다면, 어떻게 하든지 돈을 벌 궁리를 하며 절약하고, 돈의 소중함을 알고 재정 계획을 촘촘히 세울 것이다.

이런 기회를 통해 매너리즘에서 깨어나고, 계획하지 않았던 경쟁력을 키우고, 성공해야 한다는 절박함을 가져 보면 어떨까? 실제로 전 세계 부자들의 스토리가 이와 일치하는 경우가 많다.

미국 와튼스쿨 학위수여식에서 총장님은 "이 학교를 졸업한 저명인사 중에 바닥을 경험하지 않고 성공한 사람은 많지 않다. 여러분들도 반드시 그렇게 되길 바라는 것은 아니지만, 유익하다면 마다할 이유가 없다"고 했다.

성경에도 고난을 통과한 선진들의 이야기로 가득 차 있다. 주님은 "너희가 원하는 것을 얻기 전에 고난도 함께 할 자신이 있느냐?"고 물으신다. 주님은 '정답'을 듣고 싶은 게 아니라 나의 '대답'을 듣고 싶은 것이다.

성공적인 인생은 결국 균형이다. 고난을 감당할 '인내'를 통한 '성공'이다. 삶에서 둘 중에 어느 하나가 아닌, 두 가지가 공존하는 '균형'에서 찾아야 한다. 따라서 크리스천의 성공은 어떤 목표가 아닌, 목적된 삶을 사는 태도에서 행복도 함께 한다는 사실이다. 세상의 성공을 향해 몰입하다 보면, '관계'에 상처가 나 치유하기가 힘든 가정을 보게 된다.

결국, 행복이라는 것은 균형이 잘 잡힌 데서 오는 하나님의 선물이다. 사람들은 성공보다 행복이 평범해 보여 성취하기가 쉽다고 생각한다. 아니다. 성공한 사람들 중에 행복하지 않은 사람이 많다. 행복을 찾는 사람은 행복 그 자체로 성공한 사람이다.

내 주위에 직장에서, 사업에서 성공은 했지만 행복하지 않은 사람들이 많다.

우리는 행복의 '의미'를 찾는가, 아니면 행복의 '조건'을 찾는가에 따라 다르다. 지금 있는 것에 감사하는지, 아니면 없는 것을 성취해야만 행복으로 느끼는지의 차이다.

행복하지 못한 이유는 다양하다. 건강, 가족 관계, 끝없는 욕망, 회사 적응, 사업에 대한 걱정 때문에 행복하지 않다. 그러므로 우리가 행복하기 위해서는 경제적 자유에 플러스알파가 붙는다. 그 플러스알파의 기준은 내 마음에 있다.

와튼스쿨 성공학의 저명한 교수 리처드 셸(G. Richard Shell)은 그의 저서 『와튼스쿨에서 딱 두 가지만 묻는다』(Springboard: Launching Your Personal Search for Success)란 책에서 학생들에게 두 가지 질문을 던진다.

1. 당신에게 성공은 무엇인가?
2. 그 성공은 어떻게 달성할 것인가?

이 두 가지를 달성하는 데 반드시 보장해 주는 절대적인 시스템이 있는 것은 아니다. 다만 저자는 40년이 넘는 시간 동안 성공이라는 주제를 강연하면서 얻은 지혜를 나누고자 할 뿐이라고 한다.

우리도 어느 곳에서나 여러 번 들을 수 있었던 지극히 뻔하고 평범한 내용이다. 그런데 평범하고 뻔한 내용을 새겨듣고 실천하지 않았던 대다수의 사람들이 오늘도 돈 걱정하고, 암담한 미래에 절망하고 있다는 사실을 아는가?

수십 년 동안 살아오면서 제대로 실천하려고 노력해 본 적이 없는 사람이 "알 것은 다 안다"고 말한다. 그냥 아는 것과 제대로 아는 것에 차이가 있다는 사실을 모른다. 왜, 그럴까? 목표를 명확하게 설정하여 이루겠다는 간절한 열망이 없기 때문이고, 또 하나는 목표를 달성하는 방법을 이해하지 못했기 때문이라고 저자는 말한다. 실행하지 않는 앎은 머리만 커지고 행동을 더디게 만든다. 정확히 말하면 아는 것과 실행하는 것이 다르다는 것을 알기 때문에 실행까지 가서 성과도 없이 끝나는 것을 두려워한다.

성공의 로드맵에 그림을 그리고 영상을 보듯이 명확하다면, 실행하지 않을 이유가 없다. 만약 몇 미터만 더 파면 황금 덩어리가 있다는 것을 정확히 안다면, 당신은 어떻게 하겠는가? 실패하는 사람들의 생각은 명확하지 않을 뿐만 아니라, 자신이 로드맵을 설정했으면서도 불분명하여 따라가기가 어렵게 설계되어 있다. 당연하게 시작했다가 약간만 어려우면 출구를 찾고, 결국, 포기의 수순으로 끝나는 게 정상이다.

누군가는 성공을 외적 성취에 중점을 두고, 또 누군가는 내적 만족과 충족에 중점을 두고 있다. 당신은 성공의 내적 측면과 외적 측면 간의 균형을 어떻게 잡고 있는가? 물론 이것도 취하고 저것도 취하면 좋겠지만, 인생이 생각대로 흘러가지 않을 때 선택의 기로에 설 때가 있다. 가난한 사람들은 돈이 많으면 근심이 없을 거라고 생각한다. 그래서 우리는 돈이 많은 사람을 '잘 산다'고 말한다. 물론 돈에 대한 많은 걱정은 덜 수 있을 것이다. 인간의 욕심은 채움으로 행복해지는 것이 아니라, 욕심을 다스림으로 행복해진다는 것을 아는 사람은 지혜로운 사람이다.

어차피 이 세상에 가지고 온 것도 없고, 가지고 갈 것도 없다. 세상에 발을 딛고 사는 동안 잠깐 필요한 것을 사용할 뿐이다. 어느 날 모아두고, 남겨 두었던 것 그대로 두고 떠나지 말고, 이웃을 위해 모두 주고 떠나면 된다.

> "우리가 세상에 아무것도 가지고 온 것이 없으매 또한 아무것도 가지고 가지 못하리니 우리가 먹을 것과 입을 것이 있는즉 족한 줄 알 것이니라"(딤 6:7~8).

"성공하면 무엇을 할 건가요?" 물으면 여러 사람에게 좋은 멘토링을 하는 멘토가 되고 싶다고 말하는 사람이 있다. 사람들에게 꿈과 용기를 북돋아 주고, 성장할 수 있도록 도와줄 수 있다면, 그것으로 선한 영향력을 미치는 것이다.

성경에도 보면 멘토와 멘티의 역할을 볼 수 있다. 아브라함과 롯, 모세와 여호수아, 드보라와 바락, 요나단과 다윗, 엘리야와 엘리사, 모르드개와 에스더, 이사야와 히스기야 등 좋은 멘토링이 있었다.

그런데 그 누구보다도 훌륭한 멘토링은 열두 제자를 가르치시고, 양육하신 위대한 멘토는 예수님이시다. 나는 36년 동안 직장생활을 하면서 기억에 남는 것은 다른 사람의 성장을 위해 노력하고, 그들의 자립을 도운 일만 기억에 오래 남는다.

내가 책을 낼 때마다 많은 독자들이 읽어 주고, 독자들이 "새롭게 시작할 수 있는 용기를 주셔서 너무 감사하고, 절망 가운데서 일어서서 갈 방향을 제시해 주어서 고맙다"는 블로그와 댓글이 다시 글을 쓰게 만드는 이유가 된다. 또 어떤 독자는 "직장생활이 힘들 때마다 꺼내어 보며 힘을 얻는다"는 분도 있다.

나를 통하여 또 한 사람이 변화되고 삶의 터닝포인트가 된다면, 그것으로 감사하고 보람을 느낀다. 글을 쓰느라 불면의 밤을 보낸 수많은 날이 결코, 헛되거나 아깝지 않은 이유다. 독자들의 많은 질문에 대답하기가 벅차지만, 성의껏 도움이 되려고 노력하는 과정도 의미가 있다.

나는 지금도 문득 "내가 잘살고 있는가?"라고 질문할 때가 있다. 만족하게 '예'라고 말하기 어려운 것이 사실이다. '잘살고 있다'라는 기준이 사람마다 다를 수 있지만, 그렇지 못하다는 데 동의하고 싶다.

누군가에게 만족한 삶이란 돈을 많이 버는 것일 수 있고, 어떤 이는 통증 없는 세상에 사는 건강일 수 있으며, 또 어떤 이는 빚 없는 세상에서 화목한 가정을 일구는 것일 수도 있다.

사람들은 대개 평범한 일상으로는 만족하지 못한다. 빚 없이 먹고 사는 데 지장이 없고, 아이들도 큰 탈 없이 자라고, 남들이 하는 것만큼 하면서 사는 것으로 만족하는 것처럼 보이지만, 실상은 모두가 결핍을 가지고 있다.

그리고 인간은 자신의 삶이 딱히 부족함이 없음에도 원인 모를 허전함을 느끼고 뭔가 빠진 듯한 정서적 허탈감을 느끼게 된다. 친구는 딱히 부족한 것이 없지만, 하루가 덧없이 흘러가는 것만으로도 인생무상을 느끼고 허탈하다고 한다. 맞는 말이다. 그래서 동창회나 각종 모임에 열심히 나가면 나갈수록 자신을 비교하게 되고, 평가받는 것이 싫어진다. 이러한 인간관계에서 오래지 않아 못마땅한 사람이 눈에 띄게 되고, 금방 싫증이 나는 것은 만족과 기대가 금방 한계를 드러내기 때문이다.

지금 여러분의 삶이 만족하다고 하여 평생 갈 것이라 여기지 말라. 현재에 생각대로 모두 누릴 수 있고 원하는 것을 할 수 있다고 하여 그것이 영원할 것이라 여기면 안 된다.

직장에 다닐 때 나는 누구보다 성공한 사람으로 기억되며 장구하리라 생각했다. 그러나 퇴직하고 나니 길잃은 철새와 같이 방향을 잃어버린 듯 공황과 우울증이 왔다. 인생 전부를 쏟아부은 36년 직장생활을 뒤로하니, 나의 인생이 막을 내린다는 쓸쓸함과 아쉬움에 불면의 시간을 한동안 보냈다.

시간은 우리를 어떤 방향으로든지 변화시키는 힘을 가지고 있어 미리 준비하는 게 지혜로운 사람이다. 인간이 통제할 수 없는 자연의 힘 앞에 무력한 인간의 한계를 경험하는 우리이다. 시간은 평생 우리가 원하는 방향으로도, 원치 않는 방향으로도 이끌지 않는다. 다만 현재 상황보다 나은 방향으로 전개될 수도 있고, 더 나쁜 방향으로 전개될 수도 있다는 것뿐이다.

세상에서 진리라고 믿고 있는 것도 지금 이 순간까지 경험을 토대로 한 '신념'에 지나지 않는다. 앙드레 지드는 "세상에서 진리를 찾으려는 자들은 믿더라도, 진리를 찾았다는 자들은 믿지 말라"고 했다.

이 세상에는 진리처럼 보일 뿐이지 영원한 것은 없다. 영원하지 않은 것은 진리가 아니다. 여러분의 신념이 하나님을 향한 '믿음'이 되면 지금까지 봐 왔던, 이 땅의 세계와는 전혀 다른 하늘나라 세계가 있다는 것을 알게 될 것이다.

실제로 잘 산다는 것도 영원하지 않기에 별것 아니다. 단지, 이 세상에 왔다가 자기를 위해 살다가 바람처럼 사라지는 의미 없는 인생이 아니라, 나를 통해 복음이 확장되고, 선한 영향력을 미치는 이웃으로 남고 싶을 뿐이다.

우리는 영원히 잘 사는 것이 중요하다. 죽고 나서는 누가 책임을 질 것인가를 생각하면, 죽고 나서가 훨씬 더 중요하다. "죽고 나면 끝이다"라는 사람이 많기에 설득력이 없을 수도 있다.

그러나 누구나 죽기 때문에 그때는 알 것이다. 영원히 잘살기 위해서는 과거에 연연할 필요가 없다. 우리가 현재의 결정에 후회하지 않고, 다가올 미래에 대한 기대와 설렘으로 신랑 되신 예수님을 소망하며 산다면, 세상과 비교할 수 없는 만족과 기쁨을 얻게 될 것이다. 만일 누군가 "그렇게 살지 않아도 현재만 좋으면 되고, 해 볼 것 다 해 봐. 미래는 걱정하지 마!"라고 여러분에게 용기를 주는 것처럼 말한다면 단호히 거절하라. 남은 나의 인생을 책임을 지지 않기 때문에 부담이 없는 말, 듣기 편안한 말은 얼마든지 할 수 있다.

"네가 이 세대에 부한 자들을 명하여 마음을 높이지 말고 정함이 없는 재물에 소망을 두지 말고 오직 우리에게 모든 것을 후히 주사 누리게 하시는 하나님께 두며 선한 일을 행하고 선한 사업에 부하고 나눠주기를 좋아하며 동정하는 자가 되게 하라 이것이 장례에 자기를 위하여 좋은 터를 쌓아 참된 생명을 취하는 것이니라"(딤전 6:17~19).

부자들은 교만하지도 말고 없어질 돈에 의지하지도 말고, 내가 가진 모든 재물을 하나님께서 주신 것이라는 사실을 깨달아 이웃을 사랑하고, 나누어 주는 삶을 사는 사람은 자기를 위한 '참된 생명'을 얻게 된다.

자신의 생명을 내주고 '참된 생명'을 얻은 믿음의 선진들은 자신의 목숨이 귀하지 않아서 희생하는 것이 아니다. 사람들은 죽으면 끝이라고 생각한다. 세상에서는 가장 처절한 실패로 인식된 예수님의 십자가의 죽음이다. 우리의 성공은 곧 십자가의 능력이다.

그리스도인의 성공은 세상 성공의 그 이상의 것이 되어야 한다. 세상적인 성공은 다른 사람의 권리를 침해하지 않는 범위 내에서 원하는 목표를 성취하는 것이다. 그러나 그리스도인의 성공은 보다 나은 삶을 위해 말씀을 따라 실천 현장에 뛰어 들어가는 것이다. 그리스도인의 성공은 타인의 이익이나 권리를 침해하지 않는 것 이상이다. 보이는 현상에 매이는 것이 아니라, 그 너머에 있는 영생의 말씀에 매이는 것이다.

"너희가 내 이름으로 무엇을 구하든지 내가 행하리니 이는 아버지로 하여금 아들로 말미암아 영광을 받으시게 하려 함이라"(요 14:13).

우리는 기도의 응답을 받는 특권을 가진 하늘나라 백성이다. 사람들은 특권을 좋아하고 부러워한다. 누가 내게 무엇을 구하면 해결해 줄 능력이 있어야만 권위가 선다. 그 특권이 어디에서 오는가가 매우 중요하다. 만약 특권이 가진 소유에서 나온다면, 사람들이 일시적으로는 좋아하고, 그 권위에 순종하는 것처럼 보이지만, 전인격적으로 순종하지는 않는다.

왜 그런가? 세상의 것으로는 완전한 만족이 없을 뿐만 아니라, 사람의 텅 빈 가슴 한 공간을 그 어떤 것으로도 채울 수 없기 때문이다. 또 다른 만족이 필요하지만, 근본적인 한계는 '완전하지 않다'는 데 있다. 우리를 아들이라 부르시고 영원한 천국 소망을 향해 나갈 수 있도록 특권을 주셨기에 우리는 그 누구보다도 잘살아야 하고, 권위 있는 말을 하고 자녀의 품위를 잃지 말아야 한다.

우리가 특권을 가졌다고 해서 어려움에 처하지 않고, 고난을 안전하게 통과할 수 있다는 말은 아니다. 다만 주님은 연약함을 간구할 때 이기고, 극복할 수 있는 힘을 주신다는 것만 다를 뿐이다.

타고르가 기도했던 것처럼 "위험으로부터 벗어나게 해 달라고 기도하지 않고, 위험에 처해도 두려워하지 않게 해 달라고 기도하게 하소서. 고통을 멎게 해 달라고 기도하지 말고, 고통을 이겨 낼 수 있는 용기를 달라고 기도하게 하소서"라는 기도문은 기도의 특권을 가진 자의 모습이다.

나는 힘들 때 이렇게 기도한다. "언제나 내가 기뻐하고 성공할 때만 하나님이 나를 도와주신다고 생각하지 말게 하옵시고, 매일매일 내가 슬프고 괴로울 때라도 여전히 주의 손을 내밀어 꼭 붙잡고 계심을 믿게 하옵소서"

"무릇 그리스도 예수 안에서 경건하게 살고자 하는 자는 핍박을 받으리라"(딤후 3:12).

우리는 경건하게 살기보다는 잘살기를 원하고, 핍박보다는 편안하게 사는 것을 좋아한다. 인간이기 때문에 그렇다고 하면 간단하다. 그런데 주 안에서는 경건이 곧 잘사는 것이고, 고난이 없으면 자신의 가장 낮은 모습을 볼 수 없을 뿐만 아니라, 자신이 어떤 사람인지 죽을 때까지 모른다.

자신을 가장 잘 아는 데는 고난만큼 좋은 도구가 없으며, 고난을 통하여 믿음이 성숙해지고, 자신을 성장시키는 신실한 멘토다. 믿음은 고난을 빼놓고는 설명할 수 없는 게 너무 많다. 예수님의 십자가 고난 없이는 구원도 없다. 다윗과 바울은 고난을 통해 주의 율례와 법도를 배우고, 말씀을 순종으로 승화시킬 수 있었다. 우리는 힘든 고난이나 인내를 요구하는 일을 뒤로 미루다 보면 기약 없이 늘어져 시도하는 것을 포기해 버린다.

그런데 '늦었다고 생각될 때가 가장 빠를 때(Never later than never)'라고 한다면, 빠른 것이 반드시 좋은 것은 아니다. '빠름'보다는 '제대로' 하는 것이 중요하다. 제대로 하려면 마지막까지 끈기 있게 인내하고, 최선을 다해야 한다. 최선을 다하는 사람이 마지막에 웃는다. 영어로 즐겨 사용되는 'Laughs last(마지막에 웃다)'와 'Laughs loudest(가장 크게 웃다)'가 있다. '마지막에 웃는 사람이 가장 크게 웃는다'는 말이다. 이 표현은 미국에서 주로 비격식적인 상황에서 유머로 사람들 사이에서 자주 사용된다.

우리는 세상살이에서 기뻐하고 웃어야 할 이유를 찾는다면 거의 없는 게 정상이지만, 기뻐하고 웃으면, 기뻐하고 웃을 일이 생긴다는 역설적인 표현이다. '기뻐해 보라 그럼 기뻐할 일이 생길 것'이다. '감사해 보라 그럼 감사할 일이 많아질 것'이다.

바울은 감옥에서도 밖에 있는 성도들에게 '기뻐하고 기뻐하라'라고 했고, 로마로 호송 중인 미결수였지만 배에 있는 사람들에게 소망의 메시지를 전했다. 바울은 동족 유대인으로부터 생명의 위험을 여러 번 당하면서도 복음을 전하는 것, 곧 사명으로 여겼다.

우리는 자유롭게 복음을 전할 수 있는 환경과 시간에 겨우 할 수 있는 일이 먹고사는 문제에 매몰되어 평생을 바쁘게 살아간다. 하지만 하나님과 깊은 신뢰 관계로 연결되어 있다면, 장소와 환경에 관계가 없이 언제나 기뻐하고 감사하게 된다. 절망적인 깊은 밤이 올 때에도 하나님의 말씀에 소망을 두는 사람은 기쁨으로 감당한다.

성공적인 삶의 가치를 하나님께 두면 무엇을 할 것인가 묻기 전에 이미 하나님과 동행하는 증인의 삶을 살고 있다는 것이다. 종교 지도자들과 유대인들이 그리스도인을 핍박하여 복음을 막으려 했지만, 그들의 의도와는 반대로 흩어진 그리스도인들이 가는 곳마다 복음이 확산되는 결과를 가져왔다.

박해자들은 그리스도인을 구속하고 죽일 수도 있었지만, 복음은 구속하고 죽일 수가 없었다. 복음은 주님이 부르신 뜻대로 수많은 증인을 통해 박해와 죽음의 장벽을 뚫고 땅끝으로 뻗어 나가 우리에게로 온 것이다. 우리는 그리스도의 장성한 분량까지 자라 주님이 원하시는 제자의 삶을 살 때 우리 또한 증인이 된다.

유진 피터슨(Eugene Peterson)이 말한 것처럼, "우리는 예수 그리스도 안에서 온전하고 참된 인간이 되어 간다면 성공한 삶이다"라고 한 말은 진정한 성공이 무언지 가르쳐 준다.

당연한 것은 하나도 없다

처음부터 너무 잘하려고 하지 말고, 좀 부족하고 어색해도 일단 시작하고 조금씩 다듬어 가는 것으로 하다 보면, 어느덧 당연한 것이 된다. 투자를 하거나 인간관계에서 배우는 것은 이 세상에 '당연한 것은 없다'라는 교훈이다.

당연하지 않다는 것은 그에 대한 이유가 있다는 뜻이고, 대가가 필요하다는 뜻이다. 내가 당연하게 여겼던 것이 지난날을 돌아보면 얼마나 당연하지 않았는가를 알게 된다. 우리는 일상에서 당연하게 여기는 것들이 사실은 얼마나 소중하고, 그 소중함을 잊지 않기 위해 우리의 마음을 어디에 두어야 하는지 알아야 한다.

거울 하나가 있다. 지혜로운 사람은 자신을 비춰 보며 부족한 점을 찾는다. 그러나 어리석은 사람은 그것으로 남의 결점을 비추려 한다. 목사님 설교를 들을 때 '남편이 이 말씀을 들어야 하는데' 하며 아쉬워한다. 말씀을 들을 때는 없는 사람 들으라고 말씀하시는 게 아니라, 있는 사람 당신이 들으라고 하시는 메시지다.

사람은 마음에 가득한 것을 말하게 된다. 자화상에 따라 사람을 보고 판단한다. 눈이 작은 엄마는 딸을 보고 "너는 눈이 작으니 쌍꺼풀 수술을 해야겠다"라고 한다. 부동산업을 하는 구역장은 "찬송가 105동을 부르겠습니다"라고 한다. 무얼 생각하고 보는가에 따라 거기에 매인다. 사람을 보는 눈도 그렇다.

삐딱한 시선을 가진 사람은 내가 가난하게 사는 것은 내 탓이 아니라 남 탓으로 돌린다. 자신의 책임을 회피하기 가장 편리한 방법은 남 탓으로 돌리는 것이다. 인간이 의지하는 것은 우리가 생각하는 것만큼 완전하지도 않고, 신뢰하기도 어렵다. 믿는 구석이 있으면 그것을 의지한다.

실패한 인생을 사는 사람은 자신이 이렇게 살면 안 된다는 것을 알면서도 돌이키지 않는다. 어디서부터 잘못되었는지 모르는 사람은 없다. 가난한 삶을 살아도 괜찮다는 동의는 죄악이다. 자신만이 아니라 가족과 주위 사람들을 힘들게 하기 때문이다.

직장 다닐 때 나에게 "어떻게 하면 직장에서 성공할 수 있나요?"라고 묻는 직원들이 있었다. 그러면 나는 "왜, 성공하고 싶은가?"라고 묻는다. 그러면 "성공하면 할 수 있는 것도 많고, 하기 싫은 일을 안 하고 좋잖아요"라고 한다. 이렇게 말하는 사람은 성공하지 못한다. 단지 성공이 좋다는 것만으로는 부족하다. 좋다는 것은 누구나 다 안다. 하기 싫고 어려운 일을 하지 않고 성공한 사람은 없다.

성공이 모든 사람에게 찾아오지 않는 이유다. 사람마다 성공의 동기와 목적이 다르기에 '좋은 것'이 아니라 '의미 있는 것'에서 찾아야 한다. 돈이 많으면 할 수 있는 것이 많다는 데는 동감 하지만, 이것저것 시도만 하다가 어느 것 하나 제대로 하지 못하는 경우가 많다.

그리고 직장을 안 다니는 것을 목표로 한 성공은 자기 세계에 갇혀 어떤 일을 해도 성과가 없어 오래가지 못한다. 왜, 성공해야 하는가에 대한 질문에 명확하게 대답할 수 없다면, 성공을 통한 부는 영혼을 병들게 하고 인생을 거칠게 만든다.

내가 아는 사람 중에 큰돈이 없었을 때는 순수하고 정겨운 사람이었다. 어느 날 고향 전답이 개발되는 바람에 벼락부자가 되었다. 그러자 갑자기 변하여 예전의 그 사람이 아니었다. 다니던 직장을 그만두고 무슨 개발 회사를 차려 시행한다면서 대표 명함을 주고 도움을 청하러 회사에 왔다.

나는 "지금 당신 수중에 돈이 있다고 생각지 말고, 예전과 크게 달라진 게 없다는 마음 자세를 가지면 재산을 지킬 수 있다. 그리고 자신이 할 수 있는 일을 찾아서 오면 그때 힘껏 도와주겠다"고 했다.

그는 "지금 자신이 하는 일이 돈이 안 된다"는 것이다. 그래서 나는 "전에는 하기 싫은 일을 했지만, 지금은 그 일을 하지 않아도 된다는 게 얼마나 행복한가? 돈을 버는 것도 중요하지만, 더 중요한 것은 돈을 지키는 것이다"라고 강조했다.

기분 상하게 해서 돌려보내 미안한 마음이 들었지만, 피해자로 전락하지 않기 위한 고언(苦言)이었다. 몇 년이 지난 어느 날 전화가 왔다. 생소한 분야에 뛰어들어 돈이 묶이고 사기를 당한 돈만 생각하면, 화병에 잠을 이루지 못한다고 했다. 그는 "박사님 말을 안 들은 것을 두고두고 후회한다"고 했다.

투자나 비즈니스도 자기에게 맞는 옷이 있다. 자신의 사이즈에서 벗어나면 실패할 확률이 높다. 무엇이든 처음 시작할 때는 예측 가능한 것부터 시작해야 한다. 일단 작은 것부터, 할 수 있는 것부터 접근하면, 나중에는 쉬워지고 완벽해지게 된다.

누군가는 어렵지만, 그 일을 시작하여 멋지게 완성하고, 또 누군가는 쉬운 일을 시작했지만, 완주하지 못하고 포기하고 만다. 시작한 일이 1년이 걸릴 수도 있고, 몇 년이 걸릴 수도 있다.

어떤 이는 1년에 할 수 있는 일이 많다고 할 수도 있고, 또 어떤 이는 1년에 할 수 있는 일이 거의 없다고 할 수도 있다. 그 시간의 길이는 완성할 수 있는 능력의 크기에 따라 달라진다. 크든 작든 내가 완성하지 못하면 누군가가 완성하게 되어 있다.

어떤 사람에게는 도전하는 것이 귀찮고 짜증스러운 일이지만, 또 어떤 사람에게는 기대와 설렘으로 신나는 도전이 된다. 모든 사람이 이 일을 하든, 저 일을 하든 주어진 일을 하면서 산다. 같은 일을 하면서도 나은 방법을 찾고, 효율적인 실적을 내는 사람이 있는가 하면, 반면에 주어진 일을 처리하는 것만으로 만족하는 사람이 있다.

좋아하고 잘하는 일이더라도 이 일이 노동이라고 생각하면 힘들 뿐만 아니라, 오래 지속할 수가 없다. 최소한 일의 의미를 찾으면 유쾌하지는 않더라도 싫증은 나지 않을 것이다. 자신의 일이 성과가 나고 결과물을 만들어 낸다면, 당연히 보상이 따르게 된다. 돈을 버는 재미로 일을 하든, 회사로부터 인정받는 자부심으로 일을 하든 능력 있는 그리스도인으로 세워지면, 내가 왜 성공해야 하는가를 알게 된다.

성공해서 좋은 것이 아니라, 좋아하는 일을 하다 보면, 어느덧 성공의 길에 들어서게 된다. 성공을 꿈꾸면 성공이 어느덧 내 가까이 와 있음을 느낀다. 성공은 멀리 있는 것이 아니라 가장 가까이 있다. 이 말은 그 누군가가 아닌 바로 내가 주인공이 될 수 있다는 말이다.

한국 부모들은 조기 유학을 보내 빨리 성공시키고 싶은 열망에 미국으로 유학을 보낸다. 그런데 많은 부모들은 아이들이 마약, 향정신성 물질, 알코올, 게임, 섹스 중독에서 자유로울 수 있도록 중보기도를 요청한다. 한국에선 기도하지 않아도 될 일인데, 팔자에도 없는 것으로 기도하게 하시는 하나님이 또 하나의 십자가를 주셨다고 한다.

부모들은 성공하지 않아도 좋으니 문제없이 학교생활만 잘했으면 좋겠다고 말한다. 갖가지 중독에 노출된 환경이다 보니 그 마음을 충분히 이해한다. 각종 중독에서 벗어나는 것을 성공이라 생각한다면, 그 이후엔 어떻게 살아도 괜찮다는 뜻은 아닐 것이다.

생각대로 살지 않으면, 사는 대로 생각하게 될 것이다. 혁신과 변화 없이 과거 방식을 고집한다면, 사는 대로 생각하는 게 나을 수도 있다. 사람들은 생각하는 것을 고민이라고 이해하는 사람이 있다. 생각은 상상에 가깝다.

생각의 창고는 상상으로 채워진다. 상상하는 데 돈이 들거나 힘이 드는 것이 아니다. 상상하기를 즐기면 다른 해석이 나오고, 의외의 아이디어가 떠오른다. 그런데 크게 부족할 게 없는 사람들은 대게 창조적인 생각보다 배우자를 위해, 아이들을 위해, 친구를 위해 어떻게 즐겁게 시간을 보낼까 생각한다. 내 의지대로 살지 못하고 남을 위해 사는 사람이 있다. 내가 내 삶을 통제하지 못하고, 남에 의해서 조정되고 선택된다면, 나의 인생은 그림자로 사는 것과 같다.

> "장가간 자는 세상일을 염려하여 어찌하여야 아내를 기쁘게 할까 하여 마음이 갈라지며 시집가지 않은 자와 처녀는 주의 일을 염려하여 몸과 영을 다 거룩하게 하려 하되 시집간 자는 세상일을 염려하여 어찌하여야 남편을 기쁘게 할까 하느니라"(고전 7:33, 34).

가정의 구성원이 되는 것은 곧 각자의 자리에서 책임을 다한다는 뜻이다. 우리는 믿음을 열망하면서도 부담 없이 자유롭게 교회에 다니기를 원한다. 교회 다니는 곳과 교회 구성원이 되는 것은 서로 다르다. 우리는 믿음을 가지고도 수많은 다른 것이 있어야 한다고 생각한다.

누가복음 7장 백부장의 믿음이 아니더라도 내가 믿는 예수님, 내가 의지하는 말씀, 내 인생의 어두운 길을 밝힐 찬송 하나만 있으면, 그것으로도 충분하다는 고백이 우리의 삶을 통해 드러난다면 그것으로 족하다. 하나님의 구원은 엄청난 기적이나 능력이 아닌, 고난과 순종을 통해 성취되어 간다.

메시아는 위풍당당한 왕이나 학자로 오시지 않고, 초라하고 보잘것없는 종으로 오셨다. 그는 마치 연한 순 같고 마른 땅에서 나온 줄기 같았으며, 학벌이나 정치적 기반, 가문의 배경도 전혀 없었다.

겉모습만 보면 남을 구원하기는커녕 자신도 구원할 것 같지 않다. 그리스도에게 가장 큰 유혹은 십자가 없는 구원이다. 이사야는 "그가 채찍에 맞으므로 우리가 나음을 입었다"(사 53:5)라고 말한다. 누군가가 맞을 채찍이 아니라 내가 맞아야 할 채찍을 예수님이 대신 맞으신 것이다.

주님은 "내가 네 죄를 위하여 내가 대신 채찍을 맞았으니, 마음을 고쳐먹고 지금부터 새롭게 시작하면 돼"라고 하신다. 'Tomorrow(내일)'라고 적힌 게으른 악마의 달력을 떼어내고, 'Just now(지금 당장)'라고 적힌 달력을 걸어야 한다. 시작의 결단은 내일까지 기다릴 인내가 필요 없다. 완성은 인내를 동반한 결단에서 시작한다. 인내, 즉 '참는 것'이란 행복한 마음으로 기다리지 않으면 완성되지 않는다. 또 한편으로는 인내는 불편해하지 않고 침착하게 기다리는 것이다.

결국, 고난은 지나가는 것이고 영광은 머무는 것이다. 계속 참고 견디는 것이 아니기에 소망을 가지고 인내할 수 있다. 만약 끝이 없는 인내가 있다면, 그것은 인내가 아니라 어둠 속에 갇힌 절망이다.

인생은 주어진 운명에 도전하는 삶이다. 도전에 익숙해지지 않으면 희망이 순응하지 않는다. 승자와 패자가 분명하게 구분하는 정글의 법칙은 절망 가운데 희망을 건져내는 작업이다.

애플이나 구글의 직원 명함에 에반젤리스트(Evangellist · 전도사)라는 직함이 있다. 개발자를 파트너로 만들어 자사 플랫폼으로 끌어들이면서 생태계를 만들어 가는 대외관계 관리 책임자를 말한다. 애플과 구글은 하드웨어 상품을 만들어 파는 디바이스(device) 전투가 아니라, 기업생태계를 연결하는 플랫폼(platform) 전쟁을 하고 있다.

이와 같이 우리도 복음 전도자로 하나님의 경영 속으로 끌어들이는 플랫폼으로 생태계를 만들어 가는 에반젤리스트가 되어야 한다. 하나님 경영 원리에 연결만 된다면, 세상의 메커니즘과는 차원이 다른 생태계 혁명을 경험하게 될 것이다. 죽었던 영혼이 살아나고, 절망에서 소망으로, 실패의 삶에서 성공의 삶을 경험하게 될 것이다.

오프라 윈프리는 하루 중에 가장 행복할 때가 감사의 일기를 쓸 때라고 한다. 좋은 일뿐만 아니라 안 좋은 일까지도 감사하는 게 진정한 감사다.

며칠 전에 자전거 탄 학생의 운전 미숙으로 내 다리에 부딪혔다. 만약 차가 내 다리에 부딪혔다면 내 다리는 온전하지 못했을 것이다. 얼마나 감사한지 모른다. 또 얼마 전 5만 원을 호주머니에 넣고 다니다 잃어버렸다. 아까웠지만 지갑을 잃어버리지 않아 감사하다. 그 돈을 꼭 필요한 사람이 주웠다면, 그것 또한 감사할 일이다. 내 부족함을 알게 하시니 감사하고, 실수했을 때 깨닫게 하니 감사하다. 지금까지 할 수 없었던 것을 지금 할 수 있는 것에 감사한다.

주 안에서는 나쁜 일은 없기 때문에 감사하다. 당연하게 여겼던 일이 당연하지 않다는 것을 알게 하시니 감사하다. 산소호흡기를 의지하지 않고 숨을 쉬는 것, 한 걸음 걷기 위해 6개월 동안 재활했다는 친구, 당뇨망막증으로 시력을 잃은 사람을 보며 '있을 때 감사'하지 못함을 회개한다.

평소에 당연하다고 여겼던 것들이 삶 전체를 흔들 그때, 비로소 소중함을 깨닫는다. 인간은 우둔하여 그 형편이 되어 봐야 비로소 얼마나 감사한지 아는 존재다. 건강할 때는 기도 제목이 돈을 많이 버는 것이라면, 건강을 잃은 후에는 오로지 건강 회복인 것을 보면, 지금까지 차선의 것이 최선의 것을 무력하게 만들었음을 알게 된다.

우리의 일상적인 감사가 남과 비교해서 내가 좀 더 가지고, 좀 더 낫다는 것을 느낄 때 하는 감사는 그것은 누구나 할 수 있는 '싸구려 감사'다. 바리새인이 "토색 불의 간음을 하는 자들과 같지 아니하고 이 세리와도 같지 아니함을 감사하나이다"(눅 18:11)라고 한 그 기도가 우리의 기도가 아니었는가 돌아보게 된다.

우리는 항상 기뻐하고, 쉬지 말고 기도하며, 범사에 감사해야 할 이유가 매일 차고 넘친다. 내가 어떤 일을 해도 감사가 떠오르지 않는다면, 오늘 병원 중환자실이나 응급실에 가보면 감사가 절로 나올 것이다. 우리의 수족이 자유롭고, 오장육부가 멀쩡하다면, 우리는 이미 수백억을 가진 어마어마한 부자이다. 우리는 주님이 주신 육체를 잘 돌보고 건강을 유지하는 것은 대단한 축복이다.

우리의 감사는 어떨까? 내가 직장에서 승진한 반면, 아쉽게 탈락한 동료를 보며 감사하지 않는가? 내 아이가 원하는 대학에 합격한 반면, 같은 반 친구가 떨어지면 감사하지 않는가? 휠체어를 타고 등하교하는 이웃집 아이를 보면서, 우리 집 아이는 그 집 아이와 같지 않음을 감사하지 않는가? '나는 너보다 이 만큼 우월하다'고 하는 것을 내려놓고, 새로운 시각으로 이웃을 바라보려고 한 적이 얼마나 있었는가? 영적 장애를 앓고 있으면서도 육체적인 것에 매여 영적 시력을 잃어버린 우리가 아닌가?

이제부터 평범한 것들, 당연하게 여긴 것들, 출근한 남편이 무사히 돌아오고, 아이가 학교에서 왕따 당하지 않은 것을 감사하면, 감사하지 못할 것이 없다. 지금까지 당연하게 여겨온 이 모든 일이 결코 당연한 일이 아님을 아는 것에서 감사가 시작된다.

유학하면서 홈스테이했던 필라델피아 집에 장애 아동이 있었다. 장애 아이를 둔 엄마는 "아이에게 '엄마'라고 부르는 소리를 한 번 듣는 게 소원"이라고 했다. 그런데 '수족까지 못 쓰는 장애우들을 보면 감사가 절로 나온다'고 했다. 나는 그때 '나의 소원은 무엇이 되어야 하는가?'라는 질문을 하게 되었다.

행복은 '더 나음'에 있는 것이 아니라, '감사'에 있다는 것을 알게 되었다. '범사(all circumstances)에 감사하라' 즉 어떤 환경에서도 감사하라. 이 말은 안 좋았을 때도 감사하라는 내용이 포함되어 있다. 감사해 보라. 그러면 감사가 생길 것이라는 역설적 표현이다.

감사는 전염병처럼 여기에서 저기로 번져 가는 특성을 지니고 있다. 감사할 마음이 없더라도 억지로 감사하면, 감사한 일이 생긴다는 것을 알게 된다. 언제까지 하면 되는가? 감사가 당연할 때까지 하면 된다.

평등은 언제 들어도 참으로 듣기 좋은 말이다. 모든 인간이 다 같이 평등하게 태어나 평등하게 살 수 있다면 얼마나 좋을까? 평등을 좋아하는 사람은 세상이 불공정하다고 여기는 사람들이다.

공부 1등 하는 학생이 꼴찌 하는 학생과 같은 반이라는 이유로 진도와 수준을 꼴찌 학생에게 맞춘다면 평등한 것인가? 평등을 적용하면 할수록 불평등이라는 아이러니에 직면하게 된다. 지금까지 세상은 평등한 적이 한 번도 없었다. 앞으로도 그럴 것이다.

다만 누구에게나 평등한 기회를 제공하고, 공정한 잣대로 평가하고, 차별 없이 적용되는 세상이 되어야 하는 것은 맞다. 그런데 이런 가치가 공정하게 작동한다고 생각하는 사람은 드물 것이다.

부모가 자식들을 공평하게 대하는 것 역시 거의 불가능할 정도로 중심을 잡기가 어렵다. 할머니는 나보다 장손인 형에게 세뱃돈을 더 많이 주셔서 나는 할머니가 주신 세뱃돈을 되돌려 준 적도 있다. 어릴 때는 평등이 최고의 선인 줄 알았지만, 나이가 들면서 세상은 공평하지 않다는 것을 깨닫게 되었다.

어른이 된다는 건 세상이 공평하지 않고, 내 뜻대로 되지 않는다는 걸 받아들일 때부터다. 그래서 그저 그런 평범한 사람이 되지 않으려 노력하고, 공평한 평가를 거절하기 위해 차별화를 꿈꾸고 노력한다. 우리는 나의 의지와 상관없이 태어나면서부터 불평등한 환경을 경험한다.

나는 유학하면서 미국에서 태어난 사람을 무척 부러워했다. 아니, 영미권에서만 태어났어도 좋겠다는 생각을 했다. 미국에 온 이방인들의 공통적인 생각이다. 그런데 변방 아프리카에서 태어났다면, 아메리카 드림에 발도 내딛지 못했을 것이다. 그들 입장에서는 최소한 기아에서 해방되고, 굶주림 없는 세상에 사는 우리가 부러울 것이다.

사회가 공평하지 않다는 것은 곧 줄을 세운다는 뜻이다. 공평할수록 더 노력하지 않으면 불공평을 경험하게 된다. 공평하지 않으니 더 노력해야 하고, 지혜로워야 하며, 전문 지식을 쌓아야 하고, 실패를 두려워하지 말고 도전해서 이기는 습관을 만들어 가야만 한다. 상대가 강해서 지는 경우는 없다. 자기 자신이 약해서 지는 것이다.

역설적으로 세상이 불공평하기 때문에 차별화된 경쟁력을 통해 더 불공평한 세상을 만들려고 한다. 성공은 불공평한 기반에서 가치를 인정받는 평가다. 전에는 열 사람에게 나누어 주었던 연봉을 지금은 스마트한 한 사람에게 몰아 주는 시스템이다.

중세의 신분제도에서 계급사회로 넘어오면서 주종관계에서 형식적

평등 사회가 되었다. 세상이 공평하지 않다는 것을 뻔히 아는데, 공평하지 않다고 하는 것 자체가 상투적인 말이다. 자본주의에서 결과를 낸 만큼 차등 보상을 받는다. 이게 공평한 것이다.

나의 인생에서 불분명한 것을 분명하게 만들고, 흐릿한 것을 선명하게 하고, 모호한 것을 확실하게 하는 것은 온전히 나의 몫이다.

공평함의 기본 원칙은 모든 사람이 모든 조건과 기회를 공정하게 가지고 시작한다. 그런데 조건과 기회가 자연히 주어지는 사람이 있고, 자신이 만들어 가야만 하는 사람이 있다. 세상이 공평하지 않다는 사실을 받아들이면, 누구를 원망할 것도, 탓할 것도 없고 자신이 해야 할 일만 남는다.

세상이 호락호락하지 않아도 괜찮다. 나도 생각하는 것처럼 호락호락하지 않으면 된다. **누구에게나 가장 공평하게 주어지는 것은 시간이다. 인생에서 가장 중요한 시간을 하나님이 공평하게 주셨기 때문에 도전과 기회를 만들어 갈 수 있는 축복의 시간이다.** 제한된 시간에 무엇을 위해 어떻게 사용하느냐에 따라 심한 불균형을 경험하게 될 것이다.

시간은 누구에게나 공평하게 흘러가지만, 나는 그냥 흘러서 보낼 생각이 없으면 된다. 이 세상은 그저 모든 것이 불분명하고, 모호하고, 불확실하기 때문에 내가 분명하고 확실하게 만들어 가야만 제자리를 찾게 되어 있다. 불공평을 탓하면 나만 기회를 얻지 못한다. 상황을 객관적으로 바라보면 집중할 수 있는 힘이 생긴다.

빌 게이츠는 "Life is not fair, Get used to it(인생은 공평하지 않다. 그러니 그냥 익숙해져라)"라고 했다. 우리가 설정한 성공의 기준과 하나님이 설정한 성공의 기준은 다르기에 성경에는 성공이라는 단어가 없다.

왜 그런가? 세상에서는 완전한 성공이 없기 때문이다. 하늘나라 방식은 고난의 길을 걸으며 사는 것이 성공일 수 있고, 아무도 주목하지 않을 때 자신을 성찰하고, 또 가장 낮은 자리에 있을 때 성공적인 삶일 수 있기 때문이다.

만약 부자의 꿈을 꾸고, 할 수 있는 일을 다 했음에도 부자가 되지 않는다면, 주님은 부자가 되는 그 어떤 것보다 더 중요하고 필요한 것이 있다는 메시지다. 응답이 지연되거나 안 될 때에도 낙심하거나 좌절할 필요가 없다.

당연한 것으로 받아들여야 한다. 돈이 없어도 죄를 짓지만, 돈이 많으면 더 큰 죄를 지을 수 있다. 큰돈이 나의 삶에 개입되면 감당하기가 버거워 죄를 지을 수 있기에 부자로 만들어 주시지 않는다고 생각하라.

> **"이것을 너희에게 이르는 것은 너희로 내 안에서 평안을 누리게 하려 함이라 세상에서는 너희가 환란을 당하나 담대하라 내가 세상을 이기었노라"**(요 16:33).

현대를 사는 사람들에게 지금보다 더 행복하기 위해서 필요한 것이 무엇이냐고 질문했더니. 민족과 나라와 계층에 상관없이 '돈'이라고 대답한 사람이 가장 많았다. 그런데 부자가 된 사람들의 상위 1% 1,000명의 설문 조사에서 "평균적인 삶을 살 때와 돈이 많아 부자로 살 때 더 행복하다는 증거는 없다"고 한다.

돈이 행복의 구성요건은 되지만, 돈이 많으면 많을수록 행복할 것이라고 하는 것은 우리의 생각이다. 돈으로 행복의 일부는 살 수도 있겠지만, 생각하는 것만큼 잘사는 것은 아니라는 말이다.

우리가 유념해야 할 것은 가난이 불행을 가져다 줄 수 있지만, 부가 행복의 요소가 아니라, 불행의 요소가 되는 것을 경계해야 한다. 하나님의 축복을 불행으로 바꾸는 사람이 가장 어리석은 사람이다. 경제적으로 중산층 이하의 사람들에게는 돈이 행복을 결정하는 중요한 요인이다. 반대로 중산층 이상으로 올라갈수록 행복의 만족도가 점점 떨어진다는 것이 설문 조사의 결과이다. 수입이 높을수록 생활에 대한 만족도가 높을 뿐만 아니라, 사회적 지위도 올라가고 존경을 받을 것 같지만, 기대한 것만큼 행복으로 연결되지 않는다는 뜻이다.

돈이 많으면 하고 싶은 일을 할 수 있고, 원하는 물건을 언제든지 살 수 있고, 어려운 일이 닥쳤을 때 잘 대응할 수 있고, 자선사업에도 기부할 수 있다. 그런데 자기만족을 위한 부자라면 어디에 의미를 두어야 하는가? 돈에서 자유를 꿈꾸는 사람들은 자신의 영향력을 확장하는 데 매력을 느끼는 경우가 많다. '돈이 있어야 행복하다'는 명제는 예외적인 상황이 늘 존재하고, 때로는 예외적인 상황이 더 중요한 경우가 많다.

의사를 붙들고 "돈은 얼마든지 줄 테니 병을 낫게 해 달라"는 어느 재벌의 이야기와 "10년만 더 살게 해 달라"는 유명 인사의 이야기는 무엇을 남기고 갈 것인가에 대해 생각하게 한다. 돈보다 더 중요한 것이 있다는 것을 경험적으로 알게 되면 그때는 이미 늦다. 화려하지는 않지만, 들꽃과 같은 아름다운 꽃말을 남기고, 좋은 인간관계를 통해 흔적을 남기는 평범하지만 아무나 할 수 없는 향기를 남긴다면, 그것만으로 괜찮은 인생이다.

미국 아이비리그 대학 학생들을 대상으로 1976년 12,000명에게 인생의 목표가 무엇이지 조사한 다음 19년 뒤 자신의 인생에 대한 만족도를 조사해 봤더니, 부자가 되는 것을 목표로 했던 경우가 가장 불행했다고 답을 했다.

돈은 행복에 중요한 요소이지만, 이를 목표로 하면 불행해진다는 사실을 입증한 자료다. 행복을 위해 돈이 얼마가 필요한가에 대한 절대적 기준은 없다. 남보다 많이 가짐에서 비교우위로 평가하기 때문에 결국은 목표치가 없어지게 된다. 돈을 목표로 할 때 대부분 사람들이 생각한 것만큼 목표치에 도달하지 못했을 뿐만 아니라, 자신이 목표로 한 만큼 돈을 벌기 위해서는 먼저 이루어야 할 다른 목표들이 있기 때문이다.

그중에 남을 사랑하고 돌보며 사는 것을 목표로 한 사람은 대부분 그 꿈을 이루었다. 이런 천사들은 당연히 행복한 인생을 살고 있다. 겉으로 보기에는 불공평한 것 같지만, 안으로는 한 치의 오차도 없이 공평하다. 행복은 일시적인 것이 아닌, 주 안에 있을 때 행복은 일시적인 것이 아닌 기쁨과 감사를 동반한다. 참 소망은 우리를 회복하고, 위로하며 안위해 주신다. 이 땅은 영원한 기쁨과 평안이 없다. 당연히 영원한 행복도 없다. 내가 원하는 것을 성취하고, 이루었을 때 그 기쁨이 얼마 가지 않는다는 것을 알지 않는가?

만족이란 내가 원하는 것 중 얼마나 성취했나에 따라 결정된다. 처음부터 돈을 조금 원하는 사람은 아무도 없다. 생계를 위해 소박한 목표를 세우는 사람은 없기 때문이다. 처음부터 조금 원했다면, 만족하기는 훨씬 쉬울 것이다. 꿈은 크게 만족은 스몰스텝으로 작게 누리며 목표를 향해 나간다면, 늦지만 가치 있는 것을 얻을 수 있을 것이다. 인도의 길거리 노숙자들은 미국 노숙자들보다 인생에 대한 만족도가 훨씬 높다. 그이유는 인도 사람들이 원하는 것이 훨씬 적기 때문이다. 단지 불행하다고 느끼지 않을 뿐이지, 그렇다고 행복한 것은 아니다.

내가 행복하지 않으면, 불행한 것이라 여긴다. 지금 불행하지만, 나중은 행복의 요인을 증대시키면 안정감을 얻을 수 있다는 기대감을 갖게 한다. 그런데 이런 문제들이 해결된다고 해서 바로 행복해지는 것은 아니다. 사람들은 근무 환경이 나쁘다고 불평한다. 그러나 좋은 환경에서 일한다고 업무의 효율성이 증가하고, 실적을 낸다는 보장이 없다. 업무의 역량을 높이려면 좋은 환경만으로는 부족하다. 능력과 책임감, 성장, 리더십 등 다른 요소가 필요하다. 마찬가지로 행복하기 위해서는 돈만 있어서도 안 되지만, 돈이 없어서도 안 된다.

행복의 포트폴리오로 먼저, '불행을 감소시키는 능력' 즉 돈에 집착할수밖에 없는 상황을 만들지 않는 능력이 최고의 재테크다. 행복을 감소시키는 요인을 제거하지 않고는 행복할 수가 없기 때문이다. 다음은 '행복을 증가시키는 능력'이다. 불행을 제거했다고 해서 바로 행복한 것은아니다. 내가 가진 것으로 이웃을 섬길 때 기뻐한다면 행복을 증가시키는 요인이 된다. 돈은 우리가 살아가면서 불행한 일을 피할 수 있게 해주는 유용한 장치이다. 통장 잔고가 행복을 가져다주지는 않더라도, 불행을 막아 주는 기능을 한다면, 당연히 행복을 증가시키는 요인이 된다.

우리는 언제 행복감을 느끼는가? 보통의 경우 자신이 좋아하는 것을할 때, 맛있는 것을 먹을 때, 사랑하는 가족과 여행을 갈 때, 좋아하는 사람을 만날 때, 이웃을 도울 때일 것이다.

나는 오랫동안 직장생활을 하면서 잘 먹고, 좋은 대접을 받고, 이름난 유명한 곳으로 여행하고, 고급 호텔에서 휴가를 즐기던 기억은 봄날같이 훅 지나가고, 오직 기억에 남는 것은 주위 사람들의 자립을 돕고, 나로 인해 용기를 얻고, 세워져 갈 때 가장 기억에 남고 큰 행복을 느낀다.

남을 돕는데도, 선교에도 돈은 행복의 중요한 부분이 더 오래가도록 돕는다. 소비성으로 사라지는 돈은 우리의 깊은 데까지 감동이나 울림을 주지 못하는 일회성이다. 일시적인 행복을 위해 많은 시간과 돈을 투자하는 사람들이 있다. 실제로 일시적인 것은 행복이 아니라 쾌락이다. 쾌락의 뒤끝은 공허와 허무만이 남는다. 그럼에도 쾌락을 추구하는 인간은 늘 죄에 노출되어 있다. 행복은 돈에다 그 무엇인 플러스알파가 반드시 필요하다.

미국의 전설의 홈런왕 베이브 루스(Babe Ruth)는 "홈에 들어오기 위해서는 1, 2, 3루 베이스를 밟지 않으면 안 된다"고 했다. 홈런을 치고도 홈런으로 인정받기 위해서 3개의 베이스를 밟고 들어와야만 한다. 아무리 바빠도 실을 바늘허리에 꿰어 사용할 수 없는 것과 같다. 행복이 행복답기 위해서는 돈만으로 부족하다. 몇 단계를 거쳐야 하는 플러스알파가 필요하다.

교회는 죄로 얼룩진 세상을 회복하는 하나님 나라의 통로로 사용되고, 사명자로 부르심에 응답하는 공동체다. **한국 교회가 서바이벌(Survival: 생존)을 넘어 리바이벌(Revival:부흥)해야만 행복한 교회가 된다. 교회의 부흥은 크리**

스천들의 회개와 말씀 회복 운동에서 시작된다. 회개는 살아가는 삶이 잘못되었음을 아는 것에 그치지 않고, 원인에서 벗어나려는 적극적인 의지가 동반된 것을 말한다.

크리스천들이 주님과 동행의 삶을 최고의 가치로 여기지 않으면 말씀에서 멀어지게 되어 있다. 모두가 자기를 위해 너무 바쁘게 살기에 말씀 묵상을 우선순위에 두지 않고 차선이 되면 평생 하나님의 임재를 경험할 수가 없다. 말씀을 깊이 묵상하면 하늘의 신령한 것으로, 세상이 감당할 수 없는 지혜와 지식의 부요함으로 세상을 관통하는 말씀의 능력과 힘을 주신다. 말씀을 읽다가 인생이 송두리째 바뀐 사람은 루터, 어거스틴, 웨슬리 등 수많은 사람이 강력한 성령의 능력으로 변화된 사람들이다.

우리가 기도할 때 주님이 일하신다. 우리의 일상은 하나님의 말씀을 읽고, 듣고, 그 말씀에 반응하며 살아야 한다. 현대의 최신식 가치나 유행을 좇는 모더니즘(Modernism)의 사상이 강한 현대인들에게 복음을 전하기가 점점 더 어려울 뿐만 아니라, 나 자신을 지키기도 어려운 시대에 살고 있다.

세상의 어떤 신식 사조로도 인간의 빈 공간을 채울 수가 없다. 우리는 다시 복음으로 돌아가야만 하는 이유가 바울은 하나님이 자신에게 주신 은혜 가운데 최고의 선물을 '복음'이라고 반복하여 말한다.

하나님의 은혜는 모든 사람에게 부여하는 평등에서 시작하지만, 시간이 지나고 이 땅의 장막을 거둘 때는 가장 심한 불평등을 경험하게 될 것이다. 그곳이 천국과 지옥이다. 하나님 심판 기준이 우리가 생각하는 평가와 얼마나 다른지 알면 깜짝 놀랄 것이다. 천국은 각자 받는 상급이 다르면 천국은 불평등한 곳이다. 불평등한 것이 가장 평등한 기준으로 적용되는 역설적인 곳이 바로 천국과 지옥이다. 이는 우리의 기준이 아 닌 하나님의 기준이기 때문에 진리다. 이 세상에서는 기울어진 운동장 에서 심한 불균형을 경험한 사람들이 하늘나라에서는 공정한 대우를 받 을 수 있으니 얼마나 위로가 되는가?

천국은 세상의 가치관과 기준이 완전히 다르게 적용되는 곳이다. 돈 이 많고, 학식이 풍부하고, 지위가 높은 사람이 대접을 받는 나라가 아 니다. 달란트와 므나의 비유에서 각각 상급이 다른 것과 같다. 이 비유 는 하나님이 각자에게 주신 재능과 기회를 최대한 활용하여 성장하고 결과를 만들어 내야 한다는 메시지를 담고 있다.

그리고 하나님께 받은 것을 청지기로서 책임을 다할 때 보상받고, 게 으른 사람은 심판을 받는다는 교훈을 담고 있다. 천국의 법칙은 단 하 나, 이 땅에서 더 영화를 누리려고 하늘의 것을 포기한 사람과 이 땅의 것을 하늘의 영광을 위해 베풀고 나눈 사람으로 구분될 것이다.

천국에서 가장 고귀한 상급은 '내가 전한 복음을 통하여 주께로 돌아 온 생명'일 것이다. 주님은 한 생명이 천하보다 귀하다고 하셨기 때문에 '영광의 면류관'을 씌워 주실 것이다.

성경에는 평등(Equality)이란 단어가 단 한 번도 기록되지 않았다. 히브 리어에 평등이란 단어가 없어서가 아닐 것이다. 성경에 인용하고 사용 하기 적절하지 않은 단어이기 때문일 것이다. 반면에 반기독교주의에서 평등이라는 말을 가장 많이 사용한다. 공산주의, 사회주의, 인권을 주장하는 사람들이 좋아하는 단어가 되어 버렸다. 성 소수자들의 인권 과제로 차별금지법과 동성애, 트랜스젠더를 법제화하려고 한다. 그들의 구호는 역시 '모든 인간은 평등하다'고 주장하는 모토다.

성경에는 비슷한 단어인 공평(Equity)과 공정(Fairness)은 여러 번 기록되었는데 재판이나 저울의 공정함의 용어로 사용되고 있을 뿐이다. 성경은 모든 사람이 똑같이 태어나서 똑같은 대우를 받으며, 모두가 천국에 간다고 말하지 않는다. 그리고 사람이 사는 현재의 세상이 평등하다고도 말하지 않는다. 예수님도 사람이 사는 사회를 평등한 세상으로 만들기 위해 노력하지 않으셨다. 그렇다고 세상이 불평등하다고 말씀하지도 않으셨다. 원래 불평등한 세상에서 소외된 사람들에게 복음이 필요한 것에서부터 시작한다. 그나마 성경에서 평등의 의미로 사용된 경우가 한 군데 있다.

"하나님이 태양을 악인과 선인에게 비추시며 비를 의로운 자와 불의한 자에게 내려 주심이라"(마 5:45).

지금 여러분들이 심한 불균형을 경험하고 있다면, 천국의 소망이 더 깊어지는 영원한 평등을 꿈꾸는 시간이라 생각하라.

고난은 지나는 것이고, 영광은 머무는 것이다

나는 글을 쓰면서 책을 낼 때마다 '베스트셀러(Best seller)'에 대한 의미를 생각하게 된다. 출판사와 서점의 홍보 전략에 따라 판매 부수가 크게 달라지고, 독자들이 읽어보고 구매하는 것이 아니기에 객관성이 결여된 경우가 많다. 책을 읽을 때도 부담 없이 가볍게 읽을거리의 책을 골라야 하는지, 아니면 마음에 담아두면 인생의 길라잡이가 될 수 있는 책을 읽어야 하는지 고민하게 된다.

문제는 현대인들은 고전이나 깊이 있는 책을 읽지 않고, 대중적인 유행 트렌드의 흐름에 따라 가볍게 읽을거리를 찾는 추세다. 자연히 작가들은 팔리는 책을 쓸 수밖에 없다. 베스트셀러라는 홍보를 보고 책을 고르는 게 잘못된 것은 아니다. 단지 베스트북(Best book)이라고 말하기는 어렵다는 것이다.

문제는 현대인들은 고전이나 깊이 있는 책을 읽지 않고, 대중적인 유행 트렌드의 흐름에 따라 가볍게 읽을거리를 찾는 추세다.

고전이나 인생의 지침이 될 만한 책은 주목을 덜 받는 소위 재미없는 책일 수도 있지만, 혜안을 길러 주고 인생의 나침판 역할을 한다. 책을 한 권 읽는 데도 인내를 요구하지만, 방향을 설정하고 도전하는 삶은 미래의 지침이 된다.

인내의 시간이 지나가고, 내 인생에 영향을 준 그 책을 다시 펼쳤을 때 밑줄 그은 것은 내 속에 아직 머물러 있다. 고난이 없는 크리스천도 없지만, 영원히 고난받는 크리스천도 없다. 고난은 영원하지 않기에 다만 인내가 필요할 뿐이다. 고난은 반드시 지나가기에 참을만하다.

"사람의 마음에는 많은 계획이 있어도 오직 여호와의 뜻만이 완전히 서리라"(잠 19:21).

힘들 때마다 말씀을 마음에 새기는 버릇이 생겼다. 유학하면서 언어의 장벽에 막혀 앞이 깜깜할 때 이 말씀은 나의 등불이었다. 당장 포기하고 주저앉고 싶을 때 찬양 한 곡이 얼마나 위로가 되고 힘이 되었는지 모른다. 지금도 그 찬양을 하면 눈물이 하염없이 흐른다.

"왜 나만 겪는 고난이냐고 불평하지 마세요. 고난의 뒤편에 있는 주님이 주실 축복 미리 보면서 감사하세요. 너무 견디기 힘든 지금 이 순간에도 주님이 일하고 계시잖아요. 남들은 지쳐 앉아 있을지라도 당신만은 일어서세요. 힘을 내세요. 힘을 내세요. 주님이 손잡고 계시잖아요. 주님이 나와 함께 함을 믿는다면 어떤 역경도 이길 수 있잖아요"(왜 나만 겪는 고난이냐고, 김석균 작사, 작곡).

아무리 힘든 고난 가운데 있다고 할지라도 2절 가사처럼 "당신이 잃은 것보다 주님께 받은 은혜 더욱 많음에 감사하세요"라는 가사가 나의 고백이다. 고난 없는 그리스도인도 없지만, 영원히 고난받는 그리스도인도 없다. 고난은 반드시 끝이 있기에 참고 견딜만하다. 고난이 지나간 자리는 영광만 남는다.

> "고난 당하기 전에는 내가 그릇 행하였더니 이제는 주의 말씀을 지키나이다… 고난 당한 것이 내게 유익이라 이로 말미암아 내가 주의 율례들을 배우게 되었나이다"(시 119:67, 71).

고난은 우리에게 들려주는 하나님의 메가폰이다. 일상에서는 들리지 않던 하나님의 말씀이 고난이 찾아오면 들리기 시작한다. 불분명했던 말씀이 분명해지고, 평범했던 말씀이 특별하게 다가온다. 현대는 들리는 소리가 많아 하나님의 말씀으로 들리지 않기 때문에 고난을 통해 말씀하신다.

우리는 고난당할 때 광야에 홀로 서 있는 단독자다. 하나님은 오직 위를 보고 살 수밖에 없는 나를 위해 광야에 길을 내시고, 사막에 강을 내시며, 낮에는 구름 기둥으로 밤에는 불기둥으로 인도하심을 알 수 있다. 광야 길이 아무리 힘겨워도 주님은 광야보다 더 크신 분이다.

고난 가운데 있을 때 "현재 고난이 힘들어도 포기하지 않겠습니다. 도망가지 않겠습니다. 광야의 길이 은혜의 길이 되게 하시고, 눈물의 골짜기에서도 찬양의 메아리가 울리게 하옵소서. 광야에서 헤매는 것처럼 보이고, 낭비되는 것 같지만 오히려 더 단단해지게 하옵소서. 주님의 계획은 완전하고, 저는 불완전합니다. 광야의 길을 가는 동안 날마다 주님의 말씀을 들려주시고, 주님의 뜻을 이루는 삶이 되게 하옵소서. 쉬운 길을 찾기보다 바른길을 걷게 하옵소서"라는 고백이 나의 기도가 되었다.

"사람이 할 수 없는 것을 하나님은 할 수 있다"(눅 18:27)는 말씀을 믿기 때문에 우리는 오늘도 하나님께 나아가는 것이다. 요셉이 노예로 팔려가는 상황은 털끝만큼의 희망을 찾아볼 수 없는 절망의 구렁텅이로 떨어지는 것처럼 보인다. 하나님의 완전하심이 아니면, 누구나 요셉은 꿈조차 꿀 수 없는 상황으로 내몰리는 비참한 인생일 수밖에 없다고 여길 것이다. 우리가 인생을 끊어서 보면 안 되는 이유다.

지금은 고난의 길을 걷고 있지만, 고난 넘어있는 영광의 날이 기다리고 있다는 것을 믿음으로 밖에는 알 수 없기에 사람들은 쉽게 좌절하고 낙담한다. 인생을 연결해서 보면 고난은 지나는 것이고, 영광은 머무는 것이라는 것을 비로소 알게 된다.

여러분 중에 지금 어두운 터널을 지나고 있는가? 주님은 우리에게 막다른 동굴로 들어가라고 하시지 않고, 터널로 통과하라고 하신다. 터널은 반드시 지나가게 되어 있다. 하나님은 우리에게 드라마틱한 삶을 계획하고, 반전의 기회를 주시려고 준비하고 계신다는 사실이다.

상황을 뒤집어 생각해 보면, 요셉이 노예로 팔려 가고 보디발 아내의 유혹으로 누명을 쓰고 감옥에 가는 일이 없었다면, 애굽의 총리가 되고 이스라엘을 구원할 수 없었을 것이다. **그 하나님이 우리 인생 속에 들어오심으로, 절망적인 환경에서도 비전을 품게 되고, 어렵지만 성취할 수 있다는 믿**

음을 갖게 된다. **하나님의 비전이 훼방을 받아도, 그 비전을 붙들기만 하면, 하나님은 반드시 우리를 통해 그 일을 이루신다.** 우리가 신실하게 믿음 생활을 하는 데도 어려움이 오고 환란이 올 때 갈등할 수 있다.

그럼에도 불구하고 하나님께서 나를 통해 이루고자 하시는 소명이 무엇인가 돌아볼 수 있어야 한다. 우리는 때때로 하나님의 비전이 아닌 내 욕망을 붙들고 그것을 성취하기 위해 고집할 수 있다. 하나님의 비전이 나의 비전이 되어야 함에도 나의 비전이 하나님의 비전이 되어야 한다고 생각한다. 하나님은 인간의 비전을 사용하셔서 그분의 뜻을 이루는 것이 아니라, 하나님은 자신의 비전으로 자신의 뜻을 이루어 가신다.

아브라함은 본토 친척 아비 집을 포기할 때 더 좋은 약속의 땅으로 나아갔고, 모세는 애굽의 부귀를 포기할 때 이스라엘을 인도하는 위대한 사명을 수행했으며, 다윗은 안락한 삶을 포기하고 고난의 길을 걸었고, 세례 요한은 첫째가 되기를 거부하고 둘째가 되었다. 사도 바울 역시 이전의 것을 포기하고 핍박의 길을 선택했다.

그리고 예수님은 자신의 모든 권리를 포기하시고, 이 땅에 오셔서 우리의 구원을 위해 십자가의 길을 걸으셨다. 따라서 최선의 것을 원한다면 차선의 것을 포기해야만 얻을 수 있다. 그 누구도 포기의 경험 없이 위대한 업적을 이룬 사람은 없다. 누구나 인생의 위기를 만나게 된다. 단지 위기를 어떻게 대처하는지가 다를 뿐이다. 다르다는 것은 중요한 것이 있다는 말이다.

"무릇 그리스도 예수 안에서 경건하게 살고자 하는 자는 핍박을 받으리라"(딤후 3:12).

우리는 핍박으로부터 벗어나게 해달라고 기도하지만, 주님은 고난 속에서도 이길 수 있는 힘과 용기를 주신다. 내가 감당할 수 없을 때 주님은 대신 짐을 지시며, 고난에서 벗어나게 하신다. 우리의 기도는 어떠해야 하는가?

> "언제나 내가 기뻐하고, 성공할 때만 주님이 나를 도와주신다고 생각하지 말게 하옵시고, 내가 슬프고 괴로울 때도 여전히 주님이 손 잡아 주심을 알게 하옵소서. 어려움을 당해도 당황하거나 두려워하지 않게 하옵소서. 할 수 있으시면 두려움을 극복할 수 있는 힘을 주옵시고, 그렇지 않다고 할지라도 낙심하지 않게 하옵소서."

사랑을 많이 받은 아이는 세상을 이기는 힘이 있다. 지금 있는 그대로 무엇 하나 보태지 않아도 소중한 존재임을 아는 아이는 절대로 방황하지 않는다. 이와 마찬가지로 하나님의 사랑의 높이와 넓이와 깊이를 경험한 사람은 어느 곳에서 무엇을 하던 절대로 흔들리지 않는다.

"나는 할 수 있다. 왜냐하면, 하나님이 나와 함께 하시기 때문이다(I can do it, Because God is with me)" 만약 내가 실패가 두려워 아무것도 하지 않고 있다면, 나는 진정한 크리스천이 아니다.

인간관계에서 가장 쉽게 상처를 받는 게 실패에 대한 비난의 언어이다. 따라서 앞으로 나아가는 데 가장 큰 방해 요인은 가까운 사람으로부터 비난 듣는 것을 두려워한다. 그 두려워하는 마음이 모든 일을 부정적으로 생각하게 만든다. 건강한 자아를 가지지 못한 사람일수록 자신에 대한 부정적인 이야기에 대해서 오랫동안 마음에 품고 생각하게 된다.

자신의 이야기를 본문 삼아 밤잠을 이루지 못하고 묵상의 시간을 갖기 시작한다. 묵상의 원리에 따라서 오랜 시간을 고민하는 동안 그 말들이 각인되어 오늘 그의 자아는 부정적인 이야기로 얼굴은 어두워지고, 마음은 차가워지기 시작한다. 대부분의 경우 좋은 말들은 스쳐 지나가는 반면에, 안 좋은 이야기들은 마음에 오래도록 자리를 잡는다.

이것이 우리 안에 열등감이 자리 잡는 과정이다. 하지만 모든 사람이 이러한 과정을 겪지는 않는다. 비유하자면 이렇다. 병원균에 접촉한다고 해서 모든 사람이 다 질병에 걸리는 것은 아니다. 안 좋은 이야기를 듣는다고 해서 모두가 열등감의 질병에 걸리는 것은 아니다.

문제는 우리 안에 그것을 극복할 만한 면역력이 없을 때 발생한다. 즉 쉽게 흘릴 수 있는 언어와 좋은 관계를 맺지 못하는 것은 우리 안에 낮은 자존감을 형성하는 원인이 된다. 언어가 경험이나 사건보다 중요한 이유는 생각이 언어로 표현되고, 행동을 결정하기 때문이다. 불행한 경험을 많이 한 사람이 반드시 불행하지 않은 이유다. 불행한 사람은 불행한 순간을 언어화한다. 반면에 행복한 사람은 행복한 순간을 자주 언어로 추억한다.

"나의 기도를 기쁘게 여기시기를 바라나니 나는 여호와로 인하여 즐거워하리로다"(시 104:34).

지나간 어제는 역사이고, 내일은 미스터리이며, 오늘은 우리가 받은 '선물(Present)'이다. 선물은 우리를 기쁘게 한다. 따라서 지금 기뻐하고 즐거워해야 할 이유가 있다. 선물이라는 뜻을 가진 오늘을 '현재(Present)'라고 부른다. 왜, 선물과 현재가 같은 뜻인가 하면, '현재'가 없으면 과거와 미래도 없기 때문이다. 바로 이 시간 현재가 '선물'이다.

2025년은 365개의 선물을 가지고 우리 곁으로 왔다. 하나님이 주신 선물꾸러미 365개는 가능성과 기회가 포장되어 있다. 매일의 가능성을 어떻게 활용하고 확장하여 내게 주어진 기회를 놓치지 않고, 주의 부르심에 응답할 것인가는 전적으로 나의 몫이다.

옳고 바른 길에는 언제나 고난이 따르기 마련이다. 고난을 딛고 일어선 모습은 고난을 통과한 이전의 모습과는 확연히 다른 모습으로 성장해 있을 것이다. 전혀 문제없는 길을 고집한다면, 그 길 끝에는 아무것도 없다는 사실에 마주하게 될 것이다.

두 강이 만나서 합류할 때까지는 평탄하고 조용하게 흐른다. 마침내 두 강이 만나서 서로 충돌하고 세차게 휘감게 된다. 그러나 새로 만난 강이 하류를 흐를 때 점점 조용해지며 다시 평탄케 된다. 이 강은 이전의 강보다 훨씬 더 넓고 웅장하며, 큰 힘을 가지고 흐른다.

우리에게 다가오는 역경을 환영할 필요는 없지만, 역경은 최대의 적이 아니라, 나의 자아를 건강하게 하는 바이러스이다. 역경은 실패를 의미하지 않는다. 역경은 성공을 위한 또 다른 모습으로 다가올 때, 우리가 이를 어떻게 이해하고 해석하느냐에 따라 인생의 지도가 달라진다.

고난을 피하고 싶은 게 우리의 솔직한 바람이다. 고난은 피하고 영광만 추구하는 우리가 아닌가 생각해 본다. 하나님에 대한 우리의 시각이 많이 왜곡되어 있다. 특히 고난을 이해하고 받아들이는 문제에 정면으로 부딪칠 때가 많다. 우리의 본성(本性)은 고난을 피하고 싶어 하기에 고난을 배제하기 위해 자기가 원하는 하나님의 모습을 만들게 된다.

우리는 흔히 고난은 하나님의 계획과 뜻에 상관이 없다고 생각한다. 만약 상관이 있다면 왜, 하나님은 자신의 백성에게 고통당하는 것을 허락하실까? 우리는 이에 대한 만족할 만한 대답을 찾을 수 없어 하나님의 진정한 모습을 왜곡시킨다.

그러나 하나님은 자신의 자녀들이 진실로 이 땅에서 고난받는 것을 허락하신다는 것이다. C.S 루이스는 "우리는 참으로 자신이 하나님께 가치 없는 존재가 되기를 바라고 있다. 그래서 자신의 충동에 따라 살도록 내버려 두기를 원하고 본성과 다른 훈련을 받으려고 하지 않는다"고 했다.

그렇게 우리는 하나님께 더 사랑받기보다 덜 사랑 받는 것을 원한다. 하나님의 가장 큰 목표는 나를 자신의 형상대로 만들어 가는 것이다. 이런 과정이 즐겁고 재미있으면 얼마나 좋을까?

그러나 이런 변화가 즐거운 시간에 일어나는 경우는 거의 없다. 변화는 시련과 어려운 과정을 통해서 만들어진다. 시련은 여러 가능성의 문을 열어 놓는다. 고난은 지나고 그 자리에 영광이 머무른다. 주어진 환경에 순응할 때보다 환경을 극복해야 할 때가 많다.

하나님이 환경과 자연을 다스리고 지배하신다는 것을 놓치면, 보이는 대로 믿게 되어 있다. 엘리사의 기도로 사환의 눈을 열어 하나님의 군대를 보게 한 것처럼, 눈을 열어 주시길 기도해야 한다.

우리는 하나님이 원하시는 것보다 내가 원하는 것에 관심이 많기에 눈이 열리지 않는다. 하나님의 방법보다 인간적인 방법이 동원되고, 영성 생활이 삐꺽거리더라도 직장생활에 전부를 투자하는 것을 당연하게 생각한다.

A.W.토저(Aiden Wilson Tozer)는 경건 생활의 기초로 다음과 같이 나누었다.

첫째, 하나님을 아는 삶(Knowing God).
둘째, 하나님을 갈망하는 삶(Desiring God).
셋째, 하나님을 추구하는 삶(The pursuit of God).

하나님을 아는 것이 그를 사랑하는 것이요. 하나님을 갈망할 때 내게 필요한 것이 무엇인지 알게 하시고, 하나님을 추구하는 삶은 우리가 가장 가치 있다고 생각하는 것에 가장 많은 시간을 지불하고 추구해야 한다.

하나님이 원하시는 것을 모르면, 자연히 사람보다 일, 하나님 방법보다 인간적인 방법이 동원되고, 영성 생활보다 직장생활에 전부를 투자하는 것을 당연하게 생각한다. 가슴에 품었던 꿈이 냉정한 현실에 부딪히면서 자존감을 상실하기도 한다. 직장생활에서 드러나는 문제가 없으면 크게 걱정할 것이 없다고 여긴다. 개인이 범할 수 있는 가장 큰 실수는 나는 절대로 실패를 할 수 없다는 착각이다.

이스라엘이 홉니와 비느하스 제사장 때 블레셋에 대패하여 4,000명의 군사가 죽었다. 그래서 그들은 하나님의 법궤가 없어서 전쟁에서 패했다고 생각하여 실로에 있는 법궤를 에벤에셀까지 가지고 왔지만, 이스라엘 보병이 30,000명이 또 죽었다. 법궤가 있으면 절대로 패배할 수 없다고 여겼는데, 결국 하나님의 법궤는 블레셋에게 빼앗겼고, 홉니와 비느하스는 죽임을 당했다.

법궤가 능력이 있는 것이 아니라, 법궤에 임재한 하나님의 권능이 있기 때문이다. 당시 블레셋이 전쟁에서 이겼다는 것은 곧 블레셋의 신인 다곤이 이스라엘의 신 여호와를 이겼다는 것을 의미한다. 그래서 블레셋 사람들은 법궤를 다곤 신전에 두었는데, 다곤이 넘어져 목이 떨어지고, 손목이 박살이 났다. 인간들의 전쟁에서는 이스라엘이 졌지만, 신들의 전쟁에서는 하나님이 이겼다.

우리도 믿지 않는 사람들과 경쟁해서 질 수도 있고, 목표에 도달하지 못할 수도 있다. 세상의 눈으로는 실패하는 것 같지만, 다만 일시적으로 그렇게 보일 뿐이다. 믿지 않는 자들이 걱정 없이 더 잘사는 것 같고, 성공하는 것 같고, 행복해 보이는 것 같지만, 단지 그렇게 보일 뿐이다.

하나님이 여러분을 이 땅에 보내신 이상 전적으로 책임지신다. 성경을 두 단어의 동사로 줄인다면, '오라(Come)'와 '가라(Go)'라 할 수 있다. 누구든지 내게 오라. 마음이 외롭고 슬픈 자, 삶에 지친 자, 소망이 없는 자, 돈이 없는 자 모두 내게 오라고 하신다.

그리고 세상을 향해 가라고 명령하셨다. 살던 곳에서 떠나라는 그 이상의 영적 의미가 있다. 그 명령을 받은 아브라함은 갈 바를 알지 못했음에도 가족을 이끌고 본토 친척 집을 떠났다. 하나님은 모세에게 애굽으로 가라고 명령하셨고, 다시 애굽을 떠나라고 하셨다. 이스라엘 민족을 이끌고 약속의 땅 가나안으로 가라고 명령하셨다. 그리고 선지자들에게 이스라엘 백성에게 가서 예언하라고 하셨다. 예수님도 제자들에게 "아버지께서 나를 보내신 것 같이 너희도 가라"고 하셨다. 이 명령은 어디서든 '너희와 함께' 하겠다는 의미인 동시에 '축복할 것'이라는 약속이기도 하다.

우리는 '어디로 가야 하는가?'는 목표에 대한 질문이고, '왜 사는가?'는 목적에 대한 질문이다. 많은 사람이 목표와 목적을 혼동한 채, 그것이 마치 하나인 것처럼 생각한다. 왜라는 상황 판단이 미숙하면, 그림자처럼 왔다가 그림자처럼 사라지는 인생이 된다. 여러분은 그런 인생이 되어도 괜찮다는 동의를 해도 좋을 만큼 가벼운 인생이 아니다.

목표는 '방향'으로, 우리의 삶이 어디를 향해 나아가야 할지를 나타내며, 목적은 '의미'로, 삶에 어떤 가치를 두고 왜 사는가에 대해 고민하는 것이다. 목적을 모른 채 거대한 목표를 이루었다고 할지라도 의미를 잃어버리면, 자신이 걸어온 길은 되돌아보고 싶지 않은 여정이 된다.

회사에서 많은 연봉을 받기 위해 모든 에너지를 승진에 쏟아부어 목표를 달성했다고 하자. 그럼, 그래서? 어떻게? 그다음의 답이 없다면, 닻을 내릴 때가 없는 빈 배가 표류하는 것처럼 정함이 없는 삶이 된다.

내가 하는 일이 돈을 벌기 위한 수단 그 이상의 가치가 있어야만 일을 해도 지치지 않는다. 우리를 직장인으로 보면 일하는 직원이지만, 크리스천 자리로 돌아오면 사명자로 미션을 수행하는 주님의 제자들이다. 결국은 직장과 사명은 하나로 연결되어 있다. 사람들은 목표를 이루면 행복할 것이라 여긴다. 목표는 행복의 요건은 되지만, 행복을 결정하는 유일한 요소는 '목적 있는 삶'이다. 우리는 목적 있는 삶을 살 때 가치와 보람을 느끼는 존재다.

나와 함께 대학 때부터 신앙생활을 같이 했던 친구는 유명한 암의 권위자로, 이 친구에게 진료를 받으려면 최소 몇 달을 기다려야 한다. 그

친구는 처음에는 돈을 많이 벌려고 연봉이 높은 곳을 찾아다니며 근무했지만, 어느 날 자기도 홀연히 이 세상을 떠날 수 있다는 생각이 들어 의미 있는 일을 하기로 마음을 먹었다고 한다.

그는 지금까지 목표를 위해 달려왔지만, 목적에 대해서는 단 한 번도 생각해 본 적이 없는 삶을 살았으며, 의사로서 당연히 돈을 버는 것, 그 이상도 그 이하도 아니었다고 한다. 그래서 그는 만나는 환자들에게서 목적을 찾기 시작했다. 지금까지는 환자들이 돈으로만 보였는데, 목적을 찾기 시작하면서 환자의 '상한 마음을 치료하는 위로자'가 되라는 하나님의 메시지가 그의 삶을 움직이기 시작했다.

지금까지 자신을 위해 썼던 돈을 어려운 환자들을 치료하고 위로하는 데 나누었더니, 전에 알지 못했던 기쁨과 보람을 느낀다고 했다. 목표와 목적을 혼동하지 않으면 지치지 않고, 한결같이 그 일을 기쁨으로 감당할 수 있다.

세상의 창을 통해 바라보면, 돈이 전부인 것처럼 보이고, 실제로 돈이 우리의 필요를 단번에 해결해 줄 것처럼 보인다. 그러나 하나님의 창을 통해 세상을 바라보면, 우리가 그토록 목말라하는 돈이 하나님 원리대로 사용될 때, 그 자리는 축복의 그루터기가 된다는 것을 알게 된다.

주안에서 성공이란 하나님이 계획하신 대로 인생을 살아가는 것이다.

'구원받음의 감격'과 '쓰임 받음에 대한 감사'의 고백이 크리스천들을 항상 겸손하게 만든다. 이 두 가지는 평생 느끼고 고백해야 한다. 나를 통해서 또 다른 영혼이 주께 돌아오게 하는 것이 크리스천의 사명이다.

"지혜 있는 자는 궁창의 빛과 같이 빛날 것이요 많은 사람을 옳은 데로 돌아오게 한 자는 별과 같이 영원토록 빛나리라"(단 12:3).

부는 소유가 아니라 영향력이다

하나님 자녀인데
왜 가난한가요?

초판 발행 2025년 10월 13일

지은이 데이브 신
펴낸이 박상민
디자인 백미숙

펴낸곳 토브북스
출판등록 제 2018-000007호(2018. 1. 15)
주소 경기도 안산시 단원구 선부광장북로67 235동 301호
문의 tovbooks2018@naver.com

ISBN 979-11-992599-2-8 (03230)

값 19,000원